Jochmann Die unzeitige Wahrheit

Gustav Kiepenheuer
Bücherei 15

Carl Gustav Jochmann
Die unzeitige Wahrheit

Aphorismen, Glossen und der Essay ›Über die Öffentlichkeit‹

1990
Gustav Kiepenheuer Verlag
Leipzig und Weimar

Herausgegeben, erläutert und mit einer Lebenschronik und einem Register versehen von Eberhard Haufe

ISSN 0433-0153
ISBN 3-378-00398-7

Erfahrungsfrüchte I
(Stylübungen 1828)

1. Das Ziel der Gelehrsamkeit

›Ich weiß das wenigste von dem, was man der Schande wegen mehr als des Nutzens wegen wissen muß‹, klagt Hamann in einem seiner Briefe; und in der Tat besteht der größere Teil unsrer Gelehrsamkeit nur noch aus Kenntnissen, deren Besitz uns keinen andern Vorteil gewährt als den, uns nicht schämen zu dürfen über ihren Mangel. Die Blätter, auf welchen die Sibylle ihre Orakel austeilt, sind lauter Feigenblätter, die kaum unsre Blöße decken, geschweige denn sonst einem Bedürfnisse abhelfen. Glücklicherweise nähert sich auch dieser Unfug in seiner Vollendung seinem Ziele, an dem eine gerechtere Scham die Stelle der falschen einnimmt, und jene unfruchtbaren Schätze unsers Schulwissens teilen das Schicksal gewisser äußeren Auszeichnungen. Man fühlt sich anfangs geehrt, sie zu besitzen, man schämt sich dann, sie nicht zu haben, und endlich – sie zu haben.

2. Gelehrtenwirksamkeit

Lebensluft entwickelt nur der lebendige Baum, nicht – was Ihr aus ihm schnitzen wollt – das Fachwerk in Eurem Studierzimmer.

3. Büchertod

Was endlich soll aus der mit jedem Tage wachsenden Menge von Büchern werden? – Was aus ihren Verfassern – Staub. Und wie aus den unzähligen Körpern, die auf Erden erscheinen und zerfallen, Geister sich entwikkeln, so überleben Gedanken – Bücher, überlebt ihrer Hunderttausende vielleicht nur Ein Gedanke, die unsterbliche Seele einer ganzen Bibliothek.

4. Salomo der Weise und die weisen Deutschen

Weiser als Salomo der Weise, haben sie nicht nur den *bösen*, sondern *allen* Geist in Bücher gebannt, und ihn da sitzen lassen.

Vgl. Erfahrungsfrüchte III 2.

5. Die gelehrten Krankheitsstoffe

Krankheiten des Geistes greifen um sich, wie die des Körpers, je nachdem sie den Stoff, in dem sie wirken – jene in einer Menge unverdauter Notizen, diese in einer Masse unreiner Säfte, vorfinden. Daher bringt es im Aberglauben z. B. ein junger Doktor leicht weiter als zehn alte Weiber.

6. Die Mystiker in den Wissenschaften

Belächeln wir nicht länger den Morgenländer, der die Begeisterung im Wahnsinne sucht; wir fanden die Weisheit in der Leichtgläubigkeit. Freilich ist es nur den Einsichtsvolleren gegeben, der Grenzen ihres Wissens kein Hehl zu haben, wie reiche Leute den Belauf ihres Vermögens am wenigsten zu verheimlichen brauchen. Newton, der die Gesetze der Sinnenwelt entdeckt hatte, durfte in frommer Demut die Unerforschlichkeit ihres höheren Ursprunges eingestehn. Bequemer finden es billig andre, einen weder Hals noch Kopf brechenden Sprung über die beschränkte Physik hinaus zu tun und mit ihren Forschungen gleich anzufangen, wo sie vor dem Ziele derselben sicher sind, – im Reiche der Phantasie. Sie schreiten nicht bloß fort mit der Wissenschaft, sie rennen ihr voraus und lassen sie im Stiche. Ihnen kommt es ganz gelegen, eben das für das Köstlichste zu halten, was ihnen nichts kostet, und sie glauben an jede Hexerei, aus dem einfachen Grunde, weil man kein Hexenmeister zu sein braucht, um es zu tun.

7. Die verwechselten Dimensionen

Die gepriesene Innigkeit gewisser Empfindungen läuft nicht selten auf bloße Verwechslung einiger Ausdehnungsverhältnisse hinaus. Wie viele, die von der *Tiefe* ihres Gefühls sprechen, und sie meinen doch nur die *Breite.*

8. Die magnetische Kette

Leistet wirklich der Magnetismus alle die Wunder, die man von ihm erzählt, warum ihn nicht auf den Staatshaushalt anwenden, um die in Haß und Zwietracht zerfallenden Mitglieder der Gesellschaft in einen versöhnenden Rapport zu setzen? Warum nicht magnetische Ketten unter den Wenigen, die der guten Dinge dieser Welt die Fülle haben, und jener Menge, die alles entbehrt? – auf daß die Eine nicht länger friere, wenn die Andern warm sitzen, und sich gesättigt fühle, wenn diese gespeist haben. Soll denn die magnetische Kette, wie die uns angerühmte der Priesterweihe, immer nur der Gewalt und nie dem Wohltun einen Leiter abgeben; oder ist auch diese Kette nur ein Bindemittel, und weiter nichts?

9. Die besseren Mystiker

Der echtere Mystizismus ist vielmehr die Art und Weise, ein tiefgefühltes Bedürfnis auszudrücken, als ein Mittel es zu befriedigen. Wehe dem Menschen, der nie an den Grenzen des Mystizismus gestanden hat! Unsre erhabensten Gedanken sind Ahnungen, und wer das Höchste demonstrieren will, der macht es nicht verständlich, sondern gemein.

Vgl. Erfahrungsfrüchte III 32.

10. Die Sonnenflecken der Wissenschaft

Es gibt dunkle Stellen in unserm Wissen, aber sie verfinstern nur die Erde und nicht den Geist. Schatten unbekannter Größen, die in unsern Gesichtskreis fallen, sind sie die Bürgen einer höheren Welt und die Zeugen eines Lichtes über dem unsrigen.

11. Die imponderabeln Kräfte

Unsre Naturforscher sind weiter gekommen als unsre Staatsmänner. Jene haben die höhere Bedeutung unwägbarer Kräfte zu würdigen verstanden, diese noch nicht; und unbegreiflich blieb ihnen, was immer sich nicht ergreifen läßt. Aber sind nicht auch Gedanken unwägbare Kräfte, und die mächtigsten wie die unwägbarsten, die wir kennen? Gibt es nicht auch geistige Strömungen; hat nicht auch das Recht seine erwärmende Kraft, und die Wahrheit ihre anziehende, die sich ebenso wenig leugnen als zählen oder wägen läßt?

Vgl. Erfahrungsfrüchte III 83.

12. Das Christentum und seine Priester
Verschleiert führten sie die hohe Gestalt zu den Barbaren, und wie vor Zeiten die Athenienser bauen wir seit achtzehnhundert Jahren unsre Altäre dem unbekannten Gott.

13. Der heiligere Bund
Wer mag die Unentbehrlichkeit eines heiligeren Bundes bezweifeln, obgleich schon das sechzehnte Jahrhundert eine sainte ligue gesehen hat! So blieb die Schöpfung des Menschen übrig, als der Affe bereits geschaffen war.

14. Die späten Frommen
Es gibt Leute, die ein übersinnliches Leben zu beginnen meinen, wenn es mit ihrer verbrauchten Sinnlichkeit zu Ende ging. Jener Irrtum schöner Seelen, die alle Wahrheit in ihrem Gefühle suchen, weil es übermächtig zu ihnen spricht, was dem Schwärmer die Fülle des überströmenden Herzens, ist ihnen der Bodensatz im Becher der Wollust.

15. Die weissagenden Proselyten
Laut verkündigen sie das Unheil, an dem sie heimlich arbeiten. Für betrautere Diener des höchsten Wesens möchten sie gehalten werden, aber wie jene Pariser, die

auch mit dem Auge der Vorsehung prunken, sind sie nur die der hohen Polizei*.

* Die Polizeispione in Paris erkennen sich an einer Schaumünze mit dem sogenannten Auge der Vorsehung: 

16. Moderne Heiligsprechung

Der politischen Frömmigkeit ein politischer Lohn! Canonisiert werden die Bekehrten unsrer Tage schwerlich, – aber geadelt.

17. Die politischen Wetterableiter

Die Mächtigen der Erde scheinen es mit den Wolken am politischen Horizonte zu halten, wie die Bauern mit den am physischen; sie wollen sie mit Glockenläuten beschwichtigen. Aber es ist bei jenen damit so wenig getan als bei diesen, und beide hatten bis jetzt auch das miteinander gemein, daß sie desto öfter sich unter Kanonendonner zerstreuten und auf Metallspitzen entladeten.

Vgl. Politische Glossen 20.

18. Das gefährliche Spiel

Den guten Geist sollten sie so wenig an die Wand malen als den bösen; er kommt sonst auch. Zur Verklärung ihrer Sünden lassen sie die Religion ins Leben treten, aber sie tritt ins Leben. Sie wissen nicht, was sie tun. Dieser Schatten erinnert an den Körper, dem er angehört, und ihre Fabel – an die Moral.

19. Verfassungsformen

Von außen schaffen wollen, was aus dem Innern sich entwickeln muß, heißt Leichen schminken, um sie zu beleben.

20. Das verlassene Theater
Das Jubeljahr hat keinen Effekt gemacht, die Krönung zu Reims auch keinen. Nur die Logen waren besetzt, aber das Parterre blieb leer. Aus der großen Weltbühne wird immer augenscheinlicher ein bloßes Liebhabertheater, bei dem die handelnden Personen ihre eignen Zuschauer abgeben; und die letzten, die der politischen Haupt- und Staatsaktionen müde werden, sind die Schauspieler, die sie aufführen.

21. Fürstengröße
Janitscharenmusik und Glockengeläute und Kanonendonner, weltlicher und geistlicher Lärm, Friedens- und Kriegsgetöse, – was verkündigen sie, einen Aufruhr oder eine Schlacht? – Nein, die Eröffnung einer Ständeversammlung. Der Pöbel erkennt im Lärm die Größe, wie die Allmacht im Donnerwetter. Aber nicht im Sturme und nicht im Wetter offenbarte sich Gott dem Propheten, sondern im Wehen des Frühlings, der segenspendend über die Erde zog. Möge die gebietende Erscheinung auch unsrer irdischen Majestäten immer nur das Vorzeichen einer wohltätigeren sein! Die würdigere Vorstellung ist in beiden Fällen die spätere, und politische Wahrheiten gleichen in ihrer Wirkung den physischen; sie entzaubern die Einbildungskraft, aber sie veredeln den Begriff.
Vgl. Politische Glossen 68.

22. Alte Deputierte und neue
Deputierte hießen im späteren Römerreiche die zu öffentlichen Arbeiten verurteilten Missetäter. Öffentliche Arbeit haben auch unsre Deputierten, und nicht selten eine, die man auch ganz füglich zur Strafe auflegen könnte.

23. Der Rollentausch

Es hat große Herren gegeben, die sich ihre Reden von andern machen ließen, aber die Antworten darauf diktierten sie selbst.

24. Patrioten und Brillen

Es gibt Dutzend-Patrioten, wie es Dutzend-Brillen gibt, auch ihrerseits nicht zum *Sehen*, sondern zum *Verkauftwerden* gemacht.

25. Das unpassende Gleichnis

»Sprecht uns nicht vom Gesetze der Engländer!« – sagen sie – »es paßt nur zu ihren Verhältnissen, es paßt nicht für uns, es könnte unter uns nicht bestehn.« – So wenig in der Tat als die Flamme eines Lichtes in verdorbener Luft; und was Ihr sagt, beweist alles gegen die Luft, in der wir atmen, – aber was beweist es gegen das Licht?

26. Die Zwangswahl des neunzehnten Jahrhunderts

Auch in der Türkei gibt es endlich eine Repräsentation, sogar in Spanien, – und zwar eine der bewaffneten Macht. Gleichviel, das Reich der Täuschungen hat aufgehört; die Willkür des Schwächeren büßte den alten Zauber ein, und ein Recht des Stärkeren trat an ihren Platz. Volk oder Pöbel, Cortes oder apostolische Junta, Gesetze oder Janitscharen, eine sich beratende oder sich prügelnde Repräsentation, eine Regel auch den Herrschern oder die Zügellosigkeit auch der Beherrschten, – das ist die Alternative unsrer Zeit.

27. Die überflüssige Vormundschaft

Wollen wir nur nicht das Schlechte; das Gute macht sich von selbst. Der Zwang ist ein so bösartiges Element, daß nur das Schlimmere in ihm gedeiht, und das Gute, das anbefohlen wurde, gleicht gewissen Früchten, die man in Wärmebeeten zog. Auch den gelungensten schmeckt man den Mist an, in dem sie gezogen wurden.

28. Des Herren Auge und des Herren Hand
Mit Regenten verhält sich's nicht wie mit Privatleuten. Diese tun am besten, was sie selber tun; bei jenen ist es umgekehrt. Nur des Herren Auge verdoppelt die Arbeit, nicht seine Hand.
Vgl. Erfahrungsfrüchte III 71.

29. Die neue, große Armee
Diese Unzahl ärmlich besoldeter und in Hunger und Demut ersterbender Beamten, – was soll aus ihnen werden! In Uniformen hat man sie schon gesteckt wie die Kriegsknechte, und geht es so fort, so wird man sie auch auf Kommißbrot setzen und in Kasernen stecken müssen wie die. Und warum nicht? Man wird dann bataillonweise auf die Kanzelei marschieren lassen, wie jetzt auf die Wache; die Schreiber werden sich auf ihren Posten ablösen wie Schildwachen, und wie die Minister es zum Teil schon tun, und es gibt doppelte Parade und doppelten Spaß.

30. Wer dient, wem wird gedient?
»Ich habe zwanzig Jahr' dem Staate gedient«, sprach ein pensionsuchender Überflüssiger. »Sie drücken sich unrichtig aus«, erwiderte ihm der Minister, »Sie wollen sagen, der Staat hat *Ihnen* zwanzig Jahre gedient.« Vortrefflich; und schade nur, daß, der die Antwort gab, sie ebensowohl verdienen mochte, als der sie erhielt.

31. Das gefährlichere Majestätsverbrechen
In Japan ist der Name des Fürsten seinen Dienern so heilig, daß keiner denselben auszusprechen wagt; ein

Gesetz, von dem übrigen Volke um so heiliger gehalten, da es ihn gar nicht zu kennen pflegt. Klüger in ihrer Demut übertragen jene bei uns die Namenunverletzlichkeit ihres Gebieters am liebsten auf sich selbst. So dicht, versichern sie alle, hinter ihm zu stehen, daß jeder Pfeil, um sie zu treffen, notwendig erst ihn durchbohrt haben müsse. In seiner Diener Wahl besteht des Fürsten wichtigste Aufgabe, und folglich ist jeder Zweifel an ihrer vollkommensten Lösung – Hochverrat; und weil auch Adler der Sonne zufliegen, meint jedes Stäubchen im Sonnenscheine der Gunst ein Adler zu sein.

32. Die bevormundende Hülfe

Die Art, wie manchen Künsten und Gewerben von Staats wegen aufgeholfen wird, erinnert an das Kunststück der Athleten, ihrem Gegner aufzuhelfen. Sie umarmen ihn auch, aber um ihn zu erdrücken; sie erheben ihn ebenfalls, und ebenfalls, um ihn desto tüchtiger fallen zu lassen.

33. Die wohlfeilen Regierungen

Die wohlfeilsten Regierungen sind vielleicht – nicht die am wenigsten kosten, sondern die am wenigsten tun.

34. Die Orakel der Gerechtigkeit

Die Richter an den Höfen der alten skandinavischen Könige beschäftigten sich, nach Torfäus und andern, auch damit, Rätsel aufzulösen. Unsre Gesetzverständigen befassen sich wohl auch mit Rätseln, aber sie machen sich's bequemer und geben sie auf.

35. Das gehandhabte Recht

In deutscher Zunge und in deutschen Landen *handhabt* man die Gerechtigkeit, und Ausdruck und Bewegung sind richtig berechnet, solange das Gesetz noch immer nichts weiter ist – als eine Peitsche.

36. Das philosophische Kriminalrecht

Dem Himmel sei Dank! Wir lenken ein, und unsere Strafgesetzgebung, die vor lauter Menschlichkeit fast zu einem Liebesrecht geworden wäre, ist wieder ein peinliches Recht. Die Folter mag noch etwas bedenklich sein, aber gegen Prügel ist nichts zu sagen. Ein Geständnis aus den Knochen herausbrechen, mag unsanft scheinen, aber es aus dem Hintern herauspochen, ist so übel nicht. Unter dem Schraubstocke stehen wir nicht mehr, nur noch unter dem Stock. Wär' es fortgegangen mit dieser Aufklärung, so würden am Ende unsre Kerker leer gestanden haben wie unsre Kirchen. Spiegeln wir uns an den Erfahrungen der armen Leute in New York, in deren schöne Gefängnisse, seitdem sie zugleich eine Art von Erziehungsanstalten abgeben, von hundert entlassenen Gefangenen kaum fünf zurückkehren, während ihrer früher kaum ebenso viele nicht wiederkamen*. Mit Gefängnissen ist es nicht wie mit Gasthäusern, sondern umgekehrt. Nur die guten stehen am Ende leer, und nur in die schlechtesten kehren die alten Kunden immer wieder zurück.

* A New York une moyenne de quelques années donne la résultat suivant: de cent prisonniers relâchés à l'expiration de leur terme, il n'en est que cinq qui aient été ramenés dans la prison pour un nouveau délit. Avant qu'ont eût établi le régime actuel, la proportion était à peu près inverse. – Siehe die Genfer *Annales de législation et de jurisprudence I. 2. p. 280. Note 3.*

37. Der eiserne Scepter

Nur auf der Insel Ceylon war der Despotismus unbefangen genug, sich keiner Hülle zu bedienen und jenes Wort von seiner ›eisernen Rute‹ buchstäblich wahr zu machen. Einen eisernen Scepter* führte der König von Kandy, während seine Kollegen auf den Halbinseln diesseits und jenseits des Ganges den ihrigen bald für einen Hirtenstab und bald für eine Hand der Gerechtigkeit ausgaben.

* Er befindet sich gegenwärtig in der Waffensammlung des Königs von England.

38. Die Statistiker
Die politische Arithmetik hat uns nachgerade eine arithmetische Politik geliefert, und alle Verwaltung ist nur noch ein zentralisierendes Tabellenwerk. Würden die Leute satt, wenn man sie zählt, so ließe sich die Sache hören, aber es ist kein Stern und Segen mit diesen statistischen Kunststücken. König David, der erste Statistiker, von dem zu lesen ist, hätte uns durch sein Beispiel belehren sollen. Als er seine Juden zählte, kam die Pest unter sie, und heute noch geht es uns mit so vielen wohlgezählten Quellen und Stützen unsers Staatshaushaltes nicht viel besser.
Vgl. Erfahrungsfrüchte II 40.

39. Regierungsvormundschaft
Als die Venetianer sich im Jahre 1441 der Stadt Ravenna bemächtigt hatten, bestand eine der Maßregeln, durch die sie die gute Meinung ihrer neuen Untertanen zu gewinnen suchten, darin, Juden hinzuschicken, die den Geldbedürftigen auf Pfänder borgen sollten*. Mit den Juden und dem Gelde in ihrer Tasche wären wir nun wohl auch versorgt, und es käme jetzt nur noch darauf an, uns auch mit den gehörigen Pfändern zu versehn.

* Siehe *Daru, Histoire de Venise XV, 17* nach *Hieron. Rubei Historia Ravennat., Liber VII.*

40. Ugolino und seine Zeiten
Glückliche Zeiten! in welchen man die Leute einsperren mußte, damit sie verhungerten. Zu andern können sie es ganz bequem im Freien tun.

41. Das Mißverständnis
»Italien ist ein schlafender Löwe«, rief der politische Prophet, »hütet Euch, ihn zu wecken!« Und sie weckten ihn, und er riß einen weiten Rachen auf, und sie meinten, es geschehe, um zu verschlingen; aber es geschah, um zu gähnen, und er ist wieder eingeschlafen.

42. Die gefährlichen Philosophen
›Von der männlichen Kleidung‹, heißt es in Winckelmanns ‚Geschichte der Kunst'*, ›ist überhaupt zu bemerken, daß, wenn an stehenden oder sitzenden Figuren mit einem umgeschlagenen Mantel die Brust bloß ist, d. i. *wenn dieselben ohne Unterkleider sind*, Philosophen und keine Senatoren vorgestellt werden; denn die letzten sind allemal ganz bekleidet.‹ Man sieht, die Philosophen waren von jeher Sansculotten, und gefährlicher ist freilich keiner jedem Besitzer eines guten Rockes, als der kein Hemd auf dem Leibe hat.

* Im 6. Buche, Cap. 3. § 2.

43. Die Geburtsstunde der Revolution
Revolutionen lassen sich so wenig *machen*, ehe die Umstände sie erzwingen, als Kinder sich gebären lassen, ehe sie gezeugt wurden. Ist aber die Frucht reif, so kommt sie in beiden Fällen auch ohne Geburtshelfer zur Welt.

44. Unbeabsichtigte Erfolge
Das Volk zu *bewegen*, ist jede Faktion bemüht, es zu *erleuchten*, keine. Vielleicht bewirken sie das eine, indem

sie das andre beabsichtigen, und die Reibungen in der moralischen Welt schaffen, wie die in der physischen, indem sie die Flamme hervorlocken, zugleich das Licht.

45. Die politische Höllenarbeit

Die Leidenschaften der Menge sind wie der Felsen des Sisyphus. Sie lassen sich wohl zu einem gewissen Gipfel hinaufschrauben, aber zerschmetternd und unaufhaltsam stürzen sie auf ihren vermeintlichen Meister zurück.

46. Die größere Gefahr

Es gibt noch etwas Fürchterlicheres als den *Kampf* der Parteien, – ihren *Sieg*. Daß jede von ihnen stark genug ist, um ihn der andern streitig zu machen, ist unser Glück, solang' keine von ihnen gut genug ist, um seiner würdig zu sein.

47. Die fürchterlicheren Kriege
und die unwürdigeren

Meinungskriege sind wohl die fürchterlichsten Kriege, die es gibt; – aber auch die entehrendsten? – Es ist noch immer edler, sich für seine Meinung zu schlagen, und käme sie aus dem Tollhause, als für sechs Kreuzer täglich, und kämen sie aus der Schatzkammer eines Titus.

48. Auch dem Teufel – Gerechtigkeit

Alle Revolutionen lassen sich als notwendige Folgen eines früheren Stillstandes ansehn, als gewaltsamere Bewegungen, durch die ein langunterlassenes Fortschreiten wieder eingeholt werden muß. Das protestantische Europa hat sich dreihundert Jahre früher auf den Weg gemacht als das katholische; was wundern wir uns denn über die tolleren Anstrengungen dieses letzten! Jede Revolution hat am Ende nur Ein Gutes, aber dieses gewiß; auch die noch so arge erspart unfehlbar eine noch ärgere.

49. Reformationen und Revolutionen
Reformationen und Revolutionen bestehen vielleicht wie Lebensluft und Scheidewasser aus denselben Grundstoffen, in einem umgekehrten Verhältnisse. Sechsundsechzig Teile Stickstoff und dreiunddreißig Teile Sauerstoff liefern die Luft, in der wir leben und gedeihen, und umgekehrt sechsundsechzig Teile Sauerstoff und dreiunddreißig Teile Stickstoff das zerstörendste Auflösungsmittel, das es gibt. So mögen sechsundsechzig Teile Vernunft und dreiunddreißig Teile Gewalt eine vortreffliche Reformation abgeben, während die nämlichen Bestandteile im umgekehrten Verhältnisse jenes politische Königswasser ausmachen, in dem das Krongold sich auflöst und so wenig als in dem chemischen sich etwas Lebensfähiges erzeugt oder erhält.

50. Der günstige Augenblick
Welches der günstigste Augenblick zu Verbesserungen? – Der, in dem sie noch nicht so dringend nötig sind. Eben weil sie sich noch aufschieben lassen, verzögert sie nicht. Ihr spart sie nur jenem ungünstigsten Zeitpunkte auf, in welchem Ihr sie nicht länger verweigern dürft. Erntet Ihr früher auch keinen Haß für das Gute, das Ihr unterlaßt, so erntet Ihr später noch weniger einen Dank für dasjenige, das Ihr tut.

51. Die zweite Entdeckung
Die Entdeckung Amerikas hat uns eine neue Welt gezeigt, die Befreiung Amerikas etwas Größeres, – eine neue Zeit.

52. Die erwachsene Revolution
Die Revolution ist zur Besinnung gekommen und hat sich von metapolitischen Schwärmereien zu den Geschäften des Lebens gewandt, wie der Mann, nach einer durchtobten oder verträumten Jugend, zum nüchternen

aber wohltätigen Erwerb. Dieses Geschlecht wendet seine Blicke nicht länger nach Athen oder Sparta, sondern nach Manchester und Birmingham. Es will die Freiheit, aber nicht als Zweck, sondern als Mittel seines Wohlseins; und nicht dieser oder jener politische Glaube, das Glück ist hinfüro die Bedingung des politischen Friedens. Von Umtrieben und Verschwörungen hat schwerlich etwas zu fürchten, wer auf seinem Throne oder in seiner Werkstatt einem Bedürfnisse der Menschen entspricht; aber was überflüssig ist, vermag nichts vor dem geräuschlosen Untergange in eigner Hinfälligkeit zu bewahren. Sie sterben natürlichen Todes, die Mißbräuche, die man für verjährt ausgeben möchte, und die doch nur veraltet sind.

53. Das Naturrecht

Jedes gesellschaftliche Unglück ist eine Ungerechtigkeit, und das Naturrecht – das Recht glücklich zu sein. *Die* Erklärung steht in keinem Lehrbuche, aber in jedem Herzen; sie ist die unbequemste, aber auch die verständlichste, die es gibt, und die Geißel, die uns züchtigt – aber vorwärts treibt.

54. Furcht und Übermut

Manche Leute sind so schreckhaft, daß sie Feuer! schreien, wenn ein Licht geputzt wird, und wieder so übermütig in ihrer Sicherheit, daß sie nach jeder ihrer Heldentaten Caligulas Wunsch für erfüllt ansehen. In jedem Kopfe, den sie zu Boden schlugen, erblicken sie den des ganzen menschlichen Geschlechts.

55. Die Furcht vor dem Neuen

So fürchteten sich Diokletian und Galerius vor dem Christentume. Constantin stellte sich an die Spitze der gefürchteten Partei, und hatte nicht nötig zu erschrecken vor seiner eignen Macht.

56. Die neue Themistoklesse

So unzertrennlich ist von der menschlichen Natur der Trieb des Fortschreitens, daß er – abzulenken von seiner höheren Bahn, aber nicht zu unterdrücken – das Dasein vergiftet, das zu veredeln ihm nicht gestattet war. Der Eifer wird zum Neide, und wen die Tage von Marathon schlafen lassen, dem versäuern Hof- und Börsentage das ärmliche Leben.

57. Vaterlandsliebe

Sogar die Vaterlandsliebe verdient Achtung nur als Schau-Ende des größeren Ganzen, Menschenliebe, die des Wohlwollens höchste Stufen erreicht, aber keine überspringt. Abgerissen von ihr ist sie ein wertloser Fetzen, ein Purpurlappen mehr auf dem Staatskleide der Eitelkeit, der keine einzige unsrer Blößen bedeckt.

58. Der Mantel der Liebe

Das edle Reis der Menschenliebe selbst artet aus, dem Stamme der Selbstsucht eingeimpft. Unser Mitleid mit dem Unglücke weicht unserm Mitgefühle für die Schuld, und wir bedecken mit dem Mantel der Liebe nicht die Blöße des Bestohlenen, sondern den Dieb.

Vgl. Erfahrungsfrüchte III 25.

59. Politische Empfindsamkeit

Ich habe Leute gekannt, welchen über eine in Tränen schwimmende Königin das Herz brach, und die keine Notiz davon nahmen, wenn über diese nämlichen Tränen ein ganzes Volk in seinem Blute schwamm.

Vgl. Erfahrungsfrüchte III 18.

60. Das gefahrlose Verbrechen

›Man vergeht sich ebenso sehr‹, sagt Massillon, ›wenn man den Fürsten die Wahrheit verheimlicht, als wenn man ihnen die Treue bricht, und man sollte die Schmeichelei bestrafen wie den Verrat.‹ Guter Massillon, wir müssen sehr wahrhaftig sein, oder unsre Herren sind sehr langmütig. Untersuchungskommissionen wegen verletzter Wahrheitspflichten soll die Welt noch erleben.

61. Die schwierige Versündigung

Eben der hervorstechendste Schandfleck ist nicht selten das Zeichen einer vergleichungsweise reineren Zeit, und in mancher andern nur darum nicht möglich, weil sie ganz und gar selbst einer ist. So jene abscheuliche Sitte des Ermordens der Sklaven auf den Gräbern ihrer Herren, die notwendig eine gleichzeitige Freiheit voraussetzt und wohl untunlich erscheinen muß, wo ganze Völker nur noch aus Sklaven bestehn. Auf Alarichs Grabe erwürgten die Goten alle seine Knechte; aber wie hätte auf dem Grabe Ludwigs XIV. das nämliche geschehen sollen? Er hatte der Untertanen zuviel.

62. Die verwandelten Sterne

Unter Ludwig XIII. hielten einige Hofastronomen Sonnenflecken für Sterne, und nannten sie zu Ehren der Bourbons sidera Borbonica. Die Flecken sind noch zu sehen, aber keinem fällt es ein, sie noch für Sterne anzusehn.

Vgl. Erfahrungsfrüchte III 79.

63. Mangelhafte Vorsicht

Der Inka Atahualpa, um seinen königlichen Speichel nicht auf den unheiligen Boden fallen zu lassen, spie nie anders als in die Hand eines seiner Hofschranzen. Und warum nur in die Hand?

64. Die gefahrlosen Krisen

Es ist ein Glück, daß der plötzliche Wechsel politischer Leiden und Freuden nicht so zerstörend einwirkt als der unsrer persönlichen. Wäre das nicht: ganze Völker würden bei jedem Regierungswechsel zu Grunde gehen. Dicht neben dem unersetzlichsten Verluste steht jedesmal der überschwänglichste Ersatz; in die Fußstapfen jedes Verklärten tritt unmittelbar ein ebenso gottähnlicher Nachfolger, und wer dem Jammer der ersten Minute nicht erlag, wird unfehlbar durch die Wonne der zweiten in den dritten Himmel versetzt.

65. Der Mensch im Glücke

Wenn der Mensch sich nur im Unglück zu erheben, wenn er nur aus der Not eine Tugend zu machen versteht: was wundern wir uns, daß er im Glücke so wenig taugt! Der Stoff zu seinen Verdiensten geht ihm aus mit seinen Leiden.

Vgl. Erfahrungsfrüchte III 68.

66. Hoftrauer

In China trauert man drei Jahre um einen Vater. ›Vor Zeiten‹, bemerkt Confucius im Liki, dem vierten kanonischen Buche der Chinesen, ›vor Zeiten, wenn ein Kaiser gestorben war, bekümmerte sich der Thronerbe die drei Trauerjahre hindurch um kein Regierungsgeschäft, sondern überließ die Sache seinen Ministern.‹ Lieber Himmel! Käm' es darauf an, so hätte wohl auch unsre europäische Geschichte zärtliche Söhne genug aufzuweisen, die diese Trauer ihr Leben lang nicht ablegten.

67. Fürstengroßmut

Eine königlichere Großmut gibt es nicht als Sparsamkeit. Jeder aus der Tasche des Fürsten geschenkte Taler ist notwendig ein aus der Tasche des Volks genommener; jeder nichtgenommene wird dem Fleiße des redlichen Erwerbers geschenkt.

68. Die höchste Würde

Wie Ihr auch Eure Einbildungskraft erschöpfen und Eure Staatskalender füllen mögt, einen höheren Rang gibt es nicht, als den jedes menschliche Wesen mit sich auf die Welt brachte. Ein Affe, geschmückt mit allen Zeichen der Hoheit, würde doch ein Affe sein, und jene Christen, die Nero, um sie in ihrem Todeskampfe zu beschimpfen, in die Häute wilder Tiere nähen ließ, blieben doch Menschen.

69. Vornehme Erziehung

Das Kind, das sich für noch etwas mehr ansehen lernt als ein Kind, wird notwendig in einem höheren Alter noch etwas mehr zu sein glauben als ein Mensch.

Vgl. Erfahrungsfrüchte III 48.

70. Die gefährlichere Klippe

Viele sind über den Tadel erhaben, wenige über das Lob, weil wenige über das Selbstlob. Nur wer nie sich selber zu genügen weiß, nur wer dem Schmeichler in der eignen Brust Stillschweigen auflegt, ist sicher vor jedem andern. Schwindeln macht uns der Blick in die Tiefe hinab; wer die Höhe ins Auge faßt, dem schwindelt nicht.

Vgl. Erfahrungsfrüchte III 36.

71. Der Zeitpunkt der Göttlichkeit

»Wann sollen wir dich als einen Gott verehren?« fragten Alexanders Feldherrn ihren sterbenden Gebieter, und er antwortete ihnen: »Wenn Ihr alle glücklich seid.« O Ihr Großen, aber keine Alexander, warum sollen wir denn voreiliger sein als jene; warum seid Ihr doch ungeduldiger als er?

72. Wahlverwandtschaft

Chapelain teilte die Summen aus, die Colbert durch Ludwig XIV. einigen fremden Gelehrten zuwarf, – ein weggeworfenes Geld, denn der Empfänger dankbare Bewunderung ist schon lange nicht mehr die ihrer Nachwelt, – und an der Spitze der Altertumsforscher, deren Verein die nachmalige Akademie der Inschriften veranlaßte, stand wieder – Chapelain. ›Jener Schickung zufolge‹, meint Lemontey*, ›die dem Mächtigen unaufhörlich die Mittelmäßigkeit unter die Hände führt.‹ – Ist es nicht etwa die nämliche, die den Mächtigen unaufhörlich zur Mittelmäßigkeit hinunterzieht?

* In seiner *Notice sur Jean Baptiste Colbert*, in der *Galerie Française.*

73. Der Schweigetaler

In der guten Stadt Ulm kam – und kommt vielleicht noch jetzt – von den neun dasigen Stadtgeistlichen jede Woche einer an die Reihe, sämtliche im Laufe dieser Woche vorkommende Leichen von Stande zu bepredigen. Wollten die Erben des Verstorbenen dem ehemaligen Beichtvater desselben, auch wenn an diesem die Reihe nicht war, den Vorzug geben, so mußten sie vor allen Dingen dem Wöchner einen Taler abreichen. Das hieß: der Schweigetaler. Der Ausdruck, ungeachtet seiner beschränkten, örtlichen Bedeutung, ist vielleicht einer allgemeineren Anwendung fähig und wert. Schriftstellerpensionen z. B., wie ließen sie sich treffender bezeichnen als durch diesen – *Schweigetaler?*

74. Das unschädliche Licht

Es gibt einen Schimmer der Aufklärung, der sich mit der ödesten Finsternis ganz wohl verträgt. Manche Leute halten es mit ihren Köpfen wie Friedrich II. mit den leeren Häusern zu Potsdam, in die er des Nachts Lichte setzen ließ, damit es aussähe, als wären sie bewohnt.

75. Päpstlicher Kanzeleistil
Die päpstlichen Bullen werden immer noch in der Mönchsschrift des Mittelalters ausgefertigt, und man fügt ihnen, um sie verständlich zu machen, Abschriften in gebräuchlicheren Zügen hinzu. Hinsichtlich des Inhalts der Ausfertigungen herrscht auch wohl anderswo ein ähnlicher Grundsatz, aber sowenig als in Rom eine ähnliche Gefälligkeit.

76. Die literarischen Kinderkrankheiten
Es gibt ihrer, das beweisen unsre Zeitungen. Die armen Kleinen! Sie sterben alle an ihren ersten Zähnen.

77. Falstaff als Finanzminister
Man verlas ein Budget. »So viele Millionen für das Heer, so viele für den Hof, hunderttausend für die Oper, funfzigtausend für die Affen im königlichen Tiergarten, und für den Volksunterricht – zwanzigtausend.« Ich glaubte Falstaffs Rechnung zu hören: funfzehn Schillinge für Branntwein, zehn für Sekt, acht für Zucker, und einen halben Pfennig für – Brot.

78. Die halbe Maßregel
Freilich ein wunderliches Beginnen, aus Schriftstellern wie Tacitus unsre Jugend Vokabeln lernen zu lassen; und desto weniger zum Verwundern, wenn einmal in unsern Schulstuben aus einer solchen Vokabelnsaat Gefühle und Gesinnungen aufgehen, welchen es in ihnen zu enge wird. Aber damit ist noch nichts getan, daß Ihr nur *diesem* Fehler abhelft. Ihr müßt nicht nur die alten Schriftsteller beseitigen, Ihr müßt auch die alten Sprachen vernichten, und nicht nur die *alten* Sprachen, sondern die Sprachen überhaupt. *Alle* sind sie Urkundensammlungen der Menschheit, und in ihren Klängen weht ein Geist. Wer die Namen: Gott, Freiheit, Vaterland – aussprechen kann, der kann sie auch einmal denken und fühlen; – und was half dann Eure Vorsicht?

79. Ziskas Baum

Ein Span aus dem Baume, unter dem Ziskas Mutter den Rächer, ach! aber nicht auch den Retter seines Vaterlandes geboren hatte, verlieh – so schmeichelte die Sage –, in die Handhabe einer Axt gefügt, dem Arme, der sie führte, unerschöpfliche Kraft; und sie haben ihn gefällt, den Greis unter den Bäumen, dessen Jugendruhm nur noch dem armen Fröner heilig war, den letzten Zeugen früherer Taten eines gesunkenen Volks. Aber das Andenken jedes treuen Verfechters der Wahrheit ist ein Keim, der in den Herzen Wurzel schlägt; und seht! in Räumen, in die Eure Willkür nimmer hinüberreicht, erheben sich ganze Wälder, unter deren Schatten ein künftiges Geschlecht zu anhaltenderen Kämpfen und unvergänglicheren Siegen geboren wird.

80. Verlorene Mühe

Auf dem Wege der Zivilisation ist nichts gewisser von jedem Schritte zurück, als daß er noch einmal vorwärts getan werden muß.

Vgl. Erfahrungsfrüchte III 1.

81. Stabilität

Es ist mit den Besitztümern der Menschheit wie mit den Reichtümern der Einzelnen. Wie diese nur zu erhalten sind, indem sie vermehrt werden, so jene auch. Ein Stillstand ist in dem einen Falle so unmöglich als in dem andern. So weit, aber nur so weit paßt das Gleichnis. Ein Einzelner mag ohne Torheit den Erwerb aufgeben, wenn er reich genug ist, um die alsdann unvermeidliche Verringerung seines Vermögens durch Sparsamkeit ersetzen oder ohne Sorge ansehen zu können. Er mag wenigstens mit einiger Wahrscheinlichkeit das Ende seines Daseins für näher halten als das seiner Habe. Die Menschheit aber stirbt nicht; und ein stillstehendes Volk erlebt notwendig einmal den Zeitpunkt, in dem es von dem Gipfel seiner Zivilisation zur leiblichen und geistigen Bettelarmut unausbleiblicher Verwilderung hinabsinkt.

82. Die Fackelträger der Revolution
Auslöschen läßt sich die geistige Leuchte nicht, nur entfernen läßt sie sich aus dem Kreise, in dem sie naturgemäß sich finden sollte. Auf Eurem höheren Standpunkte ist sie Euch zur Last, Ihr wendet sie von Euch ab, und die Gesellschaft gleicht einer umgekehrten Fackel, deren Flamme gegen sich selbst hinauflodert; und Ihr wundert Euch, wenn sie prasselt und Funken sprüht und sich und Euch desto schneller verzehrt?

83. Die Segler im Dunkeln
Schiffe segeln bekanntlich schneller bei Nacht, und unsre politischen Steuerleute rühmen das nämliche von ihren Staatsschiffen. Sie mögen recht haben, die Eiligen, man segelt besser im Dunkeln; aber man sieht nicht so gut. Schneller wird ihr Schiff dahinfliegen, aber vielleicht nur um so schneller der Klippe zu, an der es untergeht.

84. Die dunklen Geister
Der Obskurantismus ist nicht sowohl ein Grundsatz als eine Eigenschaft. Jede Verfinsterung setzt immer schon frühere und eigentümliche Finsternis in ihren Urhebern voraus, wie auch am Himmel nur dunkle Körper und die das Licht hinter sich haben, durch ihren eignen Schatten sie hervorbringen.

85. Der kluge, große Mann
Ce n'était qu'un sot avec tout son esprit, sagte von ihm einer, der ihn gut gekannt hat. Und wie anders? Man ist nicht bloß mit dem Kopfe klug. Große Gedanken, bemerkt Vauvenargues, kommen aus dem Herzen, und er

hat recht; aber die verständigeren tun es auch. Mit der Tugend steht das Genie in einem ewigen Bunde, und es kann die Wahrheit nicht aufopfern, ohne zugleich seine Kräfte einzubüßen. Wie eine mächtige Geliebte aus der Geisterwelt bleibt sie dem sterblichen Freunde hold, solang' er ihr treu ist, und verläßt sie ihn auf ewig bei dem ersten Verrat.

86. Lohn der Lüge
Es ist noch gefährlicher, mit moralischen Giften, Irrtümern und Lastern zu experimentieren als mit physischen. Das Unglück, das bei diesen sich ereignen kann, ereignet sich bei jenen früher oder später einmal gewiß. Dem Versucher entfällt die schützende Maske, der Heuchler wird entlarvt, und er erstickt in den tödlichen Dämpfen, mit welchen er sein heilloses Spiel treibt.

87. Die schwierigere Aufgabe
Auch in der sittlichen Welt ist eine gemessene und unterbrochene Tätigkeit, in Vergleichung mit einer unaufhaltsam fortgehenden, die schwerere, ist Selbstbeherrschung schwerer als Sichgehenlassen, und schwerer z. B. dem Günstlinge des Glückes das Stehenbleiben auf der natürlichen Höhe als das ungezügelte Weiterrennen bis zu der künstlichen eines Thrones hinauf. So können Betrunkene wohl laufen, aber weder gehen noch stehen; so können Stotternde singen, aber nicht sprechen.

88. Der Sprecher auf St. Helena
Niemand sprach von ihm, als nur er selbst nicht aufhörte von sich zu sprechen und Appellationsrechtfertigungen herzusagen an die Nachwelt. Der Wetterwolke ähnlich zog er verheerend über die Länder hin, und bildete auch *er* seinen eignen Widerhall.*

* Das Rollen des Donners ist nach den neuesten über die Natur des Schalles angestellten Beobachtungen hauptsächlich ein Echo aus den Wolken selbst.

89. Die politischen Sünder
Umsonst versuchen sie ihre Schande zu verbergen, indem sie ihre Reue verheimlichen. Die Geschichte ist ein öffentliches Gewissen, das die Sünden, die sie nicht einmal sich selbst gestehen wollten, vor aller Welt bekennt.

90. Das Urteil der Geschichte
Es ist nichts anders als die *vernehmliche* Stimme des sittlichen Gefühls; nicht erst entstanden in der Nachwelt, nur erst hörbar in ihr, wenn die Leidenschaften verstummt sind und die gedungenen Klatscher ihr Tagewerk getan haben, – wenn es still geworden.

91. Politische Harthörigkeit
Es gibt eine körperliche Harthörigkeit, die irgend einem Getöse weicht und wiederkehrt, wenn dieses aufhört. So jene politische unsrer Großen und unsers Pöbels, die nur unter dem Läuten von Sturmglocken und unter den Trommelschlägen anrückender Soldaten, aber auch nur auf solang, als der Lärm dauert, sich verliert.

92. Politische Besserung
In sittlicher Hinsicht muß die Sünde aufhören, wenn die Besserung anfangen soll; in politischer fängt die Besserung nicht eher an, als wenn die Sünde aufhören – muß. Mit dem Unvermögen zum Bösen stellt sich die Neigung zum Guten ein.

93. Wirkung und Gegenwirkung
Nur öffentliche Regierungen haben nichts von heimlichen Widersachern zu besorgen. Jede Wirkung hat ihre Gegenwirkung, und geheime Gesellschaften sind unausbleibliche Folgen und Gegensätze einer geheimen Polizei, die insofern allerdings die Mutter auch *der* Verschwörung ist – die sie nicht anstiftete.

94. Wahrheit und Öffentlichkeit

Wer den Zweck will, muß die Mittel wollen, wer Wahrheit – Öffentlichkeit; denn jene achtet nur der nicht, der es für unmöglich hält, daß sie ihm gesagt werde.

95. Das letzte Wort

Wir zucken die Achsel über den Schreier, der recht zu behalten meint, weil er das letzte Wort behält; aber so manches politische letzte Wort, ist es denn etwas Besseres? Und der Schlag ins Gesicht seines Nachbaren, mit dem ein Trunkenbold seiner Sache den Ausschlag gibt, ist er, bei gleichen Kräften, nicht immer noch edler als der gefahrlose Übermut, mit dem wir der Wahrheit ins Gesicht schlagen, weil ihre Verteidiger die Schwächeren sind? ›Dem größten Dialektiker zum Trotze‹, hieß es in einer chinesischen Hofzeitung, ›werden wir Oberbonzen recht haben.‹ – Ludwig dem Zwölften, als er die Ligue von Cambray abzuschließen im Begriffe war, rühmte man die Weisheit der Venetianer: ›Ich werde‹, tröstete sich der allerchristlichste König, ›ich werde ihnen dreißigtausend Narren auf den Hals schicken, deren Torheit allen Verstand dieser weisen Leute zu Schanden machen soll.‹ Das Faustrecht war im funfzehnten Jahrhunderte noch ein Recht, im neunzehnten ist es eine bloße Tatsache, im zwanzigsten hoffentlich wird es nur noch eine Albernheit sein.

96. Die Geschichte des Petitionswesens

›Wer die Wahrheit fiedelt, dem schlägt man den Fiedelbogen um die Ohren.‹ Das ist die Geschichte des Petitionswesens. Allerdings, nicht aber die ganze, wie einige Staatsmänner glauben. Die Fortsetzung folgt und lautet: bis der Fiedler, durch Erfahrung gewitzigt, seinen undankbaren Zuhörern zuvorkommen lernt und ihnen, eh' er noch seine Melodie aufspielt, den Bogen um die Ohren schlägt. Dann petitioniert man, wie in Konstantinopel, mit Feuersbrünsten und mit gewaffneter Hand; und in der Stunde der Mitternacht und im Schlafkabinette läßt sich die Wahrheit vernehmen, die am hellen Tage in den Audienzsälen ein Verbrechen hieß.

97. Die unzeitige Wahrheit
Jede Wahrheit kommt dem zu früh, der jede zu spät erkennt.

98. Die aufrührerische Wahrheit
›Das paßt‹, pflegt man zu sagen, ›wie die Faust auf's Auge‹; aber zuweilen paßt sie dahin. Non amo veritatem seditiosam, die aufrührerische Wahrheit mag ich nicht! wehklagte Erasmus, während Luther sprach. Aber wenn die Lüge herrscht, wie soll die Wahrheit nicht ein Aufruhr sein!
Vgl. Erfahrungsfrüchte III 88.

99. Luthers Wahnsinn
Sie haben ihn für wahnsinnig ausgegeben, weil er dem Teufel sein Dintenfaß an den Kopf warf. Aber er wußte wohl, was er tat, und ein Dintenfaß ist heute noch die rechte Waffe gegen den Bösen, wenn es nur Spuren hinterläßt, wie das von Luthern geschleuderte in seinen Werken.

100. Wozu die Schriftsteller?
Wozu in den Gewölben der Westindischen Docks zu London die kleinen Spiegel, die man den Eintretenden reicht, um die matten und zerstreuten Lichtstrahlen, die spärlich in das Gewölbe hineinfallen, zu sammeln und leuchtend auf jeden beliebigen Punkt zu lenken! Unsre

Erde ist wohl nur ein solches Kellergewölbe in der großen Stadt Gottes, und auch der größte Geist ein bloßer Handspiegel, der das Licht nur sammelte und nicht schuf. Aber weil er ungeschickt behandelt auch blenden kann, zerschlagen sie ihn und greifen sich lieber durch die liebe Finsternis zu irgend einem Fasse hin, vor dem sie liegen bleiben. – Gute Nacht!

Erfahrungsfrüchte II

1. Beurnonville's Armee-Bulletin

Mancher erinnert sich vielleicht noch an jenes seiner Zeit berühmte Bulletin des General Beurnonville, welches er nach einem langen und mörderischen Gefecht bei Trier bekanntmachte. Er sagte darin ganz trocken, die Preußen hätten wenigstens dabei 10 000 Mann verloren, hingegen die Franzosen nur *den kleinen Finger eines Chasseurs*. In allen Ländern nannte man das die übertriebenste Aufschneiderei. Aber in der Tat war Beurnonville ein Mann von zu vielem Geist und Verstand, als daß er sich in solchen Gaskonaden gefallen hätte. Man wußte nicht, daß das Bulletin nichts anders als eine beißende und damals sehr verwegene Satire auf den berüchtigten Wohlfahrtsausschuß der Republik war, der ihm kurz vorher erst vorgeworfen hatte, er habe, seinen letzten Berichten zufolge, zuviel Leute verloren.

2. Altdeutsche Sprache

Folgendes Beispiel zeigt, wie sich in der altdeutschen Sprache aus einem Urtone alle verwandten Sprachbezeichnungen entfalteten:

Atta – hieß Vater, in der Schweiz noch Aetti.

Edda – die Mutter.

Ida – die Tochter, noch jetzt unter dem Landvolk im südlichen Bayern üblich.

Otto – der Sohn und junger Mann.

Utte – eine alte Frau.

Das Wort *Adel* hingegen hat zum Wurzelwort entweder *Atta*, Vater, oder *Od*, ein Gut: daher in Norwegen güterbesitzende Bauern *Odelsbauern* heißen. Aber wunderlich ist's doch, daß in Bayern, der Pfalz und am Niederrhein bei den Landleuten Adel soviel als Mistgauche heißt.

3. Via oeconomica

Unter andern bequemen Erbstücken des Kaisers Napoleon bewahrte man im Piemontesischen auch die von ihm seinen Gendarmen, jetzt königliche Carabiniers, eingeräumte willkürliche Gewalt. Sie hatten das Recht, nach Gutbefinden zu verfahren, und die meisten Untersuchungen wurden alsdann, vermöge königlicher Kabinettsbefehle, den ordentlichen Richtern entzogen, um, hieß es, *in via oeconomica*, d. h. durch Kommissionen geführt zu werden. Eine ganz passende Benennung, denn etwas erspart man sich in jedem Falle dabei – Gerechtigkeit.

4. Die Bahn der Zivilisation

Das Recht zu irren, ist das erste, von dem die menschliche Freiheit Gebrauch macht, und erst, wenn sie es im Übermaße gebraucht und gemißbraucht hat, erfüllt sie, der Wahrheit huldigend, ihre erste Pflicht.

5. Die unglücklichen Freunde

Lord Chesterfield war es, der die Phrase, die uns unsere Bediente wie unglückliche Freunde zu behandeln ermahnt, zuerst in Umlauf brachte, und sie machte wie tausend und abermals tausend andere feine Reden, mit ihrem halbsentimentalen, halbwitzigen Geschiller, ungeachtet ihrer großen Albernheit ein großes Glück. Man soll seine *Bediente* wie *unglückliche Freunde* behandeln; behandelt man denn seine *unglücklichen Freunde* wie *Bediente*?

6. Die Fabelhaftigkeit unsers Wissens

Von den entfernteren Himmelskörpern gelangt, nach Herschels Lehre, das Licht erst nach Millionen Jahren zu uns. Wir sehen also täglich einen großen Teil des Firmamentes, nicht wie es notwendig aussieht, sondern wie es vor, ich weiß nicht wieviel Millionen Jahren ausgesehen hat. Unsere Astronomie ist möglicherweise eine reine alte Geschichte. Und wäre das Licht noch gar ein bloßes

Produkt des Auges, das Auge selbst ein bloßes Gedankenwesen; – – die Skepsis bietet dem Idealismus die Hand, und wir versinken in ihren Abgrund.

7. Der Sultan und die Heilige Allianz

Es war lustig anzusehen, wie der Sultan sich und alle Welt überreden wollte, die Heilige Allianz sei eigentlich und ganz besonders wider ihn gerichtet gewesen. »Die Glieder derselben«, sprach er, »erklären sich wider diejenigen, die keinen Adel wollen, *den will ich auch nicht;* – wider diejenigen, die keine Geistlichkeit wollen, besonders keine christliche, *die will ich auch nicht*, usw.« Die Extreme berühren sich. Man glaubte der Anarchie einen Schlag zu versetzen, und der Despotismus fühlte sich getroffen.

8. Die Hülfskeile

Professor L. in Braunschweig schrieb ein Werk zur Erklärung der persepolitanischen Keilschrift. Sachverständige meinen, er habe unglücklicherweise, wie aus der Verbindung der einzelnen Wörter und ihren Absätzen in dieser Keilschrift hervorgehe, beim unrechten Ende zu lesen angefangen. Aber es ging, denn er machte sich die Sache bequem, indem er jedem Zeichen, das nicht zu seiner Erklärung paßte, jede Bedeutung rund absprach und es nur noch als einen ›Hülfskeil‹ gelten ließ. Das Mittel ist vielleicht nicht ganz so gut als lustig; aber wieviel Systeme gibt es denn, die da bestehen könnten, ohne ihre Hülfskeile?

9. Napoleon

Es ist ein sonderbarer, disharmonischer Eindruck, den die Betrachtung dieses außerordentlichen Menschen hervorzubringen geeignet ist. Man muß bewundern, was man nicht achten kann, und hassen, was man nicht verachten darf. Der Eindruck, den er hervorbringt, gleicht unsern Gefühlen für ein geliebtes Wesen, an das uns eine übermächtige Leidenschaft fesselt, während wir uns seiner schämen müssen. Wäre es möglich, nur mit dem Kopfe ein großer Mann zu sein, dieser da würde die Aufgabe gelöst haben; aber er hat bewiesen, daß nur eine übereinstimmende Entwickelung *aller* besseren Anlagen der menschlichen Natur sich dem Ideale der Humanität zu nähern vermag, und jede einseitige Ausbildung dieser Natur, und wäre sie in ihrer Art auch noch so vollendet, immer nur eine Mißgeburt erzeugt.

10. Der Mensch und sein Ruf

Die Verleumdung beweist nichts gegen den großen Mann. Zugegeben; aber was beweist sie denn für ihn? Mancher ist nur besser als sein Ruf, weil sein Ruf noch schlechter ist als er.

11. Der Fluch der Armut

Armut und Sittenlosigkeit sind sich leider nahe verwandt, aber das Laster ist nicht sowohl des Armen Schuld als Unglück. Wie viele gibt es, die nur nicht reich genug sind, um mäßig zu leben, wie es Schriftsteller gibt, die nur nicht Zeit genug haben, um kurz zu sein.
Vgl. Politische Glossen 67.

12. Duo si faciunt idem etc.

Herr von Haller bekehrte sich, und Miß Loveday wurde bekehrt.* Wie ähnlich beide Fälle und wie verschieden! Der Hochmut wurde zum Narren und die Unschuld dafür gehalten.

* Das bekannte Heldenstück der Jesuiten von Paris im Winter 1821–22.

13. Enthusiasmus und Fanatismus

Den Enthusiasmus, der seine Mittel durch den Zweck heiligen will, den einseitigen guten Willen, der den leidenschaftlichen gern für den einzigen ausgeben möchte, was unterscheidet ihn im glücklichsten Falle von dem

22. Die Waffenmündigkeit
Messer und Schere nimmt man den Kindern, aber unter den Erwachsenen vertraut man eben den rohesten die Waffen an. Die alten Deutschen gaben sie ihren Jünglingen, wenn diese stark genug waren, sie zu führen, und erklärten sie damit zu Männern. Unter zivilisierten Völkern sollte die Waffenmündigkeit billig noch eine andere sein und die Waffe nur demjenigen anvertraut werden, der Verstand genug oder wenigstens ein Interesse besitzt, sie nicht zu mißbrauchen.

23. Rom ein Krater
Mehrere Mineralogen haben den Boden der sieben Hügel für einen vulkanischen Tuff erkannt. Breislak sieht in ihnen Überbleibsel eines Lavastromes aus dem Krater, in dessen Mittelpunkte das Forum liegt. Und aus dem physischen Vulkane, der vor Jahrtausenden ausbrannte, wurde für andere Jahrtausende ein moralischer, der noch nicht erkaltete.
Vgl. Erfahrungsfrüchte III 80.

24. Wohlfeile Originalität
Nichts gewöhnlicher als Menschen, die sich für Originale halten, weil sie irgendein Original kopieren.

25. Bauerngold und Bauernwahrheit
Die Wahrheit finden wir noch seltener als das Gold in schon gediegenem Zustande. Bauerngold gibt es wohl, aber schwerlich Bauernwahrheit in demselben Sinne des Worts. Auch, was wir so nennen, müssen wir läutern, wie das Erz des edlen Metalls, und wir haben das Gold früher zu reinigen verstanden als die Wahrheit.

26. Die nötigere Geduld
Gewisse Dinge zu ertragen, ist nicht eine *über*menschliche, sondern eine *unter*menschliche Geduld erforderlich, – eine viehische.

27. Die Arbeiten der Nachkommen
Die meisten Wissenschaften werden von den Menschen bearbeitet wie ihre Bergwerke von den Spaniern: so gierig und flüchtig, daß sie nur, was ihnen fast gediegen und auf der Oberfläche entgegenglänzt, mitnehmen und ihren Boden mehr umwühlen als benutzen. Dem Nachkommen scheint die verlassene Gegend eine erschöpfte, aber nur Mut! Die Schlacken, die jene als wertlos weggeworfen, sind noch der Untersuchung wert, und Jahrhunderte bereichern sich von der Arbeit auf den sogenannten alten Mann.

28. Die unverzeihliche Hülfe
Nicht eingreifen wollt Ihr in die Religion, Ihr wollt sie nur aufrecht halten? Aber Ihr könnt auch das nicht, ohne sie anzugreifen. Jede ist wie die Bundeslade, die niemand nur berühren durfte, auch nicht einmal, um sie zu stützen.

29. Kinderlehre
Kindern Überzeugungen beibringen wollen, ehe sie Gedanken haben, ist ebenso albern, als sie verheiraten wollen, ehe sie mannbar sind. Wie die Sachen jetzt stehen, weiß ein Knabe mit seinem Lehrer meistens ebensowenig anzufangen als mit einer Frau.

30. Die vornehmen Ratgeber
Ich las auf der Karte eines Diplomaten: Mr. de B. Conseiller intime *actuel* de feu S. M. le Roi de***. Ich weiß nicht, ob die Herren ihren Rat in der Unterwelt zu erteilen pflegen, aber es scheint zuweilen, als ob sie ihn daher geholt hätten.

Vgl. Erfahrungsfrüchte III 47.

31. Zweideutiges Lob
›Ein europäisches Buch‹ – wird nachgerade jedes heißen, das in Amerika nicht geschrieben zu werden braucht.
Vgl. Erfahrungsfrüchte III 52.

32. Das Volk ohne Geschichte
»Es ist ein Volk ohne Geschichte!« sagen sie hohnlächelnd von den Amerikanern. Ein Volk ohne Geschichte ist ein Kind, ohne Sünden. Ein Volk ohne Geschichte ist ein Volk ohne Schandflecke.
Vgl. Erfahrungsfrüchte III 52.

33. Der Platz in der Geschichte
Der Geschichte anzugehören ist kaum ein Lob. Sie nannte Helden und Verbrecher und verschwieg die Wohltäter unseres Geschlechts. Die Zeit, sagt Baco, wo er der verlorengegangenen Schriften eines Empedokles, Anaxagoras, Demokrit und anderer Weisen gedenkt, die Zeit glich einem Strome, der Leichtes und Aufgeblähtes zu uns herabführte und in dem das Wichtigere unterging.

34. Gefühl und Ausdruck
Je reicher das Gefühl, desto ärmer der Ausdruck. In der Kunst wie in der Natur. Dem Vater, dessen Tochter vor seinen Augen geopfert werden sollte, verhüllte der Maler das Haupt. Und mit Recht. Auch in der Natur ist wohl die Geschlechtsliebe geschwätzig, aber die höhere Mutterliebe schweigt. Der Vogel, der sich paart, hat eine Stimme, der brütende ist stumm.

35. Der ungerechte Vorwurf
Nichts oder zuwenig sollen die privilegierten Stände zu den öffentlichen Lasten beitragen? Wie ungerecht! Macht doch schon ihr bloßes Dasein einen so großen Teil derselben aus.

36. Das Papiergeld der Ehre

Banknoten und Ehrenzeichen haben das miteinander gemein, daß man sie in eben dem Maße, als sie wertloser werden, vervielfältigen muß.

37. Die Ministerien der Aufklärung

Es gab eine Zeit, in der sie Mode waren, die Ministerien der Aufklärung, aber sie wurden bald überall mit denen des Kultus vereinigt. So nämlich, daß der Kultus die Aufklärung unter sich bringt.

38. Was hab' ich davon

»Was hab' ich davon«, rief ein vornehmer Mann, »was hab' ich davon, daß mein Schuhmacher zu lesen versteht? Werden meine Stiefel dadurch besser?« Wahrscheinlich, und wenn auch nicht – *er* wird besser dadurch. In solchen Fragen enthüllt sich die ganze Weisheit unserer lichtscheuen Zeit, die mit selbstsüchtiger Brutalität zugleich und, in einem fast noch höhern Grade, mit ihrer Dummheit auch ihre Niederträchtigkeit offenbart. Wäre von einer Maschine die Rede, die Frage würde einen Sinn haben; aber dieser Schuhmacher ist keine Schuhmachermaschine; er ist ein Mensch, du unglücklicher Frager! ein Mensch, mit einem Herzen, das schwerlich schlechter sein kann als das deinige, und mit einer lebendigen, unsterblichen Seele, und so gewiß zu etwas Besserem noch, als dir die Schuhe zu flicken, bestimmt, als die Sonne gewiß noch einen höheren Zweck hat als den, deine Mistbeete zu bescheinen.

39. Die verspätete Lehre

Verstand lernen die Weiber selten eher schätzen, als bis sie einen Dummkopf geheiratet haben.

40. Politische Arithmetik

Zahlen sollen Euch die Menschen sein? So lernt wenigstens, wie sich's mit ihnen rechnen läßt. Gesellschaften, deren Mitglieder ihre Geburt oder sonst ein zufälliger Umstand einen festen, eigentümlichen Rang gewährt, verhalten sich zu andern, in welchen Jedem jeder Platz offensteht und nur dieser eines jeden Rang bestimmt, wie Zahlensysteme, deren einzelne Zeichen einen immer gleichen, durch keinen Standpunkt zu verändernden Wert haben, verglichen mit solchen, in welchen die Ziffer nur vereinzelt etwas an sich, aber im Zusammenhang mit andern bloß nach Maßgabe ihres jedesmaligen Standpunkts etwas zu bedeuten hat. Das Plumpe und Unbehülfliche des Gebrauches römischer Zahlen, der zweckmäßigen und leichten Anwendung unserer arabischen gegenüber, ergibt sich aus dem kleinsten Rechnungsexempel und hat uns bald genug eingeleuchtet; aber in der Politik sind wir noch lange nicht so weit als in der Arithmetik. Ausnahmen indessen gibt es auch von dieser Regel. Haben wir die Menschen versteinert, so verliehen wir hingegen ihren Titeln eine desto fügsamere Bedeutungsfähigkeit. Ein adeliger Geheimerat z. B. und ein bürgerlicher sind in wohlgeordneteren Staaten himmelweit voneinander verschiedene Wesen. Unsere Titel, wie die arabischen Ziffern, drücken bedeutend viel mehr oder weniger aus, je nachdem sie vor einer Null stehen oder nicht.

Vgl. Erfahrungsfrüchte I 38.

41. Die Greuel der Revolution

Hunde werden an der Kette böse. Der Mensch behauptet in gleicher Lage den Vorzug seiner geistigen Natur. Er wird nicht nur böse an der Kette, er wird auch toll an ihr.

42. Die wesentliche Frage

»Die meisten Übel in der politischen Welt«, sagte mir ein Mann, der sie in den wichtigsten Verhältnissen und

Zeitpunkten kennengelernt hatte, »rühren von den überflüssigen Millionen der Zivillisten und von den Gnadengehalten zu Hunderttausenden her.« – Es ist doch, meinte ich, nicht alles zu kaufen, nicht alles zu bezahlen. – »Doch, nur zu vieles; und meistens kommt es nur auf den rechten Preis und auf die rechte Zahlungsweise an. Ich erinnere mich, einen reichen und braven Mann mit einer seltenen Ausgabe, ich weiß nicht mehr welches alten Klassikers, freilich nicht zu einem schlechten Zwecke, aber doch – bestochen zu haben, und von allem, was ich noch über diesen Gegenstand hörte, bleibt mir immer die treffendste Bemerkung die eines Bauern über mich selbst. Ich war zur Zeit der Helvetischen Republik Mitglied des Obergerichts zu***. Als ich eines Tages aus der Sitzung nach Hause kam, fand ich, daß mir ein Bauer, der eben einen bei dieser Behörde anhängigen Prozeß führte, ein Fäßchen voll schöner Forellen gebracht hatte. Wozu das? fragte ich. – Ei nun, hieß es, Sie haben doch Mühe bei der Sache. – Für die Mühe bezahlt mich der Staat; die braucht Ihr nicht zu bezahlen. Nehmt also die Fische nur wieder mit, oder ich muß glauben, daß Ihr selbst von Eurer Sache keine sehr gute Meinung hegt. Nehmt sie, wiederholte ich, als er noch keine Anstalt dazu machte, und wollt Ihr nicht, so muß ich sie in die Behörde tragen lassen und anfragen, was von solchen Beweisgründen zu halten sei. – Der Mann sah mich eine Zeitlang listig an. Ich hätte wohl Krebse bringen sollen? sagte er dann. Er kannte die Welt. Es kommt in der Tat wenigstens nur darauf an, ob Forellen, ob Krebse.«

43. Die verkannte Tugend

Zerstreuungssucht, für Leichtsinn gehalten, ist oft wohl Selbsterkenntnis und Bescheidenheit. Man zerstreut, was leicht und wertlos ist, wie Spreu, man sammelt, was des Sammelns würdig ist, und darum nur selten sich selbst.

44. Die demagogische Sprache
Die Mehrzahl ›Männer‹, sagt einer unserer Sprachlehrer*, wird gesetzt, wenn man ausdrücklich das männliche Geschlecht andeuten oder mit Achtung sprechen will. Man sagt: *Arbeitsleute, Fuhrleute, Bettelleute***, man sagt: Staats*männer*, Bieder*männer*. Edelmann und Amtmann sind Ausnahmen. Man spricht von Edel*leuten* und Amt*leuten*. Ausnahmen? Und warum Ausnahmen? War nicht vielleicht auch diesmal die Sprache gescheuter, als der sie spricht?

* Heinsius in seiner *Sprachlehre der Deutschen. 2. Aufl. pag. 92.*

** Eheleute, das Heinsius noch anführt, gehört nicht hieher. Man sagt: Ehe*männer* und Ehe*leute* nur, wo von beiden Teilen in der Ehe und folglich [von] verschiedenen Geschlechtern die Rede ist.

45. Die Schätze der Tradition
Überlieferungen sind schlechte Mittel zur Erhaltung einer Lehre oder Kunde, aus der einfachen Ursache, weil jede letzte Wiederholung derselben, angeblich das treueste Abbild irgendeiner uranfänglichen Benachrichtigung, sich doch immer nur mit der nächstvorhergehenden vergleichen läßt, und auch mit dieser von keinem andern als, wenn ihm sein Gedächtnis treu blieb, dem letzten Berichterstatter selbst; aber sie sind eben deswegen die Lieblingskinder der Geistesherrschaft. Vererben sie auch nicht die Wahrheit, so vererben sie doch die Gewalt. Die Erben der Lehre sind auch ihre Herren, und – was man auf Überlieferungen glaubt, glaubt man immer nur dem, der sie erzählt.

46. Die Sprache der freien Presse
Die immer größere Verbreitung der englischen Sprache in den meisten Gegenden des europäischen Festlandes ist ein gutes Zeichen, wenn auch nicht der Zeit, doch der Zukunft, und Stiftungen zum Behuf eines allgemeineren und kostenfreien Unterrichts in derselben möch-

ten überall sehr wohltätig, vielleicht, auch eben darum, sehr verdächtig sein. Sprachen sind wohl nur Schlüssel, und freilich sind es alle, aber die Frage ist: Schlüssel wozu? – Der Schlüssel zum Büchersaale ist nur ein Schlüssel, und der zur Plauderkammer ist auch einer, allein im figürlichen Sinne schwerlich ein so unentbehrlicher.

47. Die Mühe des Schlechtmachens
›Sich Mühe geben‹ ist auch im buchstäblichsten Sinne ein ganz passender Ausdruck. Wie viele Mühe, die sich nicht in der Natur der Dinge findet, gibt man sich selbst; wie vieles in der Welt ist gerade nur so schwierig, weil und als man sich's macht! Gute Reden z. B. sind fast so selten als gute Bildnisse, weil man sich in der Regel zu beiden erst in Positur setzt. Machte man nicht erst ein Gesicht, wenn man sich hinsetzt, um gemalt zu werden, oder wenn man auftritt, eine Rede zu halten, so würde man in den meisten Fällen besser getroffen werden und vernünftiger sprechen, als es zu geschehen pflegt.

48. Die unglücklichen Patrioten
Vom tollkühnen Kaufmann bis zum überlisteten Höflinge, vom eigensinnigen Spieler à la hausse bis zum leichtsinnigeren Heirater gibt es eine Menge Leute, die jede unglückliche Unternehmung aus bloßem Pflichtgefühle und zum allgemeinen Besten gewagt haben, aber darum den Gewinn jeder glücklichen doch nur sich selbst in Rechnung bringen.

49. Die tugendhaften Röcke
Warum lachen doch einige Vorwitzige über die gepolsterten Bruststücke unserer Uniformen? Sie haben unrecht und sollten bedenken, daß auch schon der Schein von Hochherzigkeit dem Krieger ziemt.

50. Die teuern Bekanntschaften
An Schriftsteller empfohlen zu sein, man muß doch aus Höflichkeit ihre Werke lesen, ehe man seine Briefe übergibt.

51. Die geschminkte Ferse
In der guten alten Zeit waren unter den in guten Häusern und besonders von Damen gern gesehenen Mönchen alle kleinen Künste der verächtlichsten, d.h. männlichen Gefallsucht üblich, und so legten unter andern die *Barfüßer* Rot auf ihre nackten Fersen, um diese jugendlicher und anlockender unter der Kutte hervorschimmern zu lassen. Nachgerade mögen sich auch unsere Männer vor dem Pferdefuße in acht nehmen, der sich ihnen als geschmückte Kapuzinerferse empfiehlt.

52. Fremde Meinung und eigene
Um etwas auf der Leute Meinung zu geben, muß man vor allem eine von ihnen haben, und es gibt ihrer, von denen man sich alles gefallen läßt, nur nicht ihre Achtung.

53. Kirchenvorrecht
Im Mittelalter und wohl noch später herrschte der von der Geistlichkeit eifrigst genährte Glaube, die Leichen von Exkommunizierten könnten nicht verwesen. Fäulnis war ein eigentümliches Vorrecht der Kirche und ihrer Angehörigen.

54. Die Heilkräfte der Schriftsteller
Von Alphons dem Großmütigen, Könige von Neapel, wird erzählt: Sein Vergnügen bei dem Anhören der Werke des Quintus Curtius haben ihn, ohne andere Heilmittel, von einem gefährlichen Übel geheilt. In Fällen, wo Brechmittel gute Dienste leisten, würden sich

auch wohl neuere Schriftsteller ein ähnliches Verdienst erwerben können.

55. Meinungsuniformen

Daß es Leute gibt, länger oder kürzer als wir, ist eigentlich wohl nicht recht, aber doch nur ein Unglück, und wir müssen es uns gefallen lassen. Daß andern häßlich oder schön vorkommt, was umgekehrt uns schön und häßlich erscheint, ist schon eine Dummheit, verdient indessen, solange nur von Eindrücken die Rede ist, doch nur unser Bedauern. Daß aber noch andere sogar in ihren Meinungen von den unserigen abzuweichen sich unterstehen, ist offenbare Bosheit und billig der schärfsten Ahndung wert. ›Es gibt gewisse Vorstellungen von Einförmigkeit‹, bemerkt Montesquieu*, ›die zuweilen auch den großen Geist ergreifen, jeden kleineren aber unfehlbar mit sich fortreißen.‹ Wie unbillig! Der Mensch ist ein vernünftiges Tier, und wenn er die Unmöglichkeit mit Händen greift, begreift er sie.

* Il y a de certaines idées d'uniformité, qui *saisissent* quelquefois les grands esprits, mais qui *frappent* infailliblement les petits. *De l'esprit des loix. XXIX. 18.*

Erfahrungsfrüchte III

1. Der Rückschritt

Nichts ist von jedem Rückschritt gewisser, als daß er noch einmal vorwärts gemacht werden muß.

Vgl. Erfahrungsfrüchte I 80.

2. Deutscher Geist

Man sagt von Salomo dem Weisen, er habe nur den *bösen* Geist in ein Buch eingebannt. Die Deutschen haben ihn übertroffen. Sie bannen *allen* Geist in die Bücher, um ihn da sitzen zu lassen.

Vgl. Erfahrungsfrüchte I 4.

3. Pas trop gouverner

Der sterbende Oxenstierna sagte: »Die Welt wird durch wenig Weisheit regiert.« Allerdings, wahre Regentenweisheit ist, wie jede andre, sich ihrer Schwäche und ihrer engen Schranken bewußt. Jedes Volk bildet seine Intressen selber aus; die Regierung soll sich begnügen, dieselben bloß zu *schützen*. Man kann aus Völkern keine Marionetten machen.

4. Gemietete Talente

Jedes an die Gewalthaber verkaufte Schriftsteller-Talent ist immer ein gemordetes. Es wird zur toten Sache, die niemand achten kann, und der Gewalthaber selbst nicht. So ergeht's den *Mietlingsschriftstellern*, wie Verrätern oder feilen Mädchen. Diese machen nur ihren Leib, jene ihren Geist zur *Ware*.

5. Der Schein trügt

Nichts gewöhnlicher im Leben als dies. Man weiß oft nicht, ob man über dies alltägliche Schicksal der Sterblichen lieber lachen oder klagen soll. Keinem gings dabei verdrießlicher als einem Engländer, der durch einen meiner Bekannten, ohne dessen Schuld, durch vieler Herren Länder umhergesprengt ward.

Ein Juwelierer zu London stand in seinem Laden. Zwei Fremde kommen zu ihm, einen Kauf zu machen. Einer derselben ist besonders tätig, schweigsam der andre. Jener kauft einen Ring, besichtigt vieles andre, auch ein Kästchen mit Juwelen, an Wert von mehr als einer Million. Die Fremden entfernen sich endlich, der Juwelier stellt alles Schmuckwerk wieder an seinen Ort. Da war das Kästchen verschwunden; es war entwendet.

Zu derselben Zeit war Herr B…, ein deutscher Fabrikant, im Begriff, von London zurückzukehren, und im Allien-Office gewesen, wo sich durch einen Irrtum sein Name zwiefach angegeben fand. Dies erregte bei dem dahin gekommenen Juwelierer Verdacht; mehr noch als Gestalt, Überrock, alles von dem Doppeltgenannten mit der Person des Juwelendiebs zusammenzustimmen schien. Der Beraubte kundschaftete bald aus, sein Mann und ein zweiter mit ihm, sei in Hast und Eil nach Dover und über den Kanal. Der Juwelierer geschwind nach. In der Tat reisete Herr B… selbander mit einem Baumeister von Durlach, den er zum Begleiter genommen, um sich durch ihn über gewisse Gegenstände der Fabrikeinrichtungen besser unterrichten zu können. In Calais nahm er eigne Pferde, um auf einem Seitenweg längs dem Meere nach Dünkirchen zu gehn; von da machte er sich, ohne Brüssel zu berühren, nach Antwerpen. Der Engländer, durch diese Umstände in seinem Argwohn bestärkt, flog ihm unermüdet nach. Angekommen in Antwerpen, hinderte ihn ein Volksauflauf, deswillen die Tore verschlossen wurden, sogleich weiterzureisen. Dem deutschen Fabrikanten, der sich nicht träumen ließ, daß sich ein Mann aus London seinetwillen so weit bemühe, war es durch den Volksaufstand nicht besser gegangen. Der Verfolgte und Verfolger wohnten im gleichen Gasthof; aber zu seinem größten Ärger vernahm es der Brite erst den andern Morgen. Er jagt dem Deutschen bis Aachen nach, verliert dort die Spur desselben, bis er folgenden Tages im Fremdenbuche den Namen B… findet, den Namen des vermeinten Diebes, mit dem er wieder eine Nacht unter gleichem Dache verschlafen hatte. Fluchend verfolgte er dessen Fährte bis Frankfurt, bis Baden, wohin Herr B... zu seinem Schwager, dem geheimen Hofrat K..., gefahren war. Der Verfolger hatte einen Frankfurter Polizei-Offizier mit sich genommen. Das Haus war bald gefunden, ebensobald das Zimmer. Der Juwelierer war schon Jubilierer. Er kannte den Dieb zu gut; dessen Gestalt und Gesichtszüge lagen in seinem Gedächtnis zu wohl verwahrt. Er trat mit dem Offizier in's Zimmer, wo der Fabrikant eben mit dem Hofrat im Gespräch stand. Er fuhr sogleich auf den Hofrat zu:

»Sie sind der Herr B..., der Fabrikant, der in London bei mir war. Sie sind mein Gefangner. Wo ist das Juwelenkästchen?«

Der Hofrat sah den Mann verwundert án. »Ich war nie in London.«

»Sie sind am Unrechten!« sagte der Polizei-Offizier, »Herr B... ist dieser.«

»Diesen Herrn aber hab' ich nie gesehn!« erwiderte verblüfft der Juwelierer.

Die Sache kam in's klare. Die lange Reise war umsonst gewesen. Der arme Juwelierer!

6. Berichtigung

Nachdem die Stände das vom Ministerium vorgelegte Budget genehmigt und infolge desselben die neue Auflage desselben beschlossen hatten, wurden sie aufgelöst. Indem die Mitglieder der Versammlung auseinandergingen, fragte ein Bürger, der sich unter den Zuhörern auf der Galerie befand, nicht weit von mir, einen Fremden, den er mitgebracht hatte: »Nun, wie hat es Ihnen gefallen?«

»Das Ständehaus flößt mir jetzt das nämliche Intresse ein wie ein *Schlachtfeld* nach dem Gefechte«, sagte der Fremde. »Sie drücken sich unrichtig aus«, fiel ihm der Bürger in die Rede: »Sie wollen sagen, wie ein Schlacht*haus*.«

7. Die alte, gute Zeit

Immer und immer sehnen wir uns nach dem Bessern, Vollkommneren und Seligern. Wir ringen dennoch auf allen Wegen und erringen es hienieden nicht. Die Jugend, weil sie noch keine Vergangenheit kennt, erwartet daher das schöne Los für sich von der *Zukunft*; im Alter enttäuscht, oder weil wir die Zukunft nicht kennen, schauen wir mit Sehnsucht auf die *Vergangenheit* zurück. Wir preisen das Glück unserer Kindheit, deren Unbehagliches wir vergessen haben, rühmen die Zeiten der Väter, die wir als Kinder verehrten; die Glorie der Vergangenheit strahlt herrlicher, je weiter sie von uns entfernt liegt. Dort liegt die gute, alte Zeit; noch weiter hinaus die Welt der Sittenreinheit und Seelenhoheit; noch weiter das Reich der Heroen und Halbgötter; zuletzt das goldne Zeitalter, das Paradies selbst.

8. Die Wahrheit

Wo die Wahrheit bekämpft werden muß, da hat sie schon gesiegt. Das Böse und Falsche ist etwas so Negatives, daß selbst der Widerstand, den es leistet, ihm gefährlich werden muß und seine eigne Sache verrät. Mit vollem Recht setzte die römische Curie in ihren Index verbotner Schriften deswegen auch die Schriften ihrer eignen Verteidiger, und sie fand Bellarmin so gefährlich zu lesen als Luthern.

Kann wohl das gesamte Leben der Menschheit viele Wahrheiten aufweisen, die nicht anfangs bestritten und sogar mit Wut verfolgt wurden? Was half zuletzt der Widerstand des Irrtums? – Die Altäre des Heidentums sind zerfallen; die Hexen werden nicht mehr verbrannt; der Teufel verliert den Glauben; die Kometen erregen keinen Schrecken; die Erde bewegt sich, trotz dem päpstlichen Bannspruch.

9. Dichtung und Wahrheit

Hölty wie Salis oder Matthisson, Voß wie Bürger oder die Stolberge, Lessing wie Herder, Wieland wie Klopstock oder Goethe haben durch ihre Gesänge den Sinn der Deutschen für das Schöne und Edle in der Kunst aufgeschlossen und insofern allerdings groß auf Versittlichung und Bildung der Nation eingewirkt, aber auf die wirklichen Lebensstellungen und bürgerlichen Verhältnisse der Nation und ihrer Fürsten und Stände vielleicht kein Dichter in *dem* Maße wie Schiller und Schubart. Beide schlugen in die Saiten ihrer Harfen mit einer Vollkraft, welche nur der echten, d.i. unerkünstelten Kunst, der Begeisterung eigen ist. Beider Lieder hallten, nicht etwa nur am Klavier oder Trinktisch und in ästhetischen Kränzchen wider, sondern gewaltig aus den Tiefen des Volks auf durch die Paläste der Großen. Sie entflammten Gefühle und entzündeten in diesen große Gedanken. Welche Schamröten hat Schubarts ›Auf, auf, ihr Brüder und seid stark!‹ über die Wangen gekrönter Seelenverkäufer gejagt; und welche von allen Leichenpredigten aller deutschen Oberhofprediger erschütterte die Herzen so schwer als Schubarts Totensang von der Fürstengruft?

Unter den Tönen dieser Frühlerchen ging hinter den germanischen Wäldern ein neuer Lenz auf. Warum mußten doch mit allem Schönen und Guten auf Deutschlands Thronen, mit allen Hoffnungen und Freuden der wackern Völkerschaften zugleich auch in den Wäldern die wütigen Füchse, die Bären und Wölfe erwachen und öffentliche Unsicherheit bringen! Wo waren denn die Tyrannen, daß plötzlich so viele Brutusse aufstanden? Die Trunkenheit der kindischen Weltreformatoren, die Tölpelhaftigkeit der politischen Wühler und Stürmer rief unfehlbar die Reaktion der Höfe, des Adels und des Klerus hervor und vernichtete zahllose Keime des Bessern, wie ein winterlicher Spätfrost. Es geschahen Rückschritte.

Diese unwillkommenen Bewegungen, diese von beiden Seiten begangenen Verirrungen und Mißgriffe werden aber nur das Bessere befördern. Die Rückschritte werden wieder müssen zurückgetan werden. Die Bewegungen in den obern Ständen des Volks pflanzen sich in die Tiefen fort; und das Licht, mit dem die Parteien einander entgegentreten, ihre Meinungen gegenseitig zu beleuchten, fällt in finstere Winkel, wohin noch nie ein Strahl gedrungen ist. Keine Camarillas, keine Adelsketten, keine Paternoster können den Lauf der Welt fesseln und anhalten.

Will man wissen, um wieviel die politische Zivilisation der deutschen Völkerschaften vorgerückt sei, muß man auf die Zustände derselben vor etwa 50 Jahren zurücksehen. Was damals die hellsten Geister auf den Thronen, ein Friedrich der Große, ein Joseph der Zweite mit edler Ungeduld erstreben wollten, davor beben heut die Kabinette; und sogar Poesien, die man damals harmlos in den Hauptstädten der Fürsten schrieb und las, würden heut unter den Federstrichen der Zensur sterben oder den Verfasser in's Gefängnis bringen. – Gibt es ein bündigeres Zeugnis für den Emporgang der Nation? Was sie damals nicht verstand, *versteht* sie heut. Was damals Dichtung war, ist heut zur *Wahrheit* geworden. So sehr hat sich, mit dem verwandelten Weltsinn, die Bedeutung des Wortes verwandelt. Was aber heut verboten wird, das ist darum keineswegs vernichtet, sondern nur versüßt zum Genuß.

Auf diese Gedanken bringt mich eine alte Zeitschrift, die vor einem halben Jahrhundert erschien, die ›Berliner Monatschrift‹. Im Aprilstück derselben vom Jahr 1783 fand ich ein Gedicht, worin es heißt:

– – Europa's Jubel
Feire den heiligsten aller Siege,
(Den Sieg Amerika's für seine Freiheit.)

Und du, Europa, hebe das Haupt empor!
Einst glänzt auch dir der Tag, da die Kette bricht,
Du, Edle, frei wirst; deine Fürsten
Scheuchst, und ein glücklicher Volksstaat grünest.

Wo Amerika ›O Land, dem Sänger teurer als das Vaterland!‹ genannt wird; das Land:

Wo süße Freiheit wohnet, und Adelbrut,
Europens Pest, die Sitte der Einfalt nicht
Befleckt, verdienstlos bessern Menschen
Trotzt und vom Schweiße des Landmanns schwelget.

Und zum Schluß:

O nehmet, Geliebte, nehmet den Fremdling auf,
Den müden Fremdling. – –

Was säum ich? Doch die eiserne Fessel klirrt
Und mahnt mich Armen, daß ich ein Deutscher bin.
Euch seh' ich, holde Sonnen, schwinden,
Sinke zurück in den Schacht und weine.

Dürften ähnliche Verse heutzutage, wie damals, ich sage nicht in Berlin, sondern in irgendeinem Teile Deutschlands geschrieben, gefahrlos gedruckt werden? Und warum dürfen sie es nicht im Jahr 1823, wie im Jahr 1783? Eben weil sie heutzutage mehr als *Dichtung* sind.

10. Das Lesenlernen

Auch in gewissen Ländern, wo die Unwissenheit des Volks gepflegt wird, baut man Schulhäuser in den Dörfern, und die Kinder müssen Schreiben, Rechnen und Lesen lernen. Man rechnet es dann den Regierungen zum Ruhm. Aber das bloße *Lesenlernen* reicht offenbar nicht hin zur menschlichen Veredlung, wo man den Leuten nur Albernheiten zu lesen gibt. In Indien, dessen Bevölkerung zum großen Teil lesen lernt, bleibt das gemeine Volk nicht nur das unwissendste, sondern auch das verschrobenste von der Welt. Ich kenne aber auch Länder in Europa, wo man den Leuten, wenn sie lesen gelernt haben, die bessern Bücher verbietet und ihnen nur mit Kalendern, Wunder- und Heiligengeschichten, geschmacklosen Versen usw. den Aberglauben nährt oder das Sittenverderbnis pflanzt. Das ist besonders die Politik der Priesterstaaten und Aristokratien.

11. Öffentlichkeit

In keinem Lande weiß man von den höhern Regierungsbeamten soviel, und in keinem Lande tun sie, und vielleicht eben darum, sowenig Böses als in England und Nordamerika.

12. Ursach und Wirkung

Wer war der größere Mann, Ludwig XIV. oder Washington? Cäsar Augustus oder Franklin? – Der Geisterpöbel hängt mit kurzsichtigen Augen an der Größe der Unterlage und des Fußgestells, nicht der Bildsäule selbst, und heißt, was hochgestellt ist, groß.

Nicht außerordentliche Talente, nicht außerordentliche Taten beurkunden Größe des Geistes; sie sind Gaben des Glücks und der Natur, ohne des Mannes Verdienst ihm geworden. Der heilige Grund, welcher diese Talente bewegt, diese Taten hervorströmen läßt, ist das, was den großen Mann und ihn zum Liebling der Welt und der Nachwelt macht.

So war Perikles nicht bloß durch seine allerdings gewaltige Beredsamkeit – auch Mirabeau hatte sie –, sondern vorzugsweise durch Würde und Reinheit seines Charakters Beherrscher des athenischen Volks. Der Mann, der mehr denn 40 Jahre lang über Königreiche geschaltet hatte, vermehrte sein väterliches Erbteil in der ganzen Zeit nicht um eine Drachme. Alcibiades hingegen, mit all seiner hinreißenden Beredsamkeit und Anmut, mit seiner Tapferkeit und seinem seltnen Glück, wurde das Opfer von der Zweideutigkeit seines Charakters. Er bezauberte alles, um alles zu täuschen, und verließ der Reihe nach Athener, Spartaner, Perser und zuletzt, von allen verlassen, verließ er sich selbst und das Leben.

13. Der Stier des Phalaris

Der Tyrann von Agrigent und sein eherner Stier, worin er die Schlachtopfer seiner Grausamkeit verbrennen ließ, worin er den Künstler und Schöpfer des Stiers zuerst verbrannte, worin er endlich vom Volke selbst lebendig verbrannt wurde, ist wohl mehr als Fabel, sondern das Symbol einer großen und ewigen Wahrheit: Das Unglück folgt der Schuld.

Ein merkwürdiges, den Satz bestätigendes Beispiel liefert das bekannte Schwarze Loch von Kalkutta, dies von den Engländern gewöhnlich zur Bestrafung der Hindus gebrauchte Stadtgefängnis, dessen Beschreibung nicht ohne Entsetzen gelesen werden kann. Daß im Jahr 1756 aber darin auch 146 Engländer schmachteten und in einer einzigen Nacht bis auf 25 starben, war keineswegs, wie man gewöhnlich glaubt, eine absichtliche Grausamkeit des indischen Befehlshabers. Mill bezeugt es ausdrücklich.

Wie leicht wär es, eine große Beispielsammlung aus der Geschichte der Regenten und Völker über dieses Thema zu machen; und wie warnungsvoll belehrend würde sie werden!

14. Ruhmsucht

Man hat sogar die Begierde nach Namensunsterblichkeit für einen Beweis unserer Fortdauer nach dem Tode, oder doch wenigstens des Glaubens an dieselbe, ausgeben wollen. Sonderbar! Vielmehr deutet sie auf einen versteckten Zweifel. Was kann denn einem vernünftigen Wesen an der Fortdauer seines Namens liegen, wenn es überzeugt ist, daß das Wichtigste, *es selber*, nicht vergehe?

15. Gewissensfreiheit

Die Natur hat sie dem Menschen *gegeben*, und der Mensch *erlaubt* sie. Nächst den Albernheiten vieler Befehle sind die Albernheiten vieler Erlaubnisse die größten in der bürgerlichen Gesellschaft. Was hat man nicht schon alles erlaubt! Zu denken, zu sprechen, zu glauben, sogar ein Gewissen zu haben, und die Welt hat sich noch immer nicht satt jubeln können über die großmütigen Erlaubnisse.

16. Verkürzter Prozeßgang

Vormals kamen die unbeholfenen Richter oft in Verlegenheit, wenn der des Verbrechens Angeklagte beharrlich zu leugnen und sich schlau auszureden verstand. In einem Schweizerkanton hatten die Richter, wie eine Jury, ihr Gewissen hinlänglich aufgeklärt, obgleich der Inquisit nicht zum Geständnis zu bringen war. Der Prozeß hatte schon lange gedauert und viel Geld gekostet. Um den Ausgaben ein Ende zu machen, ließ man den Mann hinrichten. Die wirksamste Abkürzung eines Kriminalprozesses ist allerdings, wenn man den Inquisiten selbst um eine Spanne verkürzt.

Im coburg'schen Anteil der Rheinlande, wie man mir erzählt hat, ereignete sich, durch richterliche Gewissenhaftigkeit, eine andre, ganz entgegengesetzte Schwierigkeit. Bei dem Bestehen der napoleonischen Gesetzgebung war nur Hinrichtung durch die Guillotine gestattet. Der Verbrecher ward zum Tode verurteilt; allein die Guillotine fehlte. Der Nachbar in Zweibrücken, als König von Bayern, der Todesstrafe abgeneigt, verstattet durchaus keinen Gebrauch der seinigen. So wußte man nicht, was mit dem Verurteilten angefangen werden sollte. Man schlug ihm vor, sich durch das Schwert hinrichten zu lassen. Er aber bestand auf sein Recht, guillotiniert zu werden. Man konnte den Kerl also nicht hinrichten, aber wollte ihn doch auch nicht laufen lassen.

17. Charaktergröße

Blöde Geister meinen Charakter zu zeigen, wenn sie, falls sie geirrt haben, konsequent darin verfahren. Ihre Ehre erlaubt ihnen nicht das Geständnis, gefehlt zu haben. Es verkündigt wahre Charaktergröße und nicht gemeine Charakterstärke, freiwillig, wo man zu weit ging, zurückzugehen. Man tritt immer mit Ehren da zurück, wo man der Wahrheit Raum gibt.

18. Ultra-Empfindsamkeit
Ich habe Leute gekannt, denen über den Gedanken an ›eine in Tränen schwimmende Königin‹ das Herz brach, und die nicht die entfernteste Notiz davon nahmen, daß wegen der Tränen eines gekrönten Eigensinns ein ganzes Volk in seinem Blute schwamm.

Vgl. Erfahrungsfrüchte I 59.

19. Wichtigkeit der Uniformen
In Abul Kassem Ferdusi's Gedicht Shanameh heißt es von Dschemschid:

›Fünfzig Jahre lang weihte er seine Sorge der Kleidung,
Nun des *Staates*, wie sonst der Kleidung der Krieger.‹

Billig haben sich wohl andere den alten, weisen König zum Muster genommen.

20. Stehende Heere
Aristoteles sagt (in seiner ›Politik‹ II. 6) bei Gelegenheit von Plato's Republik (nach J. G. Schlossers Übersetzung):

›Wenn man z. B. nur die 5000 Mann stehender Soldaten, die er verlangt, annehmen wollte, so müßte man schon einen Platz aussetzen, der so groß wäre wie das babylonische Reich oder sonst ein grenzenloses Land, in welchem sich 5000 Männer, *ohne Arbeit*, und mit einem Haufen Weiber und einem unzähligen Troß von Dienern ernähren könnte.‹

Was würde der weise Aristoteles gesagt haben, wenn er von unsern europäischen, mitten im Frieden, auf Kosten der Nation, unterhaltenen Armeen gehört hätte.

21. Gesittung ohne Sittlichkeit

Man findet sie, wo die Völker sich erst ihrer Barbarei zur Hälfte entwunden haben. Der bescheidene Bischof Synesius, der die Tugenden eines Apostels und die Humanität eines Philosophen besaß, sang schon im 5. Jahrhundert, nachdem er erklärt hatte, auf Glanz und Herrlichkeit gern Verzicht zu tun,

›Wenn mir nur soviel wird, ich bitte,
Daß ich, der schwersten Sorgen frei,
Nur niemals eines Nachbars Hütte
In Not und Mangel suchen muß.‹

Also auch die demutsvollste Weisheit selbst findet das Unglück unerträglich, der Hülfe eines Mitmenschen zu bedürfen. Unabhängigkeit ist jedem das höchste Gut; denn Mißtrauen der Menschen gegen ihresgleichen ist da das natürlichste Gefühl, wo Gesittung ohne Sittlichkeit ist.

22. Lithographie

Jetzt kann man, seit Erfindung und Verbreitung des Steindrucks, im buchstäblichen Sinn sagen, was Herder nicht so passend von den gegossenen Buchdrucker-Lettern sagte: ›Wenn Menschen schweigen, werden die Steine reden.‹

Es ist auffallend, daß unsere Staatsmänner im häuslichen Leben nicht dulden wollen, daß ihre Kinder lügen! sondern ihnen gebieten, die Wahrheit zu sagen; hingegen im öffentlichen Leben die Wahrheit nicht dulden wollen, die das Volk ausspricht, sondern von ihm lieber schmeichelnde Lügen will [wollen], ja sogar offizielle Lügen, z. B. patriotische Geldopfer, Illuminationen, Vivatgeschrei, Lobreden usw. erzwingt.

23. Die Obskuranten

Die Obskuranten sind in der Regel Heuchler, welche andre vor den Einsichten und Geistesgenüssen warnen, die sie selber haben und welche die Quellen ihres Wohlstandes und Ansehns sind.

In Dante's ›Hölle‹ gehen die Heuchler in bleiernen Mänteln, mit verkehrtem, zurückgebogenem Gesicht, im Kreise umher; sie gehen ewig in diesem Ring um und kommen nicht von der Stelle; sehen immer rückwärts mit verrenktem Hals und sehen nichts Besseres als ihre Verkehrtheit, nicht einmal des Nachbars wirkliches Gesicht, nur seinen Nacken. – Gibt es eine treffendere Schilderung des Obskurantismus?

24. Fluch der Willkür
Quae causa justior est belli gerendi, quam servitutis depulsio? in qua etiamsi non sit molestus dominus, tamen est miserimum, posse si velit.

Cicero in der vierten [richtig: achten] Philippica.

25. Der Mantel der Liebe
Man kennt bei uns fast keine andere Menschenliebe mehr, als die dem Stamm der Selbstsucht eingeimpft ist. So entartet der edle Zweig. Er trägt widerliche Frucht.

Wir bemitleiden das Unglück; wir sympathisieren aber auch mit dem traurigen Lose des Schuldigen und bedekken menschenfreundlich mit dem Mantel der Liebe nicht die Blöße des *Bestohlenen*, – sondern den *Dieb*.

Vgl. Erfahrungsfrüchte I 58.

26. Kindersegen
Reisebeschreiber erzählen, daß es im spanischen Amerika viele Personen gibt, die sehr wohlleben, müßig gehen und sich lediglich von der Arbeit der Sklaven, die sie andern vermieten, ernähren.

Aber dieser unnatürliche Greuel wird auch in europäischen Ländern getrieben, die man für zivilisiert hält. Herr Mitchell erzählte mir: Es gab und es gibt noch heut in Lancashire Eltern, die durchaus nichts tun, sondern von dem Ertrag der Arbeit leben, zu welcher sie ihre Kinder (eine Art Haustiere, die sie selbst zu diesem Zwecke zeugen und erziehen), von der zartesten Jugend an, in den Fabriken anhalten. Darum rühmen sie und freuen sie sich über Kindersegen.

27. Das schönere Denkmal

Ich bin der Meinung Buchanans: Die bloße *Frage* schon, warum diesem oder jenem Hochverdienten noch kein Denkmal gesetzt worden sei, ist in unsern Tagen ehrenvoller als das prächtigste Denkmal selbst.

Vgl. Erfahrungsfrüchte II 18.

28. Das Lächerlichmachen der Wahrheit

Es gelingt nimmermehr, auch dem witzigsten Kopf nicht, das Gute und Wahre selbst lächerlich zu machen, wenn auch die Schwächen der Verteidiger derselben mit noch so vielem Geist und Glück hervorgehoben werden. – Man denke an Aristophanes und seine Karikierung des Sokrates, an Butlers Hudibras und die Presbyterianer, Puritaner und Cavaliers daneben, an die actes des apôtres und die Grundsätze des Volksrechts.

So hat Shaftesbury recht: gegen erkünstelten Enthusiasmus der Selbstsucht und gegen die Gravität der Leerheit gibt es keine tödlichere Waffe als die des Lächerlichen. Aber der genialste Witz dem ehrlichen Sinn und Eifer für eine wahrhaft große und heilige Sache gegenüber wird nur widerlich und erregt selbst Erbitterung gegen den Witzreißer, wie ein unzeitiger Spaßmacher in der Stunde des Ernstes oder der Betrübnis.

29. Einsamkeit

Thomas a Kempis sagt: Quoties inter homines fui, deterior inde homo redii. Lessing, der vielleicht dies Wort nicht kannte, sagt dasselbe wieder:

›Ein wahrer Mensch muß fern vom Menschen sein.‹

Woher anders solche Aussprüche und ihre Wahrheit, als weil das gegenwärtige Zusammenleben der Menschen, weit entfernt, einen Grundtrieb unsrer Natur nach Geselligkeit zu befriedigen und damit seine Bestimmung zu erfüllen, vielmehr *jenem* widerspricht und *diese* verfehlt. – Daher jene selbstmörderische Richtung der Gesellschaft, die gerade den Bessern von sich zurückstößt in eine weniger unnatürliche Einsamkeit. Wir entbehren zwar in dieser, wonach wir uns ewig sehnen; aber die Gesellschaft beleidigt das Bedürfnis, das jene nur unerfüllt läßt, und bietet uns das feindliche Gegenteil dessen an, was wir wünschen und brauchen.

Daher erklärt sich das sonderbare Rätsel, daß Europäer, welche durch Zufall oder Geschäfte in Wildnissen aufgehalten wurden, diese so liebgewannen, daß sie sich gänzlich von der Gesellschaft und allen ihren Vorteilen lossagten. So haben wir die französischen Jäger in Kanada und Louisiana, so die ›Backsettlers‹ von Nordamerika oder ersten Urbarmacher der entfernten Einöden kennengelernt, die, sobald sich die bürgerliche Gesellschaft ihrer stillen Welt nähert, – sobald die erste *Kirche*, das erste *Rathaus* in ihrer Nachbarschaft gebaut wird, – in entlegnere Einsamkeiten zurückweichen.

Man kann allerdings sagen: das ist nichts als Wirkung der Gewohnheit; der Wilde gewöhne sich ebenso leicht an die zivilisiertere Welt, ja, letzteres geschehe noch viel leichter. Aber es ergibt sich dabei *der* Unterschied, daß der Europäer, hat er der bürgerlichen Gesellschaft einmal entsagt und das freie Dasein gekostet, selten oder nimmermehr zu ihr zurückkehren mag, während der Wilde meistens vom Heimweh in seinen früheren Zustand zurückgezogen wird.

Die Schätze der Zivilisation sind vielmehr unsere Bürde als eine Erleichterung des Lebens; sie erdrücken uns, ohne unser Eigentum zu sein. Alle diese Schätze, hinreichend um Hunderte von Völkern zu beglücken, machen in unsern Verhältnissen, wo jedes fremde Glück gegen unser eignes feindlich ankämpft, wo Schadenfreude, Übermut, Undank und Betrug täglich den Frieden unseres Gemüts bricht, das Elend von Millionen aus; während die ärmlichen Güter der Einöden, allen gehörend, jedem einzelnen anzugehören scheinen. Selbst Entbehrungen und Landplagen werden da leichter hingenommen, sie treffen nur das Äußere, nicht das Herz. Der Mensch erträgt die Unfreundlichkeit der Natur mit geringerem Schmerz als die Ungerechtigkeit der Menschen.

30. Wahrheit und Irrtum

Jeder Irrtum findet leichten Eingang, wenn er mit einer benachbarten Wahrheit *verwechselt* wird. Denn kein Mensch will absichtlich durch Unwahrheit betrogen sein. Wer den Irrtum festhält, glaubt die Wahrheit zu haben. – Eben darum erscheint jede neue Wahrheit, die sich mit keinem der vorhandenen Irrtümer verbinden läßt, ja sie wohl gar tötet, wie ein Fremdling, der Unfug anstellt. Sie bleibt lange einsam stehen. Man fürchtet sie; man tut sie in Bann; man bestreitet sie. Umsonst! Hat ihr Pfeil erst *einen* Irrtum zu Boden gestreckt, so ist Furcht und Schrecken unter den andern; ihr Zusammenhang ist zerrissen, die Siegerin dringt durch.

31. Sinneswechsel

Als Bode einmal zum Besuche nach Hamburg gekommen war und gefragt ward, was denn auch der Dichter Wieland über die damals noch neue und vielbesprochene Sache der französischen Freiheit denke, antwortete jener: »Ja, das kann ich Ihnen unmöglich sagen. Ich bin schon seit vier Tagen aus Weimar.« – Also wollte Bode keine vier Tage für die Ansicht eines Poeten, bei dessen Gemütsbeweglichkeit, gutstehen. Ich möchte es keine vierundzwanzig Stunden für die politischen Maximen mancher Höfe und keine halbe Stunde für die Urteile eines Hofmannes. Weder jener noch diese werden von Grundsätzen geleitet, der Poet von seiner Stimmung und aufgeregten Einbildungskraft, Höfe und Höflinge aber vom noch schneller wechselnden Intresse des Augenblicks.

32. Mystizismus
Wehe dem Menschen, der nie an den Grenzen des Mystizismus stand! Unsere erhabensten Gedanken sind Ahnungen des Höchsten. Wer das Höchste des Geistertums demonstrieren will, macht es nicht verständlich, sondern gemein. Aber zu beklagen ist, wer nicht an jenen Grenzen still verweilt, sondern sich in den dunkeln Abgrund des Mystizismus hinunterstürzt und auf das Licht der Vernunft und die Kraft des Verstandes verzichtet. Ihm verwandeln sich die Ahnungen nicht in Anschauungen des Höchsten, sondern in Anschauungen eigener, öder Traumgebilde. – Aller Mystizismus übrigens ist mehr der Ausdruck eines Seelenbedürfnisses als eine Sättigung desselben.

Vgl. Erfahrungsfrüchte I 9.

33. Religion
Bisher ist die Religion meistens nur noch zu verschiednen äußern Formen des Gottesdienstes verbraucht worden, ungefähr wie die ewige *Wahrheit* zu vergänglichen *Systemen der Schule*. Mehrere Meister haben gute Baurisse entworfen, aber – die Gesellen begnügen sich, diese für Geld sehen zu lassen; und von allen Bewundrern, die jedem zuteil geworden sind, hat noch keiner ein Obdach gefunden.

34. Entehrende Strafen
Wie der Freie, auch in Ketten, ein Freier bleibt, so bleibt auch der Edle unter entehrenden Strafen, im Zuchthaus, am Pranger und wo man will, ehrwürdig. Der Sinn der Welt läßt sich darüber nicht irreführen; die rohe Gewalt oder der Machtspruch des Richters erreicht den Zweck der Entehrung nicht, nur eigene Schande.

Selbst das Publikum eines Revolutionstribunals ehrt die Stimme der Wahrheit. Der bekannte General Miranda, als Zeuge in Custine's Prozeß, vor das Revolutionstribunal in Paris gerufen, antwortete auf die gewöhnliche Frage nach seiner gegenwärtigen Wohnung: à l'hôtel de la Force. Das Volk brach in ein allgemeines Gelächter aus, als es den Namen dieses schimpflichen Strafhauses hörte. Aber ruhig wandte sich der General um und sprach mit fester, lauter Stimme: »Ja, dort! und dazu noch ohne gerichtliches Urteil, ohne irgend auch nur ein vorhergegangenes Verhör!« Und das tiefste Schweigen der Beschämung oder des Mitgefühls folgte auf die brutale Lustigkeit.

Pranger-Triumphe sind in der Geschichte der Völker keine große Seltenheit. Sind Galilei, Don Pablo Olavide und andere ehrwürdige Menschen darum entehrt, weil man sie in Kerkern oder Ketten verhöhnend umherschleppte?

Ein deutscher Monarch im Anfang des vorigen Jahrhunderts hatte streng verboten, ihm unmittelbar die Bittschriften zu übermachen. Die Advokaten, die den Bittstellern ihre Feder leihen würden, sollten mit dem Pranger bestraft werden. Ein Advokat in P..., ein achtungswerter und sehr geachteter Mann, setzte demungeachtet für einen Unglücklichen, den eine schreiende Ungerechtigkeit unterdrückte und verfolgte, eine Bittschrift auf und machte kein Geheimnis aus der Wahl, die er zwischen Pflichtgefühl und drohender Schmach getroffen hatte. Der erzürnte Fürst ließ ihn an den Pranger stellen. Aber ein General, der den Advokaten liebte und hochschätzte, trat am Pranger zu ihm hin und umarmte ihn in Gegenwart der gaffenden Leute öffentlich. – Der Monarch spöttelte nachher viel über die Freundschaften am Pranger, aber dabei blieb es. Dieser Ehrenmann, das mochte er fühlen, war nur der Sprecher einer öffentlichen Meinung gewesen, die in jeder ehrlichen Brust ihr Echo fand. Auch die Meinung der Welt hat ihren Pranger, und an demselben stand weder der Advokat noch der General.

35. Papierner Menschenwert

Niemanden mag ich's verargen, wenn er in Ländern lebt, wo die Menschen, wie ungleiche Rassen, nach Stand und

Rang verschieden, ungleiches Recht und Gesetz haben, oder wo sie ihren Wert in der Gesellschaft nicht durch das empfangen, was sie aus sich gemacht haben, sondern durch das, was man willkürlich aus ihnen gemacht hat, – ich sage, niemanden will ich's da verargen, sich durch einen Adelsbrief oder dergleichen einen, wenn auch bloß papiernen, doch größern Wert zu erkaufen oder zu erbetteln, – aber lächerlich bleibt es dennoch.

Vor mehreren Jahren ging in den Rheinprovinzen (in der Gegend von Aachen) eine Subskription herum unter dem Adel, die den Zweck hatte, den König von Preußen, unter Beteurung der innigsten Anhänglichkeit des Adels an den Thron, um Wiederbelebung der ehemaligen Vorzüge und Rechte zu bitten. Es war damit eine Kotisation verbunden. Die Subskribenten bezahlten jeder vier Louisd'ors, um eine Person zum Betrieb der Sache nach Berlin zu senden. Selbst französische Offiziere jener Gegend, auf ihren erkauften oder erheurateten Gütern lebend, traten der Verbrüderung bei, welche sich mit einem reellern und materiellern Wert als jenem luftigen versehn wissen wollte, der zuletzt bloß in der Phantasie dessen besteht, der sie haben will. Doch aus der Sache ward nichts, weil einige *edle* Männer unter den *Edelleuten* den Beitritt verweigerten, andre wohl ihren adligen *Namen*, aber nicht das adlige *Geld* dazu hergeben mochten. Ein junger Mann, dessen eigner Vater zu den erstern gehört hatte, erzählte mir selbst dies Kuriosum.

36. Lob und Tadel

Über den Tadel sind viele erhaben; wenige über das Lob.

Vgl. Erfahrungsfrüchte I 70.

37. Religiöse Calembourgs

Wehe dem Volke, das endlich keine andre Religion kennt, als die es sich aus Calembourgs bildet! Ich habe dieses Spaßtreiben mit dem, was sonst dem Volke als Heiligtum gegolten, nicht nur in Frankreich, sondern auch im katholischen Deutschland, und zwar bei Priestern und Laien gefunden. Ein Beweis, daß das, was *Kindern* lange zugesagt hat, *Männern* lächerlich wird; und gebildetern Nationen nicht mehr genügt, was einfältigen Barbaren wunderschön dünkte. Aber warum gibt man nicht das Bessere, nämlich die Religion Jesu Christi selbst, statt der Religion der Päpste, Konzilien, Heiligen usw.?

›Le St. Sebastien (ses bas tiennent),‹ sagen die Pariser, ›est le seul saint, qui n'a pas besoin de jarretières.‹

Ludwig XVIII. hatte eine Spazierfahrt in der Vorstadt St. Antoine gemacht. Der heilige Antonius hat bekanntlich ein Schwein zum Begleiter. Man versuchte es, eine Änderung vom Namen der Vorstadt volksbeliebt zu machen und sie faubourg royal zu nennen. Es glückte nicht. Die Pariser meinten nur, que le cochon avait delogé St. Antoine.

Le Saint de plus pointu, c'est St. Cloud.

38. Ein Sprichwort

Wenn Sprüchwörter, die im Volke gäng und gebe sind, auf den Volkscharakter schließen lassen, so verrät das Sprüchwort, womit man einen gutmütigen Menschen bezeichnen will: ›*Er kann kein Kind beleidigen!*‹ große Brutalität. Also ist Mißhandlung eines Kindes, das sich nicht wehren kann, nichts gar Ungewöhnliches; also ist das Nichtbeleidigen eines Kindes höchste Gutmütigkeit.

39. Wir

Wohl fühlt es jedes Volk, daß *das*, was es geworden ist, was es leistet, was es vermag, nicht durch die Regierung allein verrichtet ist, sondern durch Intelligenz und physische Kraft des Volks selbst. Es fühlt, daß es seinen Anteil an den politischen Wirkungen hat, oder schmeichelt sich doch, ihn zu haben, oder täuscht sich gern selbst über das demütigende Bewußtsein, nur der Hammer in der Hand des Schmiedes zu sein, und träumt sich, wie es sein sollte. Darum sprechen die Völker von den Transaktionen ihrer Regierungen, als wären diese wirklich bloße Diener des Landes, Beamtete der Nation. ›Wir haben Frieden geschlossen!‹ heißt es: ›Wir haben einen Handelsvertrag mit England gemacht! – *Wir* können unmöglich länger dem Verfahren unsers Nachbarreiches gleichgültig zusehen!‹

Bei Völkern mit repräsentativen Staatsformen liegt in dergleichen Redensarten noch ein Sinn, sogar oft eine Wahrheit. Aber dergleichen Redensarten verkünden lächerlichen Nationalstolz oder Lakaienstolz, wenn Untertanen sich des Wortes *Wir* bedienen, wo der Regent nach Willkür verfügt und sich sowenig um die ›*Wir's*‹ bekümmert als der Schmied um das Seufzen seines Hammers; oder wo der Untertan eines großen Selbstbeherrschers [Selbstherrschers?] auf den Bewohner eines kleinern Staats mit vornehmem Übermut herabsieht, als wär' er selbst der größere, weil er in einem weitläuftigern Gebiete sein Brot ißt.

Das mahnt mich an das Kammermädchen in Garrick's ›High Life‹, welches den Bräutigam ihrer Miß nur ›unsern Bräutigam‹ nennt; oder an Kants alten Diener Fuchs, der eine ehrliche Haut war, aber den Studenten auch zuweilen sagte: ›In diesem Jahr lesen *wir* die Kritik der reinen Vernunft, im künftigen aber werden *wir* die physische Geographie vortragen.‹

40. Gibbon und die französischen Kriegsgefangnen

Herr d'Ivernois in Lausanne, Gibbons Freund in Lausanne, erzählte nachfolgende Anekdote, die er von Gibbon selber gehört hatte.

Gibbon war, während des Siebenjährigen Krieges, Hauptmann in der Hampshire-Miliz und befand sich mit einer Truppenabteilung in einem englischen Hafen, ich glaube in dem von Dover, wo eben mehrere französische Kriegsgefangne eingebracht und zu bewachen waren. Diese wurden in einen großen Hof geführt, neben dem Wirtshause, in welchem die britischen Offiziers wohnten, und blieben daselbst, während die letztern zu ihrem Mittagsessen gingen. Die Gefangnen verzehrten auch ihr karges Mahl und erkundigten sich endlich, wo die Hauptleute wären, denen man sie übergeben habe. – Sie hätten gespeist, hieß es, und säßen nun bei dem Punsche. – ›Wie? Hier im Hause?‹ – Ja. – Sie trinken, sehen sich an, und man hört dabei kein Wort von ihnen. – Den Franzosen deuchte dies seltsam. – ›Kameraden, wir wollen auch trinken und dabei lustig werden!‹ – Ein großes Gefäß mit Wasser wurde in den Hof gestellt. Die Gefangnen setzten sich um diesen ihren Punsch, wie sie es nannten, tranken und jubelten überlaut. Der Lärmen drang zu den englischen Offizieren. Sie erkundigten sich und hörten, was vorging. Sie lächelten, aber nur mit den Lippen. ›Die armen Schelme! und wir punschen!‹ sagte Gibbon ganz beschämt und zog den Geldbeutel hervor. Die andern wie er. Sie schossen Geld zusammen, den unglücklichen Kriegern ein reelleres Vergnügen als das der Einbildungskraft zu gewähren. Gibbon besonders, versicherte d'Ivernois, schämte sich von Herzen.

41. Die Geschichte

Auch in der Geschichte der Menschen und Völker kennt man nur die großen Umrisse der Dinge, den *allgemeinen* Gang der Begebenheiten und deren auffallendste Folgen mit einiger Zuverlässigkeit; der Irrtum liegt im *einzelnen der Tatsachen* wie der vermeinten *Ursachen*. Selbst trockne Namen und Zahlen, zu denen die Parteimeinung, die Philosophie des Erzählers nichts fügen mag, sind unsicher.

Es gibt keine vollkommne wahre Geschichte; jede ist mit Dichtungen vermischt, auch wider Willen des Geschichtschreibers. Dieser gibt notwendig die Dichtung, wenn nicht aus Absicht, doch aus seiner eigentümlichen Ansicht. Jede menschliche Ansicht ist, durch ihren

Standpunkt, eine *einseitige*; eine allseitige, wahre von den Sachen kann nur ein Gott genießen. Wir sehen von allen Gegenständen nur die uns zugewandte Seite, nur eine Hälfte; die andre liegt in unserer Phantasie. Das Gemüt des Berichterstatters ist der Malerspiegel, welcher den vorschwebenden Gestalten das Kolorit erteilt und sie kleiner oder größer darstellt, als sie sich in der Wirklichkeit verhalten. Das Beste in der Geschichte bleibt ihr Belehrendes für Geist und Herz, nicht, was wir in ihr suchen, die *volle Wahrheit* des Geschehenen.

Am wenigsten läßt sich der Geschichte Glauben beimessen, wenn sie von Dingen erzählt, die niemand oder die man nur selten sinnlich wahrnimmt. Sie wird dann zum epischen Gedicht, worin Elfen, Zauberer, Heilige, Götter oder allegorische Wesen auf die Handlungen und Schicksale der Sterblichen einwirken. Dies ist besonders der Fall bei den philosophischen Geschichtschreibern. Sie stellen uns zu den Erscheinungen die unbekannten Ursachen dar. Es geht ihnen notwendig damit wie dem russischen Hof zur Zeit Katharina II., der den Major von Blankennagel eine Zeitlang als einen Ausbund von diplomatischer Gewandtheit und feiner Menschenkunde bewunderte.

Katharina II. hatte schon mehrmals mit einem der wildesten unter den kaukasischen Völkerstämmen in der Gegend von Chiwa Verbindungen anzuknüpfen versucht, aber immer vergebens. Ihre Gesandten, zum Teil Männer von Bedeutung und Ansehn, verunglückten sämtlich in jenen unwirtbaren Gegenden. Endlich sandte sie noch einmal den Major von Blankennagel dahin, der sich zu dem Wagstück willig finden ließ. Blankennagel, sei es aus Bequemlichkeit oder durch körperlichen Zustand dazu gezwungen, wollte die Reise nicht zu Pferde machen, sondern im Wagen, wie sehr man es ihm auch wegen der Unwegsamkeit jener Wildnisse und der Raubgier jener Völkerstämme, denen schon mancher Fremdling zum Opfer geworden, abriet. Er setzte seinen Willen durch und kam nach mehreren 100 Wersten in die gefahrvollen Landschaften. – Der Anblick eines *Wa-*

gens war den Barbaren durchaus etwas Neues. Sie staunten das wunderbare Werkzeug an, von welchem sie nichts, als durch Sage, wußten. Ihnen erschien es als das Höchste des europäischen Luxus, und sie hielten sich vollkommen überzeugt, daß ein Mann in einem Wagen unfehlbar ein großer Fürst, ein naher Verwandter der Kaiserin selbst, sein müsse. Diese Betrachtung hielt sie von der Ausübung ihrer gewöhnlichen Mordanschläge gegen die Gesandten zurück. Man ließ den Major unverletzt; ja, er ward mit Achtungsbezeugungen und Geschenken wieder entlassen, nachdem er neun Monate unter einem Volk zugebracht hatte, unter dem einer selten den ersten Tag zu überleben pflegte. Glücklich kam er mit seinem Wagen von der Mission nach Petersburg heim. Er selbst gestand unter vier Augen seinen Freunden unverhohlen den eigentlichen Sitz seines diplomatischen Talents, das die Kaiserin durch ansehnliche Schenkungen belohnte. Ich habe dies aus dem Munde des Baron Nolcken, dem der Major, sein Verwandter, die Sache selbst oft erzählt hatte.

42. Garde-Kasernen

Der gleiche teilte mir folgende Anekdote mit, die eine nicht ganz verwerfliche Lehre enthält und an den Einfluß der Prätorianer im alten Rom und an den Militäraufstand in Petersburg, bei des Kaisers Nikolaus Thronbesteigung, erinnert.

Zur Zeit Katharinen's II. wohnten die Garden nicht gemeinschaftlich beisammen, sondern die Soldaten waren in den Bürgershäusern einquartiert. Viele hatten sogar ihre eignen Häuser und kleine Hütten in den Vorstädten und waren verheuratet. Katharina entwarf den Plan, Kasernen für sie zu bauen. Herr v. Ségur aber, der französische Gesandte, nahm sich die Freiheit, ihr zu bemerken, daß er sie, von Garde-Kasernen umgeben, nicht mehr so sicher auf ihrem Thron glauben würde als bisher inmitten ihres Volks oder ihrer Bürger. Katharina gab den Plan auf. Paul I. führte ihn aus.

43. Das Ende der Welt

Vor einigen Jahren noch gab es auch in Berlin, so erzählte mir Frau von A... (Gemahlin des Ministers), ein ziemlich allgemein verbreitetes Gerücht von einer Weissagung, daß das Ende der Welt nahe bevorstände. Unter den gemeinen Leuten fand die Albernheit vielen Glauben. Die Frau von A... hatte Mühe, es ihrer eignen Kammerfrau auszureden oder sie doch darüber zu beruhigen. Eines Tages aber trat die Zofe ganz bestürzt zu ihr in's Zimmer, und kaum konnte sie vor Angst sprechen. »Es muß doch etwas an der Sache sein, gnädige Frau!« – »Wieso?« – »Ganz gewiß, gnädige Frau, denn im königlichen Schloßhofe läßt man schon die Wagen packen, um zu flüchten.«

44. Gerichtsherrlichkeit

Der *Galgen* war in Deutschland das Wahrzeichen der höheren Patrimonialgerichtsbarkeit. Ein Fremder fragte einmal einen Rittergutsbesitzer, als sie miteinander eben vor einem Galgen vorübergingen, dem man auf einer Höhe die schönste Aussicht oder Ansicht gegeben hatte: zu welchem Oberamt derselbe gehöre.

»Um Verzeihung,« erwiderte der Befragte, »er gehört zu keinem Amte. Es ist unser *Familiengalgen.*«

Ein Glück, ein Fortschritt zum Bessern ist es, daß diese Gerichtsbarkeiten der kleinen Herrn und die quälerischen Fronverpflichtungen ihrer armen Bauern, diese empörenden Insignien der Leibeigenschaft, endlich auf deutscher Erde fast überall verwüscht sind. Mußten nicht noch in der letzten Hälfte des vorigen Jahrhunderts die Bauern eines braunschweigischen Edelmanns mit ihren eignen Pferden ihm für seinen Park ein eisernes Geländer *von Paris nach Braunschweig* holen? – Ich habe diese Tatsache aus dem Munde einer Person, die darum am besten wissen konnte; außerdem hätt' ich sie bezweifelt.

45. Schwarzwälder Geographie

Ich unterhielt mich mit einer alten, wackern Frau unterwegs in einem Dorfe des Schwarzwaldes. Es war in derjenigen Gegend, dessen Einwohner sich mit der Fabrikation der bekannten hölzernen Uhren beschäftigten, die durch alle Welt vertragen und versandt werden. Da merkt' ich im Gespräch, daß es sich die guten Leute mit ihrer Geographie höchst bequem machten. Sie teilen die ganze Welt, nicht wie Fichte, in ein Ich und Nicht-Ich, sondern in zwei Landstriche ein, nämlich in den *Schwarzwald*, wo man hölzerne Uhren macht, und in das *Uhrenland*, wo man sie verkauft. Auf meine Frage um die Anzahl ihrer Familie sagte die Frau: »Mein ältester Sohn ist in's Uhrenland gezogen!« Gleichviel, ob nach Rußland oder Spanien.

46. Ständeversammlungen

Als man mit dem vorigen Kurfürsten von Hessen über Einführung von Ständeversammlungen sprach, meinte er: »Stände? Mein Gott, was soll ich mit Ständen? Ich habe ja keine Schulden.« – Es liegt in dieser Äußerung viel Naives, folglich auch Wahres.

47. Die Visitenkarte

Ein Fremder aus Deutschland besuchte mich, während meiner Abwesenheit, in Paris und hinterließ seine Karte. Sie lautete: Monsieur de B…, Conseiller intime actuel de *feu* Sa Majesté de Roi de …

Ich weiß nicht, ob die Diplomaten auch Rat in der Unterwelt zu erteilen haben. Aber soviel scheint gewiß, daß ihn ihrer viele daher holen mögen.

Vgl. Erfahrungsfrüchte II 30.

48. Kinderzucht

Nicht darin liegt ein Grundfehler der Erziehung, daß wir den Kindern *ihren* Willen lassen, sondern darin, daß wir ihnen *unsern* Willen lassen. Frei sollen sie sein, aber herrschen sollen sie nicht. Ihr *Gehorsam* ist bei weitem gleichgültiger als ihr *Nichtbefehlen*. Da liegt vielleicht der wahre Unterschied zwischen der sanften und doch wirksamen Erziehungsweise der Japaner und selbst verschiedener wilden Völker und der unsrigen mit deren Vielgeschäftigkeit und schlechtem Erfolg. Kinder erziehen sich einander im Spiel und Umgang. Eins läßt dem andern seinen Willen, läßt sich aber nicht vom andern befehlen.

Ein Fürstenkind, welches weiß, dem man's sogar predigt, daß es noch etwas *andres* sei als bloß ein Kind, wird notwendig im spätern Alter, wenn es zum eigentlichen Menschen gereift sein sollte, noch etwas andres und Besseres zu sein glauben als *nur ein Mensch*.

Vgl. Erfahrungsfrüchte I 69.

49. Sinnlichkeit

Die Kraft der Sinnlichkeit ist *auch* eine Kraft, und ihr Genuß ist *auch* ein Genuß. Sinnlichkeit ist eine Gottesgabe wie jede andere, gut an sich und nur verderblich, wenn sie von keiner Gegenkraft beschränkt wird.

In einem Menschen von großer Geisteskraft ist große Sinnlichkeit ein *Vorzug*; sie macht ihn menschlicher, sie macht ihn vollkommener. Sie ist zugleich ein üppiger Boden, aus welchem das noch Edlere, das Geistige, kräftiger emporschießt, himmelan aufwächst.

Scheinheilige oder Narren eifern gegen die irdischen Genüsse, gegen die Behaglichkeit eigentümlichen Wohlstandes oder des Überflusses.

Wie soll man sein Eigentum, und wär' es ein Reichtum, genießen, um damit die höchste Wollust zu gewinnen? Antwort: Erstens, für seine Person *mäßig*; zweitens, für seine Umgebungen *liberal*; drittens, für alle oder den Gemeinnutzen *unersättlich*.

50. Mutterschicksale

Ich habe auf dem Place Vendôme ein Bild gesehen, das wenigen Kunstwert haben mag; aber es hat mich sehr gerührt. Da erblickt man einen zierlichen Salon, ein fröhlich flatterndes Kaminfeuer, einige teilnehmende Freundinnen, deren eine den zarten Säugling, in köstliche Tücher gehüllt, auf den Armen wiegt, während die junge Wöchnerin seitwärts im üppigen, prächtigen Bette zu ihm und der Vater voll Seligkeit auf sein Weib hinlächelt.

Und nebenan: Freier Platz, stürmische Regennacht vor dem Findelhause. Eben hat auf die Stufen zu dessen verschlossener Pforte ein armes Mädchen seinen armen Säugling hingelegt. Die Unglückliche weint bitterlich. Sie, in zerrissenem Gewand, hat das Kind mit ihrem besten Tuche, vielleicht dem einzigen, bedeckt, was sie im Vermögen hat. Der Kleine scheint ihr dankbar nachzulächeln. Sie sieht es nicht. Sie hat sich weinend von ihm gewendet und drückt die Hände auf ihr bleiches Gesicht, als wolle sie der Nacht selbst den Schmerz und die Scham verbergen, von denen ihre Seele zerrissen ist.

Großer Gott, welche furchtbare Satire auf unsers Zeitalters Gesittung, deren *zufällige* Lebensverschönerung die erste, deren *notwendige* Folge, nur zu oft sich wiederholend, die letzte Szene darstellt.

51. Piron's Brücken-Inschrift

Das Städtlein Beaume in Burgund steht in Frankreich ungefähr in dem Rufe von Schilda oder Schöppenstädt. Die guten Leute daselbst hatten eine Brücke gebaut, die ihnen wirklich Ehre macht. Der Dichter Piron reisete eben durch, und seine Landsleute, stolz auf den witzigen Landsmann und erfreut, ihn zu sehen, baten ihn um eine Inschrift für ihre neue Brücke. Er schlug ihnen vor, mit Goldbuchstaben zu setzen: ›Le pont est fait ici.‹ – Die Inschrift soll da noch jetzt zu lesen sein. Es wäre ein Gegenstück zu der Frage des über eine schöne Dorfkirche entzückten Österreichers: »Ist das Kirchle *hier* gebaut?«

52. Redensarten

Ein französischer Offizier, welcher den ägyptischen Feldzug mitgemacht hatte, lobte unter allen, welche von türkischer Seite den entschlossensten Widerstand geleistet hatten, den Djezzar Pascha von Akre. Man setzte der Bewundrung des Lobredners den Abscheu vor den Grausamkeiten seines Helden entgegen. – »Was tut's?« erwiderte der Offizier, »er hat dennoch einen europäischen Namen erworben.«

»Warum nennen Sie den Namen europäisch?« fragte eine junge Dame, die den Namen nicht nachsprechen konnte, ganz naiv, »etwa, weil er so barbarisch klingt?«

Aus ähnlichem Grunde könnte man auch von einem Buche sagen, daß es ein *europäisches* Buch sei, das ist eins, wie es in Amerika nicht geschrieben zu werden braucht.

Von einem deutschen Gelehrten hört' ich, als wir von nordamerikanischen Einrichtungen sprachen, zum erstenmal die Redensart: »Das ist doch *ein Volk ohne Geschichte*!« Und er betonte das etwas vornehm und tat wohl daran; sonst würd' ich geglaubt haben, er wolle ein Lob aussprechen, etwa sagen, es ist noch ein Volk ohne Schandflecken.

Auch das Wort ›*stallblind*‹ ist nicht sogar übel. Es ist von den Schafen hergenommen, die, wenn sie plötzlich aus der Winterstallung an das Tageslicht gebracht werden, eine Weile stallblind, wie trunken herumtaumeln. Es schickt sich trefflich für flaumbärtige Knaben, wenn sie plötzlich aus der engen Zucht des Hauses ihrer Eltern und aus dem Schulstall in die freie akademische Luft hinausgelassen werden; ebenso für Völker, wenn sie jählings der gesetzlichen Ordnung entbunden, im revolutionären Wahnsinn rasen. Sie sind stallblind.

Vgl. Erfahrungsfrüchte II 31 u. 32.

53. Das Lächerliche

Nichts Erquicklicheres und Erhebenderes und Belehrenderes für mich als das Wahrnehmen menschlicher Albernheiten. Das Gefallen am Lächerlichen liegt nicht im

Wohlgefallen am Irrtum oder am Ungeschickten selbst, sondern im Wohlgefallen am Wahren und Guten und Tüchtigen, dessen Erkenntnis in uns lebt, und wodurch wir uns überlegen fühlen. Ohne diese Erkenntnis, ohne dies Hochgefühl, dessen Ausbruch das verspottende Verlachen des Unverstandes ist, findet nichts Lächerliches für uns statt. Tiere kennen nichts Lächerliches. Im Grunde wären alle Irrtümer und Mißgriffe komisch; aber sie hören für uns auf, es zu sein, wenn die Fehlschritte zugleich Gesetze höherer Ordnung in uns, Moralität und Humanität, zertreten. Der Verstand kann nicht auf Unkosten der Tugend lachen, da sehen wir, statt des Lustspiels, ein Trauerspiel. Statt des Gelächters erhebt sich edler Unwille oder göttliche Traurigkeit. Nur *der* lacht auch *da* noch, wem, zwar nicht der Verstand, aber, gleich dem Tiere, der moralische Sinn abgeht. Er erkennt nur den Irrtum und Fehlgriff einer Handlung, aber fühlt von ihr nicht *das* in ihm beleidigt, was er nicht hat.

Der Niederträchtige kann zu Niederträchtigkeiten lachen oder sein Verstand sie wohl gar, als sehr verständig, billigen. Ich lese eben in den Nouvelles de la république des lettres, Janvier 1685, Article III, folgende Anekdote, die auch bei Gelehrten unserer Tage manches Gegenstück findet.

Es sollte am 4. Oktober 1684 der durch den Tod des großen Corneille erledigte Platz in der französischen Akademie dessen Bruder Thomas Corneille gegeben werden, als Herr Racine, Präsident der Akademie, das Wort nahm. Er verlangte für die Wahl einen Aufschub von 14 Tagen, aus Gründen, die der gelehrten Versammlung sehr angenehm sein könnten. Die Gründe waren, daß der Herr Herzog von Maine, ein junger Prinz von bewundernswürdigem, ja über alle Bewunderung erhabenem Geiste, einige Neigung zeige, diesem erlauchten Verein anzugehören. – Dieser Prinz, dem der Thomas Corneille gegenübergestellt wurde, war ein Knabe von sieben Jahren! und bekanntlich blieb er sein Lebenlang ein armseliges Geschöpf. Die Speichelleckerei der

Akademiker geriet in Entzücken. On s'imagine aisement, heißt es, qu'un delai de cette importance fut obtenu sans aucune peine. Nicht nur wurde der Aufschub bewilligt, sondern man verlangte auch, Herrn Racine zu beauftragen, dem Herrn Herzog die Versicherung zu geben, sogar wenn auch (quand même) kein Platz erledigt sei, ihm jederzeit einer offenstände. So ward ein unwissendes Schulkind Kollege der graubärtigen Gelehrten und Mitglied der Akademie.

Leichter wird das Lachen, wenn der Dominikaner Angelo Paciuchelli in seinen aus drei Folianten bestehenden moralischen Lektionen sehr treuherzig berichtet: Martin Luther, um den Franzosen das Lesen heiliger Bücher widerlich zu machen, habe den *Amadis von Gallien* aus dem Deutschen in's Französische übersetzen lassen. Oder wenn Voltaire der Regel der Theatiner erwähnt, worin vorgeschrieben stand, sie sollten *weiß* gekleidet gehen; aber die *Auslegung* des Wortes ›weiß‹ am Rande in einer Note lautete: ›das heißt schwarz‹. Oder wenn der Pater Kapuziner Heliodor in Paris, der sein Buch ›De l'obligation de revenir à l'union de l'église‹ im Jahre 1686 drucken ließ, einen unwiderstehlichen Beweggrund gefunden zu haben glaubte, die Ketzer zur Heimkehr in die römische Kirche nicht zu bereden, sondern zu zwingen, indem er alle Protestanten ohne Gnade verdammte, die sein Buch lesen und nicht sogleich ihrer Religion abschwören würden. Dazu verdammte er auch noch alle, die sein Buch *nicht lesen* würden, denn, sagte er, ›l'ignorance ne les peut plus excuser à cause de la facilité de l'instruction.‹

54. Göttliche Traurigkeit

Von Moses, Sokrates und Diogenes bis zu den Tränen Christi über Jerusalem, und von ihm und seinen Aposteln bis zu unsern Tagen, war Veredlung der Völker und des Menschengeschlechts die Hoffnung und Sehnsucht aller großen Sterblichen. Sie alle standen höher als das gemeine Tierleben ihrer Zeitgenossenschaften; sie alle fühlten sich ihrem eignen Jahrhundert nicht angehörig; die Welt verstand sie nicht.

Wie verschieden scheinen beim ersten Anblick unter sich Pascal, Swift und Rousseau zu sein; und doch sind Art und Richtung dieser herrlichen Geister einander so gleich, daß man, wären sie nicht zum Teil Zeitgenossen gewesen, an Seelenwanderung glauben könnte. Wie herzzerreißend sind Pascals Gedanken; und Swifts Zorn, in welchem ein tiefer Schmerz aufschreit; und Rousseau's heiße Ergießungen eines über die Welt wehklagenden Gemüts! Wie verschieden der Ausdruck aller und ihr Charakter sein mochte, allen ihren Äußerungen liegt die gleiche, göttliche Trauer über das selbstverschuldete Elend der Gesellschaft zugrunde. Swifts bittere Menschenfeindschaft, – Pascals düstere Gottesfurcht, die ihn zerknirschte, ohne zu beruhigen, – Rousseau's Ideal eines rauhen Civismus, sein Verzweifeln an der Humanität, waren insgesamt Ergebnisse und Zeugen des nämlichen Bewußtseins, dem Menschengeschlecht fehle in seinen gesellschaftlichen Verbindungen das wahre Kennzeichen des Menschlichen.

55. Vaterlandsliebe

Man preist sie von allen Kanzeln und Rednerbühnen als eine der höchsten Tugenden. Ich bin an ihr etwas irre geworden. Sie ist etwas höchst Zweideutiges. Eine *politische* Tugend kann sie sein für das Regierungsbedürfnis, aber doch wahrlich keine im höhern Sinn *christliche*. Sie widerspricht vielmehr dem hohen Geiste Jesu und seinen weitliegenden Worten. Er nannte und kannte und empfahl kein Vaterland; die *Welt* war sein und seiner Jünger Vaterland; der *Nächste*, und mit wem er auch zunächst in Berührung kommen mochte, war sein Bruder.

Tugend ist die Vaterlandsliebe offenbar nicht. Ihre Quellen sind allzu trübe. Sie entspringt nicht aus Überzeugungen, nicht aus notwendigen Vernunftwahrheiten, sondern aus Anhänglichkeiten an Umgebungen, die für uns durch Jugenderinnerungen individuellen Reiz haben, oder aus eingerosteter Gewohnheit in gewissen Verhältnissen. So hat auch der arme Leibeigne in *Litauen* und *Livland* Vaterlandsliebe; sie ist Anhänglichkeit in seinen Sklavenstand, den er nicht verlassen mag. Er fürchtet und scheut die Freiheit, wie ein Unglück. Aus Gewohnheit hängt er seinem Leibherrn, der ihn schlägt, mit Treue an, wie der Hund dem seinigen. Oder die Vaterlandsliebe ist höchstens Frucht des Nationalstolzes. Je tiefer der Mensch auf den Stufen der Kultur steht, je größer ist dieser Stolz, so wie sich gewöhnlich der Dümmste am klügsten zu sein einbildet. Der armselige *Grönländer* würde sein Schneeland nicht mit Italien oder der Schweiz vertauschen. Nur sich beehren die Grönländer mit dem Namen *Junuit*, Mensch; die nicht Eingebornen nennen sie mit Verachtung *Kablenaes*, Fremde. Sie halten sich für besser, klüger und ehrlicher als die Europäer. ›Er ist beinah so gut wie wir; er fängt an, ein Grönländer, ein Mensch zu werden!‹ Dies sind Lobsprüche für einen Europäer, der ihnen gefällt. – Man denke an den Nationalstolz der Juden, des *Volkes Gottes*, an den der *Türken* und aller Barbaren Asiens und Afrikas!

Die Vaterlandsliebe streift sich mit den alten Ortsgewohnheiten ab. Oft ist sie nichts als behagliche Spießbürgerei. Wäre sie eine wirkliche Tugend, wozu man sie auf Rednerstühlen und Kanzeln und in einer Anzahl von Büchern stempeln will, so würde ihre Abwesenheit ein Fehler sein; so wären alle Auswanderer nach *Amerika* Sünder. Nein, sie ist keine Menschentugend; eine Art Bürgertugend mag sie sein, behufs der Staatsvorteile. Auch wird in der Regel nur von den Beamten an sie appelliert, wenn es um ungewöhnliche Abgaben, um Opfer für den Staat, um Landesverteidigung und Krieg zu tun ist.

Tugend ist nie die Mutter des Übels. Aber die lebendigste Vaterlandsliebe erzeugt die schädlichsten Untugenden. Entsteht sie durch Gewöhnung an gewisse Orts- und Landeszustände, so verblendet sie gegen bessere Verhältnisse andrer Länder, wird zum verderblichen Vorurteil und hindert an Verbesserung und Veredlung des eignen Volks. Entsteht sie aus Nationalstolz, so gebiert sie den Nationalneid und Nationalhaß. Sie erstickt die Gefühle allumfassender Menschenliebe.

Die Worte des frommen und weisen Fénelon sind allein des Jesusjüngers würdig: ›J'aime mieux ma famille que moi même; j'aime mieux ma patrie que ma famille; mais j'aime encore mieux le genre humain que ma patrie!‹

Vgl. Politische Glossen 4.

56. Fromme Liebe

Der letzte Fürstbischof von Speyer, als die Säkularisierung seines Stiftes unvermeidlich schien, hatte mehrere Kostbarkeiten desselben unter seine Geistlichen verteilt, unter anderm einem Pfarrer ein schön gearbeitetes goldnes Kruzifix. Als die fremden Kommissarien zur Besitznahme des Landes und des Stiftvermögens davon hörten, schrieben sie dem Pfarrer, er solle das Kruzifix ausliefern. Er aber antwortete ihnen mit den Worten eines protestantischen Kirchenliedes: »Meinen Jesum laß ich nicht!« – So behielt er den geliebten.

57. Recht und Vorrecht

Beide sind voneinander in ihrem *Umfange* nur, nicht in ihrem *Wesen* selbst, verschieden. Das Recht ist, wie die Vernunft oder wie die Menschennatur, das *Gemeingut* aller Sterblichen; das Vorrecht ein Teil davon, der dem Gemeingut entzogen und einzelnen zur Benutzung gelassen ist, die aber darum ihren Mitgenuß am geschmälerten Gut der übrigen nicht verlieren. Ein dem *Wesen* nach vom *Recht* verschiednes *Vorrecht* wäre offenbarer Unsinn. Und freilich, davon hat es auch unter den törichten Sterblichen nicht gemangelt. Es gab sogar *Unfähigkeitsvorrechte.*

Ein Beispiel gibt Frau von Genlis gar naiv davon in ihrem ›Dictionnaire des étiquettes‹. ›Alle große Talente,‹

sagt sie, ›sind stets, früh oder spät, in der Akademie aufgenommen worden, und nie hat man in selbiger einen völlig unwissenden und einfältigen Menschen aufgenommen, *mit Ausnahme einiger großen Herren.*‹

Die in London befindliche Gesellschaft zur Beförderung der Künste, der Manufakturen und des Handels gab jener Akademie nichts nach. Unter den 291 Preisen, die sie im Jahr 1823 ausbot, befanden sich auch 20 sogenannte Ehren-Prämien für Personen vom Adel, die den Kindern der britischen Pairs bestimmt waren, wenn sie zeichnen lernten. Andre Ehrenpreise, zusammen 44, wurden den Gentlemens und Ladies angeboten. ›Indessen sind die Bedingungen für diesen Teil der Nation keineswegs die gleichen wie für Kinder von höherer Herkunft. Man verlangt entweder frühreifere Talente oder schwerere Arbeiten; man fordert vom Adel nur gute Kopien; von den andern aber werden nur Originale zum Konkurs zugelassen.‹ – Diese Auszeichnung ist für den hohen Adel wahrhaftig gar nicht schmeichelhaft gewesen.

58. Unsterblichkeit der Seele

Jeder, der sich zum Selbstdenken emporarbeitet, erlebt auch sein *atheistisches Jahr*. Ich hatte das meinige. Es währte lange, eh ich mich vom Garn der Zweifelei losstricken konnte.

Seit ich mich überzeugt habe, daß, weil *ich* bin, *alles* ist; daß die Welt der Ausgang der Natur zu mir ist, daß alles Endliche im Unendlichen, die Zeit im Ewigen, der Raum im Allgegenwärtigen und das Bewußtsein des Unendlichen, Ewigen und Allgegenwärtigen in mir liegt; daß das Wandelbare und Vergängliche nicht das Wesen, sondern dessen Wirkung, und die Mannigfaltigkeit meiner Vorstellungen nicht mein Geist selbst, sondern sein Erzeugnis ist: hab' ich den verlornen Gott wiedergefunden und das Bewußtsein meiner, des geistigen Ichs, Unvergänglichkeit. Ich verdanke die Genesung von meiner wüsten, qualvollen Krankheit oder ihre spätere radikale

Heilung guten Teils auch meinem Freunde Zsch[okke]. Es ist auch eine schöne Auslegung der Worte Mosis von ihm, der Mensch sei Gottes Ebenbild, indem der Geist der Gott in der Natur ist, deren gesamte Kräfte endlich um ihn in seinem Leibe, als Kleid, gelegt sind. Der Mensch ist die ganze Natur in nuce. Wie könnte der Geist mit dem Wesen der Dinge korrespondieren, wenn es ihm nicht, als sein Gehäuse, beigegeben wäre?

Das Charakteristische des Menschen, und zwar des Geistigen in ihm, ist seine *Perfektibilität.* Jedes andre Geschöpf ist ein in sich Vollendetes und kann nichts andres und Edleres werden, als es ist. Jedes Tier ist von seiner Geburt an ein seiner Bestimmung entsprechendes, ein in seiner Art vollkommenes Ganzes. Bestimmt, vom Instinkt durch's Leben getrieben zu werden, gehorcht es bewußtlos gleich im ersten Augenblick des Daseins demselben, bedient sich seiner Glieder den Gesetzen der Bewegung gemäß und findet die Mutterbrust ohne Anweisung. Der menschliche Säugling würde hülflos mit seinem Instinkt verschmachten, wenn ihn nicht eine mütterliche Hand an die Quelle der Nahrung legte, deren er bedarf.

Das Tier, einen abgeschloßnen Kreis der Wirklichkeit auszufüllen bestimmt, erfüllt ihn immer und von den ersten Augenblicken an. Der Mensch, bestimmt fortzuschreiten und zwar auf einer Bahn, deren Ziel er sowenig erblicken als erreichen kann, muß Schritt um Schritt tun; es wird ihm auf dieser Bahn nicht ein einziger, auch nicht einmal der erste erspart.

Das Geistige im Menschen ist kein *festgesetztes Sein*, sondern ein *endloses Werden.* Darum glaub ich oder ahn' ich nicht seine Unsterblichkeit, sondern seine Ewigkeit. Ich bekümmere mich wenig darum, daß ich nicht weiß, was mein Ich schon war, ehe es sich nach Natur-, oder besser, Gottes-Gesetzen, mit Fleisch und Blut verband. Vermutlich wäre der Rückblick dahin nichts Erbauliches. Ich wundre mich, daß kein philosophierender Kirchenvater auf den Einfall gekommen ist, uns für gefallene und begnadigte Engel zu halten, die aus den Tiefen der Finsternis wieder allmählich zur Gottheit heimkehren. Die höchsten Gaben, welche wir besitzen, sind nicht sinnlicher, sondern übersinnlicher Art; die Tiere übertreffen uns fast in jeder leiblichen Beziehung. Sie haben weit schärfere Sinne als wir, ja vielleicht und sogar wahrscheinlich *mehr Sinne* als wir. Schon Buffon vermutete es. Wie sollte er oder Spallanzani u. a. m. die Reisen der Zug-Fische und Zug-Vögel erklären; die Landeskunde der Störche, die sich nicht in der Welt verirren, sondern ihr Nest auf dem Turme der kleinen Dorfkirche wiederfinden; der Fische, die, wie umharnischt, dennoch jeden verzitternden Wellenschlag des Wassers spüren usw.

Mein Freund Zsch[okke] sagte einst: ›Ich kann mir einen Körper ohne Bewegung denken, als das bloß Bewegbare, aber nichts Bewegendes ohne bewegbaren Körper. Ich kann mir eine Bewegung ohne Leben denken, aber kein Leben ohne mit Bewegtheit verbunden. Ich kann mir ein Leben ohne Seele und deren Gefühl und Wahrnehmungsfähigkeit denken, wie bei allen Pflanzen, aber keine empfindende Seele, ohne mit Lebendigen [Lebendigem?] eins zu sein. Ich kann mir eine Seele ohne denkenden Geist, ohne Vernunftgesetz, ohne Willensfreiheit denken, wie man sie auch bei Tieren findet, aber keinen Geist ohne Verein mit der wahrnehmenden Seele. Ohne Wahrnehmung keine Erregtheit des Geistes zu Vorstellungen.‹

Die wunderbaren Handlungen der Schlafwandler, die Erscheinungen des mesmerschen Magnetismus, die weissagenden Blicke mancher Sterbenden in die Zukunft, kurz vor ihrer Auflösung: Tatsachen, die sich nicht wegleugnen lassen, scheinen, was Zsch[okke] sagt, zu erläutern, scheinen ebensoviele Zeugnisse für Wirklichkeit eines mit dem Seelischen verbundnen Geistesdaseins zu sein, unabhängig vom Leben des übrigen Körpers. Es findet da ein Sehen ohne Augen, ein Hören ohne Ohren statt, ein Erkennen der Zukunft und dessen, was noch nicht ist; ein Sein in entfernten Gegenden, ohne leibliche Gegenwart daselbst. Der Geist mit seiner Seele ist etwas Höheres, als er uns im Körper, festgebunden und gefesselt von ihm, erscheint. Mehr oder weniger von ihm abgelöst, äußert er eine Art Allgegenwart, eine Gattung von Allwissenheit, die der Mensch im vollen Gesundheitszustand nicht besitzt.

59. Edler Stolz

In den italienischen Zeitschriften, die den Regierungen zu Gebot standen, eiferte man nach der Restauration überall gegen den wechselseitigen Unterricht in den Anfangsschulen. Man sah den dabei angebrachten Gründen ihren Ursprung und Zweck an. Sie rührten offenbar von Leuten her, die das, was sie bestritten, selber nicht genau, weder in seiner Ausübung noch Wirkung, kannten, oder welche sich dabei irgend einigen obern Behörden alleruntertänigst empfehlen wollten. Unter andern ward selbst der italienische Nationalstolz in's Mitleiden gezogen: diese Unterrichtsweise könne in einem *unzivilisierten* Lande, unter einem in Barbarei versunkenen Volke, ganz nützlich sein, keineswegs aber einer Nation zusagen, ›die sich wie *Italien* auf einer so hohen Stufe der Erleuchtung und Nationalbildung befinde!‹ – Die *Dänen, Briten, Franzosen, Schweizer* und wohl noch andere Barbaren, wie tief beschämt müssen sie vor dem edlen Stolz des erleuchteten Italiens dastehen! Indessen breitet sich jene Methode, ohne weitere Anpreisung, immer aus. Sie hat bei jenen Barbaren die auffallende Wirkung, daß sie, unter den täuschendsten Formen des Mechanismus oder Papageientums, die Kinder gewöhnt, daß sie *nachdenken* über das, was sie sagen wollen, und nicht bloß nehmen, was ihnen die Schulmeister *vordenken.*

60. Die Klage der alten Leute

›*Zu meiner Zeit*,‹ sagen sie, ›ja, zu meiner Zeit war es anders! Alle Tage jetzt freilich neue Erfindungen und Entdeckungen, neue Gewerbe, Fabriken und Handelswege, neue Gesetze und Einrichtungen; aber die Menschen sind darum nicht glücklicher und noch weniger sind sie besser geworden.‹

Glücklicher? – Jeder Art Lichtes folgt seine Art Schattens in der Weltordnung Gottes; und jedem Maß Glükkes ist sein Maß Schmerzes zugegeben. Auch Tiere haben ihre Freuden und Leiden, doch in andrer Weise als der Mensch; auch die Horden der Wilden, aber in andrer Weise als die Gebildetern; auch die Kinder, aber in andrer Weise als die Erwachsenen; auch der stumpfsinnige Tölpel, aber in andrer Weise als ein Sokrates, Fénelon, Las Casas.

Besser? – Wir scheinen uns schlechter zu bleiben, als wir von jeher waren, bloß weil wir nicht ebenso schnell besser werden als kenntnisreicher. Kenntnisse nimmt ein Jahrhundert und Jahrzehend erbend vom vorhergegangenen an, aber Tugenden nicht also; sie sind Sache der sittlichen Kraft jedes Individuums für sich. Auch muß in Anschlag gebracht werden, daß frommer Sinn und edles Tun weniger Geräusch machen als schlechte Handlungen, die man sogleich von Ohr zu Ohr trägt; gleichwie man von Völkern wenig spricht, die das stille Glück des Friedens genießen und nur erst Aufsehen erregen, wenn sie von Unruhen, Kriegen und andern Landplagen heimgesucht sind. Darum aber ist dessen nicht am meisten in der Welt, was am meisten oder leichtesten bemerkt werden kann. Man hört auch die Trommel in der Ferne, während man die Schritte der Tausende nicht vernimmt, die sich nach ihrem Takt bewegen.

Die Strahlen der Wissenschaften und Künste, welche den Geist erleuchten, erwärmen auch das Herz für Tugenden, welche das Kind oder der Wilde oder der rohe Barbar nicht kennt. Wer wird im Ernst behaupten, daß unsre heidnischen Vorfahren, als sie in Bärenfellen die Wälder durchstreiften oder als sie im finstern Mittelalter, unter dem Zepter des Aberglaubens, aus Ritterburgen und Klosterzellen, den Großteil der Landbewohner im Joch der Leibeigenschaft den Tieren gleich hielten, – wer wird sagen, daß sie menschlicher waren und der Tugendhaftern mehr unter sich zählten als unsre Zeit.

Der Fortgang der intellektuellen Bildung ist rascher und bemerkbarer als der Gang der moralischen Bildung, aber dieser stände ohne jenen still. So ist die Bewegung des Minutenzeigers auf dem Zifferblatt der Uhr ein sicherer Beweis des verhältnismäßigen Fortrückens vom Stundenzeiger, obgleich wir nur jene erste so augenscheinlich wahrnehmen, die in derselben Zeit einen Kreis durchläuft, davon der Stundenweiser nur den zwölften Teil des Weges macht.

61. Gegensatz

Das Sta viator! ›Stehe still, Wanderer!‹ rufen uns nur die Toten zu. – Im lebendigen Treiben der Welt heißt es, wie in dem Gewühle der Londoner Straßen: Keep moving! ›In Bewegung geblieben!‹ Und wer den Rat verachtet, wird übergerannt.

62. Reisepässe

Sie sind eines der sogenannten notwendigen Übel in der bürgerlichen Gesellschaft, oft Plage des harmlosen Reisenden; aber sie sind auch ein notwendiges Gute, eine Publizität der Person in der Fremde und, bei aller Lästigkeit, doch erträglicher als die Einrichtung der Fremdenpolizei in den burgundischen Gesetzen (Leges Burgundes §. 38. 39), worin zwar einerseits die Gastfreundschaft bei strenger Strafe anbefohlen, anderseits aber dem Wirt zur Pflicht gemacht wird, seinen Gast dem Richter vorzustellen, um ihn, *selbst mit der Folter*, zum Geständnis zu bringen, *wem er angehöre*.

63. Die Jubiläen

›Die Religion ist in Gefahr des gänzlichen Verfalls!‹ klagt die Priesterschaft in und außer Rom. Ja wohl! Man nehme nur die Feier der Jubiläen zum Maßstab; man vergleiche Villani's Beschreibung des Menschenzuflusses, den diese Feste der Weltentsündigung sonst aus allen Gegenden Europens nach Rom lenkten, wo noch, wie unter Bonifaz VIII. im Jahr 1300, laut einer alten Beschreibung die Herren Geistlichen Tag und Nacht, mit Rechen in der Hand, beim Altare St. Pauls ungeheures Geld der Pilger zusammenrecheten (tenentes in eorum manibus rastellos rastellantes pecuniam infinitam), vergleiche dies mit dem ärmlichen Jubiläum des Jahrs 1825, bei dem arme Landstreicher aus den finstersten Winkeln Europens, und auch sie nicht einmal zahlreich, die Straßen der heiligen Stadt nicht lebhaft, – aber unsicher machten und höchstens die Beine der Polizei, aber die Hände keines einzigen geistlichen Croupier in Bewegung setzten.

64. Prinzessinnen und Bürgermädchen

Man bedauert die Prinzessinnen, weil ihre Ehen meistens nicht von seiten der freien Neigung des Herzens, sondern durch Konventionen geschlossen werden. Warum beklagt man nicht vielmehr die weit größere Zahl ihrer Schwestern, die im Bürgerstande gleiches Schicksal leiden? So tief steht die Hälfte des Menschengeschlechts unter der rohen Stärke der andern Hälfte, daß jene nicht einmal ihr volles Menschenrecht genießt, sondern als *Sache* und *Ware* behandelt wird. Stehen wir denn wirklich weit erhaben in dieser Hinsicht über dem barbarischen Orient? Der einzige Unterschied zwischen Fürstentöchtern und denen niedrigern Ranges ist der, daß sie sich zueinander wie die Theaterprinzessin zur wirklichen verhalten, daß der tote Flitterstaat, der das Opfer schmückt, in einem Fall aus Diamanten, im andern aus böhmischen Steinen besteht.

65. Die erste Gefahr des Christentums

Tiberius schlug vor, Christum in die Zahl der Götter aufzunehmen. Der Senat von Rom weigerte sich. –

Aber hätte er sich *nicht* geweigert, so wäre das Christentum schon damals im Bilderdienst, Kultus und Priestertum untergegangen, wie es erst später geschah, als die Wahrheiten der göttlichen Lehre schon, vermittelst ihrer Verfolgung, zu weit verbreitet waren, zu viele Gemüter erleuchtet hatten.

66. Spießbürgerei

Nur echte Weltweise und – Abenteurer sind eigentliche *Weltbürger*. Eins oder das andere zu sein, erfordert eine gewisse Geistesstärke. Sie ist beim Abenteurer nur in anderer Richtung, als beim Weltweisen vorhanden. Der Gegensatz des Weltbürgers ist der *Spießbürger*. Er ist von Kindheit auf eine Krüppelgestalt in der bürgerlichen Gesellschaft; seine Welt das Schneckenhaus seines Städtchens; seine Universalhistorie die Geschichte seiner Großmutter. Was er nicht versteht, hält er für Narrheit. Der Himmel, glaubt er, blitzt nur, um ihm das Bier sauer zu machen.

67. Christentum und Priesterherrlichkeit

Fénelon hatte einmal mehrere Pfarrer seiner Diözese bei sich zu Tische. Einer derselben rühmte sich, es in seinem Kirchspiel dahin gebracht zu haben, daß nicht mehr getanzt würde. »Monsieur le Curé,« sagte Fénelon mit seiner eigentümlichen Milde, »ne dansons pas, mais n'empêchons pas les autres de jouir d'un plaisir innoncent.«

Ebenderselbe antwortete einmal dem Dauphin, der ihm eine Menge Gewissensfragen in Ansehung seiner Tafel tat: »Monseigneur, mangez du bœuf et soyez chrétien.«

68. Aus der Not eine Tugend machen

Wenn sich der Mensch erst im Unglück erhebt, wenn er aus seiner Not erst seine Tugend macht, was wundern wir uns, wenn er im Glück verächtlicher dasteht? Mit der Not ist ihm auch der Stoff zu seinen Verdiensten ausgegangen.

Vgl. Erfahrungsfrüchte I 65.

69. Die Diebslaterne

Alle Klugheit verdorbener Menschen, die sie bei unerlaubten Absichten anwenden, ist am Ende nicht mehr, nicht minder wert als jede Diebslaterne. Sie soll beides, dem Besitzer *leuchten*, andre *blenden*; und sie tut es wirklich, aber nur auf einem kleinen Fleck, und nur im Dunkeln, und verrät auch – *den Dieb selbst.*

70. Bürgschaft konstitutioneller Grundsätze Frankreichs

Das Bestehen verfassungsmäßiger Einrichtungen bei den Franzosen ist nicht nur durch Überzeugung von deren Nutzen, sondern vielleicht ebensosehr durch Eigentümlichkeiten des Nationalcharakters gesichert. Dahin möcht ich zählen ihre *Schauspielliebhaberei*; denn jeder Franzose beinah ist selber in seiner Art Schauspieler und will darstellen; zweitens ihre *Plauderseligkeit.* Die erste macht das Abschaffen der Volksrepräsentation, die zweite das Gelingen großer Konspirationen rein unmöglich.

71. Selbsttun

Mit Regierungen verhält es sich nicht so wie mit Privatleuten. Diese tun am besten, was sie selbst tun; jene selten.

Vgl. Erfahrungsfrüchte I 28.

72. Türkische Höflichkeit

Aus dem Munde des Obersten Coxe, der anderthalb Jahre britischer Resident bei Ali Pascha war, weiß ich, wie er auf die ausgezeichnetste Weise empfangen wurde. Nämlich bei seiner Landung empfing ihn der Pascha von Prevesa, der zu diesem Behufe die gemessensten Befehle von Ali Pascha erhalten hatte. Er stattete dem Obersten einen Besuch ab, den Coxe jedoch, da er eben sehr beschäftigt war, nicht annehmen konnte. Er mußte sich daher entschuldigen lassen. »Es bedarf keiner Entschuldigung,« ließ ihm der Pascha freundlich zurückmelden, »Herr Oberst Coxe hat über mich zu jeder Zeit zu verfügen. Ich habe von Ali Pascha Befehle, ihm zu gehorchen bis – zu *10 Köpfen*!« (die er auf Verlangen des Obersten nach Belieben abschlagen lassen dürfte). Herr Coxe rühmte übrigens die gute Ordnung in Ali Pascha's Staaten, worin vermutlich Ali Pascha *allein* ohne gute Ordnung war.

Despotismus hat seine Lobredner; aber keiner derselben wird es wagen, logisch-richtig zu urteilen und zu sagen: ›Man kann nicht *über* dem Gesetz erhaben sein, ohne auch *außer* dem Gesetz zu sein.‹ Die Natur der bürgerlichen Ordnung bringt es von selbst mit sich. Die ältere und neuere Geschichte liefert Beispiele dazu.

73. Vernunft und Gewissen

Es ist köstlich, am Ende immer zu finden, daß *gewissenlos* zuletzt soviel heißt als unvernünftig; und umgekehrt, daß das Gewissenlose nichts anders ist als das Unvernünftige.

74. Verschiedne Publizität

Man vergleicht die Öffentlichkeit ganz richtig mit dem *Tage*. Sie ist nicht vorhanden, wenn man nur *einiges* sieht, sondern *alles*. Unsre obrigkeitlich erlaubten Publizitäten sind Prunk-Illuminationen; das Volk freut sich über die einen wie über die andern. Aber die Nacht hört darum nicht auf, weil man in einige Fenster Lichter stellt.

75. Namenswichtigkeit

Man ist schon längst darin einig, daß oft der Name das Beste an der Sache ist – und der Name selbst auf das Schicksal derer Einfluß hat, die ihn tragen. Unter den alten Kriminalisten galt es als Gewohnheitsrecht, diejenigen am ersten unter mehreren andern foltern zu lassen, die den gemeinsten, schlechtesten Vornamen führten. Praenomina honestae nomenclaturae eligantur, quia de eo primum sceleris quaestio habebatur, qui turpius nomen possideret. Bartholin, de puerperis veterum. p. 154.

76. Geld und Kredit

Beide unterscheiden sich besonders darin, daß man von andern kein Geld mehr braucht, wenn man es selbst hat, während man nur erst Kredit hat, wenn man ihn nicht notwendig braucht.

Vgl. Erfahrungsfrüchte II 20.

77. Zivilisation des Altertums und neuerer Zeit

Es waltet ein großer Unterschied zwischen der Zivilisation der alten Welt und den jetzigen Zeiten. Der reichste und ärmste Bürger zu Athen, der Patrizier und Plebejer im weltgebietenden Rom, der König und der Bürger von Sparta standen sich unstreitig in geistiger Ausbildung einander viel näher als die bei uns vorhandenen höhern und niedern Stände des Volks. Bei uns ist der sogenannte Bürger- oder Mittelstand der gebildetste, der Kern der Nation, der Schöpfer des Wohlstandes und Ruhms. Was höhere, was tiefere Klassen des Volks sind, kann nur als Extrem angesehen werden; es ist Pöbel und übermütige Aristokratie des Stammbaums oder Geldkastens. Jener ist in der Regel aus lauter Dummheit schlecht, diese nur zu oft aus lauter Schlechtigkeit dumm. Auch sind gewöhnlich diese beiden Extreme die wahren Urheber oder Werkzeuge des öffentlichen Unheils und des schrecklichsten der Staatsübel, der gewaltsamen Revolutionen.

78. Unwirksamkeit der Geschichte

Die Klugheit eines jungen Mannes, sagt Lemontey in seinem Buch ›Raison et Folie‹, geht nicht weiter als die Erinnerung an seine vergangenen Torheiten.

Die Klugheit der Völker und ihrer Regierungen geht selten viel weiter als die eines leidenschaftlichen Jünglings, den aller Schaden nicht hindert, neue Torheiten zu begehen. Große Gesellschaften haben kein Gedächtnis, sonst würden sie nicht unaufhörlich die alten Abwege wiederum bewandern. Leisten wir also Verzicht auf die Hoffnung, das Los des Jahrhunderts durch die Lehren der Weltgeschichte zu verbessern. Ich begnüge mich, die Geschichte der Völker wie jede andere Naturgeschichte zu studieren.

Vgl. Erfahrungsfrüchte II 21.

79. Sonnenflecken

Einige Astronomen unter Ludwig XIII. hielten die Sonnenflecken für Sterne und nannten sie sidera borbonica. Man sieht da noch oft *Flecken*, aber keiner sieht sie mehr für *Sterne* an. So halten viele Geschichtschreiber Taten und Personen ihrer Zeit für Sterne am politischen Himmel, die zuletzt nur wolkige Schmutzflecken sind, von der Glückssonne augenblicklich gefärbt. Die Art, *wie* Geschichtschreiber, Memoirenschreiber und Journalisten die Begebenheiten ihres Zeitalters beurteilen und darstellen, lehrt uns Gesittung oder Verworfenheit des Zeitalters oft besser erkennen, als *was* von ihnen dafür ausgegeben wird.

Vgl. Erfahrungsfrüchte I 62.

80. Rom

Allerdings glich das alte, welterobernde Rom einst, wie im Mittelalter das päpstliche Rom, einem flammenspeienden, zerstörerischen Vulkan; aber beidemal brachten die Verwüstungen auch einen Segen, den weder Konsuln und Cäsaren noch Päpste und Kardinäle berechnet hatten. Die vulkanische Asche über den Weltteil zerstreut, machte ihn fruchtbar. Wilde Völker des Altertums wurden zahm und dann die Gezähmten durch das Kirchentum wenigstens menschlichere Barbaren.

Der Vulkan ist jetzt ausgebrannt, in sich tot und verkohlt; Fruchtbarkeit grünt im übrigen Weltteil; nur dem verschlackten Krater selbst fehlt sie.

Rom scheint zur Rolle, die es in der Weltgeschichte gespielt hat, von der Natur der Dinge bestimmt zu sein. Selbst ehe die Stadt stand, war, nach der Aussage von Geognosten, der Boden vulkanisch; hier in der Urwelt schon ein Feuerspeier, dessen Überreste die sieben Hügel sein sollen. Breislak meint sogar, das Zentrum des Kraters sei, wo das Forum.

Vgl. Erfahrungsfrüchte II 23.

81. Selbstmörder

Es ist vollkommen kindisch, Personen zu bestrafen, die nicht mehr da sind. Selbstmörder kann man nur in Kontumaz verurteilen. Der dumme Pöbel will dem Leichnam dessen kein ehrliches Begräbnis gestatten, der sich im Wahnsinn der Angst und Furcht oder Hypochondrie erhenkte, ersäufte oder auf andere Weise seinem Leben plötzlich ein Ende machte.

Vernünftigerweise sollte man die Selbstmörder strafen, nicht wenn sie es schon geworden sind, sondern wenn sie es erst werden wollen und zur Tat schreiten. Vorsatz und Wille sind hier das Sträflichste. Ich glaube, viele Fresser, Trunkenbolde, Wollüstlinge, Duellanten und andere dieses selbstmörderischen Gelichters würden sich eines Bessern besinnen, wenn man sie schon bei Lebzeiten verurteilte, nach ihrem Tode kein ehrliches Begräbnis zu bekommen. Aber, hilf Himmel, wie viele Gesetzgeber und Richter müßten dann den Stab über sich selbst brechen!

82. Ein merkwürdiger Charakter

Blaise Pascal, Herr von Ettonville, Präsident der Steuerkammer zu Clermont, der berühmte Verfasser der ›Lettres provinciales‹, ein scharfsinniger Philosoph, einer der geistvollsten, edelsten Sterblichen, ward durch seine düstere Asketik einer der unglücklichsten. Er gibt ein ebenso bedauernswürdiges als denkwürdiges Beispiel, wohin auch die beste Art der *Einseitigkeit* den besten Menschen zu führen im Stande ist. Pascal, dessen ganzes Leben ein einziger langer Todeskampf, ein langsamer Selbstmord ward, – der sich sein Dasein zur Folter machte, um seiner nicht unwürdig zu sein, – der den Schmerz nicht erdulden, sondern genießen [wollte?], – der mit den erhabensten Begriffen vom höchsten Wesen nach Reliquien und Prozessionen jagte, – der mit der herzlichsten, aber in eine ›*theologische*‹ Tugend verwandelten, Menschenliebe sich zur Angeberei und Verketzerung eines armen Teufels hingab, – den seine vertheologte Philosophie gelehrt hatte, que le corps de Jésus Christ n'etait pas formé du sang de la sainte vierge, mais d'une autre matière créée exprès, – der mit dem liebevollsten Gemüt, in der Gewissensangst seines dogmatischen Glaubens, sich nicht allein selbst jedes Zeichen der Liebe gegen die nächsten Angehörigen verbieten, sondern ihre Anhänglichkeit an ihn durch ein zurückstoßendes Betragen mäßigen zu sollen glaubte; – dieser Mann ward *aus Gottesliebe ein Menschenfeind*, aus erhabener Religiosität zum scharfsinnigsten Abergläubigen; und sein Christentum, statt alle Lebensverhältnisse zu heiligen und zu umfassen, verleitete ihn, alle von sich zu verdrängen.

›Es ist unrecht‹, das war der Gedanke, den er sich unablässig vorhielt, und um ihn täglich, stündlich vor Augen zu haben, besonders niedergeschrieben hatte. ›Es ist unrecht, sich jemandem herzlich anzuschließen, wie gern, wie willig man's auch täte. Ich würde nur die betrügen, in denen ich das Verlangen darnach erweckte; ich kenne ja niemandes Ende, habe ja nichts, womit genügen. Bin ich nicht bereit zum Tode? So würde ja der

Gegenstand, den ich lieben wollte, sterben und mein Tod ihr Schmerz sein. – Man muß nur das Unvergängliche lieben, sich an nichts in dieser Welt hängen; nur Gott suchen.‹

83. Imponderable Stoffe

Mit Recht legt die neuere Naturlehre auf sie den höhern Wert. Sie sind der Urgrund der Körper, die Gesellinnen der Kräfte, deren nächste Verwandtinnen, denn auch diese sind ein Imponderables. Aber schwierig sind sie zu behandeln. Unsre feinsten Waagschalen, unsre stärksten Platinatiegel, unsre luftdichtesten Glasbehälter sind für sie zu grob und roh. –

Wie den Physikern es mit Licht, Wärme, Magnetismus, Galvanismus, Elektrizität ergeht, so den Regierungen mit den imponderablen Stoffen und Kräften der bürgerlichen Gesellschaft. Armeen und Zeughäuser, Kirchen- und Zensuren-Anstalten sind zu materiell, das allgewaltige Fluidum der Gedanken zu wägen oder abzusperren oder zu regeln. Ich möchte einmal eine politische Naturlehre lesen; die Lehre von den imponderablen, sich immer verwandelnden Stoffen der physischen und sittlichen Bedürfnisse der Gesellschaft und den bewegenden Kräften der *Religion*, der *Wahrheit*, des Rechtsgefühls, der *Gewohnheit*. Das gäbe eine Metapolitik im höhern Stil.

Vgl. Erfahrungsfrüchte I 11.

84. Das Hauskreuz

»Wünschen Sie mir Glück«, rief ein entzückter Höfling in*** einem Bekannten im Vorbeieilen zu, »Königliche Hoheit hat mir das große Hauskreuz verliehen.«

»Also haben Sie doch die Frau nehmen müssen?« antwortete der andre.

85. Recht und Glück
So gewiß jede Ungerechtigkeit ein Unglück ist, ebenso ist das natürliche Recht des Menschen nichts anders als das Recht, glücklich zu sein wie jeder andere. Aber nur *der ist glücklich, der glücklich macht.*

86. Laster
Das nackte Laster ist noch nicht so widerlich als das Laster im Gewand und mit der Maske der Tugend. Jenes ist in seinem Greuel nur einfach, dieses zweifach.

87. Dogmen
Alles was sich der Natur der Dinge und dem Gesetz der Natur widersprechend gegenüberstellt, verunglückt zuletzt. So, wie vielem anderm, erging es auch den Dogmen; sie hatten nur Glaubens*bekenntnisse* zur Folge, aber nicht *Glauben.*

88. Rebellische Wahrheit
Erasmus von Rotterdam wiederholte zur Zeit der Reformation sein: Non amo veritatem seditiosam. Aber wenn die *Lüge herrscht*, wie soll die *Wahrheit* da nicht für eine *Rebellion* gelten?

Vgl. Erfahrungsfrüchte I 98.

89. Langeschläfer
In der vornehmen Welt ist's nun einmal angenommene Sitte, daß man zum rechten Lebensgenuß weniger den Tag als die Nacht liebt, Lampen- und Kerzenlicht dem hellen Sonnenschein vorzieht. Die Großen lieben häufig genug diese Lebensart auch in politischer Hinsicht und gehören geistig zu den Späterwachenden, Spätaufstehenden, wenn die Sonne der Wahrheit längst am Himmel leuchtet.

90. Römische Vaterlandsliebe

Voltaire, in seinem ›Essai sur les mœurs‹, sagt: ›Inmitten ihrer kriegerischen Raubzüge herrschte dennoch bei den Römern Bürgertugend und Vaterlandsliebe bis zur Zeit des Sylla. Diese Liebe des Vaterlandes bestand während vier Jahrhunderten darin, dem gemeinen Wesen alles hinzugeben, was man andern Nationen abgeplündert hatte. – Das ist die bürgerliche Tugend von Räubern. Das Vaterland lieben, heißt andre Menschen morden und ausrauben.‹ –

Die Franzosen hatten während ihrer revolutionären und napoleonischen Kriege auch nicht einmal diese gräßliche Bürgertugend, diese römische Vaterlandsliebe. Sie plünderten auch die übrigen Nationen, aber jeder behielt, soviel er konnte, die Beute von aller Art *für sich selbst*, und das Vaterland mußte sich an der gloire de la grande nation begnügen.

91. Das Talent

Das Talent zum *Gauner* ist auch das Talent zum Sokrates und Franklin; es kömmt darauf an, welche Richtung es empfängt.

Sheridan, als glänzender Parlamentsredner bekannt, Obereinnehmer des Herzogtums Cornwallis, war in seiner Jugend ein lockerer Zeisig, von Schulden geplagt. Einst sprengte einer seiner Gläubiger im St. James Park auf prächtigem Rosse auf ihn an. Sheridan merkte die Absicht des bösen Mahners und schrie entzückt: »In meinem Leben sah ich nichts Schöneres. Ich beschwöre Sie, würden Sie das herrliche Tier verkaufen?« – Hm, warum nicht, wenn's mir gut bezahlt wird. – »Und wie ist's im Trab?« – Vortrefflich. – »Ich bitte, lassen Sie es einmal recht austraben!« – Der Reiter gibt seinem Bucephalus die Sporen, und während er den großen Gang hinuntertrabt, macht sich Freund Sheridan aus dem Staube.

92. Die Briefstellerinnen

Briefe scheinen das einzige Fach der Literatur zu sein, worin die Weiber, und *nur* die Weiber vortrefflich sind. Wir Männer nehmen alles zu schwer. Jeder Brief scheint Bruchstück einer Abhandlung. Liebesbriefe nehm' ich aus; in diesen wird selbst unsere Unbehülflichkeit unser Vorzug. Der Lady Montagu, der Frau von Sevigné und Babette's Briefe sind unübertroffene Muster. Frau von Sevigné ist die lieblichste Schwätzerin, Babette die liebenswürdigste Tändlerin, Lady Montagu die Unterrichtetste, die Geistvollste, kurz die Erste in diesem Kreise. Frau von Stael wäre vielleicht von Natur einnehmend gewesen; aber sie schminkte sich. Grazien dürfen keine Schminke tragen.

Politische Glossen

1. Das Rätsel

Ich habe viele Länder, Städte und Menschen gesehen, habe viel Bücher gelesen, habe mich viel selbst beobachtet und bin endlich zu demselben Resultat gelangt, was König Salomo, oder wer sonst Verfasser seines Predigers sein mag, vor einigen tausend Jahren aussprach: ›Es ist alles eitel!‹ Je länger ich das Lebensrätsel der Menschheit und das Rätsel meines eignen Lebens von allen Seiten betrachte, je mehr wird es zum Rätsel. Ich weiß nicht, *von wannen* ich gekommen bin, *wohin* ich fahren soll, noch sogar *wo* ich bin. Denn obgleich ich so gut sehe und höre wie jeder andere und mir nebenbei auf meinen gesunden Menschenverstand wahrlich nicht weniger zugute tue als jeder andere, dünkt mich doch alles eine lange, ungeheuere *Phantasmagorie*, in der nichts Wahres ist als das Bewußtsein ihrer Unwahrheit.

Zuweilen komm' ich mir in der Welt vor wie der Rüpel oder Tölpel im alten Lustspiel, den jeder betrügt und zum besten hat. Die Sinne belügen mich, ich sehe nur Formen, Farben und Bewegungen der Dinge im Weltall, gebe ihnen Namen und nehme den Schein für das Wesen. Wünsche, Hoffnungen, Berechnungen betrügen mich, selbst meine eignen Handlungen, durch die ich selten das bewirke, was ich eigentlich will. Die Leidenschaften, die Gemütsbewegungen blenden mich, wenn ich am schärfsten zu schauen glaube; eine und dieselbe Sache ist nicht mehr dieselbe, wenn sich Stimmung und Laune in mir ändern. Die Menschen belügen mich und sich. Keiner ist offen und wahrhaft, nein er ist und darf es nicht wohl sein, weil es *keiner* ist. Die einen sind besser, die andern schlechter, als sie scheinen.

Den Wirrwarr aufs höchste zu steigern, sind die meisten Sterblichen: Automaten, vom Wahnsinn in Handlung gesetzt und bewegt. Diesen Wahn und irren Sinn erzeugen nicht bloß Nervenzerrüttung oder Leidenschaften der Liebe, des Hochmutes, des Geizes, sondern Erziehung, Schulunterricht, Schicksal und die ganze Ideen-Erbschaft aus der Vorwelt, die jeder wieder der Nachwelt zuschleppt. Jeder Kopf hat seine fixen Ideen, auch der beste; jeder Geist nistet hienieden in seinem eignen Nest, das er sich, wissentlich oder unwissentlich, aus Vermutungen, Vorurteilen, Aberglauben und Träumereien zusammenflicht. Wie wären die Menschen sonst je auf Götzenbilder und Heiligenbilder, Foltern und Todesstrafen, Stammbäume und Leibeigenschaften, Pyramiden und Klöster, Duelle und Meinungskriege, Bannstrahlen und Bücher-Zensuren, Lotterieen und Prophezeiungen, Vergötterungen und Verteufelungen usw. verfallen?

Die Menschheit schreitet langsam vorwärts, es ist wahr; aber es kostet ihr, wie jedem einzelnen, unglaubliche Mühe, zum gesunden Menschenverstand zu gelangen. Ich habe mir viele Mühe gemacht, ihn zu bekommen, bin aber noch sehr ungewiß, ob ich ihn auch überall ganz rein und gesund habe. Wahn und Irrsinn herrschen unter den europäischen Völkern noch so gewaltig, daß es leibes- und lebensgefährlich wird, gesunden Menschenverstand blicken zu lassen. Es lassen sich in jedem Lande die heiligen Irrtümer, die gesetzlichen Lügen nachweisen, die zu beleidigen daselbst ein Verbrechen wird. Und wenn auch jedermann da weiß, es ist Irrtum, es ist Lüge, bleibt doch jeder dabei und heuchelt einer dem andern. Die Völker sind gute Gewohnheitstiere, hat man sie nur erst einmal recht abgerichtet.

So find ich's unterm Mond hienieden, so in meinem Innern. Wo bin ich also? Ich weiß es wahrlich nicht. Ich gaukle zwischen gaukelnden Täuschungen umher und frage mich fast täglich: Wozu das? Warum das? Wer wird den Schlüssel zum finstern Rätsel des Lebens und der Welt finden? Er soll mein Messias sein. Ich werde schwerlich mein eigener werden.

Im hellen Bewußtsein dieses Zustandes wird er mir zur Qual. Ich fühle mich ein Fremdling in dieser Welt, der gar nicht in sie hinein gehört. Ich vernichte dies Bewußtsein, ich stürze mich mit ganzer Seele in das Meer dieser Täuschungen, nenne sie wahr und recht; und dann erst, wenn ich selber auf dem Kopf stehe, seh' ich, was vorher verkehrt war, aufrecht stehen, und das Leben wird mir wieder erträglich, zuweilen sogar ganz angenehm in dem weiten Irrenhause.

Aber hätte mein eigentliches Ich, mein Geist unter allen diesen Täuschungen, Spiegelfechtereien und Blendwerken nicht irgend etwas Wahres, Festes in sich selber, sein göttliches Vernunftgesetz: er müßte verzweifeln. Aber die heilige Tugend, aber das ewige Recht, sogar der Maßstab der Wahrheit, – sie sind der Trost des Geistes. Und doch gerade durch dies Besitztum wird mir Leben und Welt zum Rätsel. Ich habe ein Maß und Gewicht empfangen, das sich auf Lebenserscheinungen fast nirgends anwenden läßt. Ich muß es, denk' ich, für Welten empfangen haben, die ich noch nicht betreten habe.

2. Das Glück

Ist Glücklichsein das Ziel alles lebendigen Strebens in der Natur, so ist es auch eben deswegen, und nicht bloß in einer entferntern, sondern in der allernächsten Beziehung, das Fortschreiten zum Bessern. Alles Glück ist Fortschreiten. Das Bessere, was wir erreichen wollen, ist nur Ideal; das Ringen dahin macht unsere Seligkeit aus. Im Streben nach einem Genuß, z. B. nach Reichtum, Liebe usw., besteht anerkannt jedesmal der eigentliche Genuß. Ein erreichtes Ziel hat nur insofern Wert, als es uns auf einem augenblicklichen Ruhepunkt Zeit gibt, uns nach einem andern hinzuwenden. Die *Hoffnung* allein blieb in Pandorens Büchse zurück, und es genügt uns an ihr. Sie war nicht das *letzte* von einer Anzahl anderer Güter des Lebens, sondern war und ist der Inbegriff aller. Ein Glück ohne Hoffnung ist undenkbar; und wäre es denkbar, so würde das hoffnungslose Glück so gut eine Hölle sein als der hoffnungslose Schmerz.

3. Verwandlung des Rechts in Vorrecht

Was an und für sich ein bloßes gemeines *Menschenrecht* ist, erschien in der Geschichte der Völker immer, oder fast immer, zuerst als ein Priester-, Fürsten- oder Adelsrecht, das heißt als ein *Vorrecht* Einzelner über die Menschen, so z.B. Befreiung von jeder Art von Knechtschaft, persönliche Selbständigkeit, milde Behandlung in der Gefangenschaft, freier Zug und Durchzug, Abgabenfreiheit usw. Selbst das Eigentumsrecht, durch sogenannte Luxusgesetze in allen übrigen Ständen vernichtet oder beleidigt, blieb nur im Vorrecht ungekränkt. – Der Wahnsinn der Selbstsucht konnte keine Götter aus Menschen machen, darum machte er andere Menschen zu Halbmenschen, Krüppeln und Lasttieren. Die Einführung von Rechtsgleichheit kömmt noch heute vielen Leuten wie Tollhäuslerei vor, und das Menschenrecht nun gar wie ein unzeitiger Spaß.

Man schaue doch nur in vielen unserer zivilisierten Staaten umher, wie da Innungen und Kasten, um ihr Menschenrecht, als ihr Vorrecht, behaupten zu können, alles tun, um die übrigen Menschen nicht zu Menschen werden zu lassen. Unter König Richard II. baten die Gemeinen von England, daß den Leibeigenen ›*zur Ehre aller Freien des Königreichs*‹ untersagt werden möchte, ihre Kinder in die Schule zu schicken, um sie dann im Dienste der Kirche zu befördern.

4. Die Menschenliebe

Es geht der Tugend nicht besser als dem Recht, der Menschenliebe nicht besser als dem Menschenrecht. Die wenigsten Christen verstehen Christum.

Die Menschenliebe wird zu einer *Vorliebe* der Standes-, Glaubens- und Landesgenossen gemacht. ›Er ist nur ein Fremder, ein Neger, ein Jude, ein Ketzer, ein gemeiner Bauer, ein Laie‹ usw. heißt's: Ich mag nichts mit ihm zu schaffen haben; er ist meines Umgangs nicht würdig; so weit geht meine Menschenliebe nicht. – Also ist sie nur auf religiöse oder politische Innungen beschränkt; als wenn nur in einem besondern Stand, in einer besondern Kirche, in einer gewissen Meinungspartei und sonst nirgends eigentliche Menschen lebten; als wenn nicht Gottes Welt das allgemeine Vaterland der Sterblichen, sondern das Vaterland die ganze Gotteswelt wäre. Weltbürger und Weltbürgertum gehört unter Christen noch zu den Schimpfworten.

Fénelon's Wort ist christlich-erhaben: J'aime mieux ma famille que moi même; j'aime mieux ma patrie que ma famille; mais j'aime encore mieux le genre humain que ma patrie. Aber eben, weil Fénelon ein Christ war, kein Kirchenmann, ward er ein Weltbürger, kein Spießbürger.

Vgl. Erfahrungsfrüchte III 55.

5. Luftänderung

»Sie müssen eine kleine Luftänderung machen!« verordnet der Arzt, wenn sein Kranker auch schon in einer Luft lebt, worin tausend andere gesund sind und die ältesten Leute wohnen. Und, merkwürdig genug, in der Regel schlägt die abgeänderte Luftspeise nicht übel an. Ich weiß aber in der Tat nicht, ob die Luft einer Gegend materiell besser oder schlechter gemischt ist, oder ob hier der Aberglaube des Kranken dem Aberglauben des Arztes zur Hülfe kömmt. Ist hier ein Aberglaube, so liegt ihm gewiß eine Wahrheit zum Grunde, die er verdunkelt, indem er sie erklären will.

Gewisse Feldfrüchte, immer und immer in der Erde eines und desselben Ackers erzogen, verschlechtern sich endlich, während andere darin, mit denen man abwechselt, trefflich gedeihen. Den Grund davon vermuten wir, aber kennen ihn nicht. In jedem Fall hat's mit der *Erdveränderung* der Pflanzen ein anderes Bewandtnis als mit der *Luftänderung* der Menschen. Nicht die Luft an sich, sondern die Änderung des Raums in ihr, die neuen Umgebungen und fremden Gestalten und Verhältnisse wirken durchs Gemüt wohltuend auf den Leib ein.

Der Mensch wächst mit der Gegend, in der er von Kindheit an lebt, endlich seelisch vollkommen zusammen. Die Häuser, Straßen, Brunnen, Kirchen, Wiesen und Wälder, die er täglich vor Augen hat, sind mit allen seinen Vorstellungen, Plänen, Erinnerungen und Arbeiten, Genüssen und Mühseligkeiten so eins und dasselbe geworden, daß er, wenn er sie nicht mehr sieht, wie aus seinem Leben herausgerissen, in einem andern zu stehen glaubt. Die Schweizer, denen in ihren Tälern links und rechts an den Bergen alles näher liegt, Felsen, Hütten, Gießbäche, Waldungen, Dörfer – sind daher dem Heimweh leichter unterworfen als die Leute der Ebene, die nicht von solcher Mannigfaltigkeit der Gegenstände umringt sind, an welchen sich ihre mannigfaltigen Erinnerungen emporranken und anlehnen. Der Alpenhirt verliert mit der Heimat zwischen den Gebirgswänden geradezu die Hälfte von sich selbst.

Was der Mensch täglich hat und sieht, wird ihm endlich so bekannt und vertraut, daß er es kaum beachtet; wandert durch seine Landschaft gleichgültig, wie zwischen den wohlbekannten Tapetenwänden seines Wohnzimmers. In eine fremde Gegend versetzt, wird seine Aufmerksamkeit gereizt, seine Neugier in Spannung erhalten. Die Seele gewinnt eine Elastizität, welche wohltuend und verwandelnd auf den ganzen Körper einwirkt. Reisen und Luftänderungen sind wahrhafte Arzneien zur Heilung aller Übel, welche aus Gemütserschlaffung entspringen.

Aber mehr noch, Ortsveränderungen der Menschen sind unter den Erziehungsmitteln eins der wesentlichsten. Eben das Verwachsen unserer Vorstellungen mit den bleibenden Umgebungen macht uns einseitig, einsinnig, starrsinnig in unsern Meinungen. Wie sollen wir da, wo ringsum jede Sache eine Stütze, ein Träger, ein Denkmal von unsern Erinnerungen, Gemütsbewegungen, Vorsätzen und Verrichtungen geworden ist, wo eins und dasselbe immer in ähnlicher Art auf unsere Gemütsstimmung zurückwirkt, in uns selber anders werden? – Schaffet die Außenwelt um und ihr verwandelt den innern Menschen. Wird uns nicht schon beim Eintritt in das Innere eines unbekannten, fremden Tempels zumute, als wären wir in eine andere Religion eingetreten? Reisen machen den Menschen, wenn er nicht schon durch eine fixe Idee fanatisiert ist, umsichtiger, gewandter im Umgang und toleranter.

Der Grund vom schnellern Gang der Zivilisation in *Kolonien* liegt eben in der Beseitigung fast aller derjenigen Vorurteile und Irrtümer, die mit dem Grund und Boden zusammenhingen, auf dem der Mensch erwachsen ist und folglich in Beseitigung von der Mehrzahl der Überlieferungen und abergläubigen Religionsvorstellungen. Neue Ansiedler sind den falschen Begriffen und einseitigen Ansichten des neuen Wohnortes fremd und vergessen hinwieder bald den frühern Aberglauben, der mit allen Örtlichkeiten der ehemaligen Heimat zusammenhing. Daher auch die Fügsamkeit, mit der ausgewanderte Völker sich zu einer neuen Religion und zu Sitten und Gebräuchen fremder Gegenden hinwenden, im Gegensatz [zu] der Beharrlichkeit und Hartnäckigkeit derer, die in ihren ursprünglichen Sitzen geblieben sind.

6. Fabrikwesen und Zivilisation

Es ist wahr, es gehört schon ein *Vorangehen der Zivilisation* dazu in den Völkern, um Wissenschaft, Kunst, Gewerbfleiß bei sich zu erschaffen. Aber es ist ebenso wahr, daß man den Völkern die Zivilisation vermittelst der Wissenschaft, Kunst und Industrie *einimpfen* könne. Sind nicht selbst die *Irokesen* schon gesitteter geworden? Sie haben Schulen, Druckereien, Zeitungen und treiben Gewerbe.

Es gibt gewisse staatswirtschaftliche Vorurteile, die nicht leicht auszurotten sind, wie laut auch Vernunft und Erfahrung dagegen schreien. Sowenig irgend jemand durch Kenntnis, nützliche Beschäftigung und Wohlstand notwendig ein sittenloser, verdorbener Mensch wird, ebensowenig bewirken Wissenschaften, Handelsverkehr, Fabriken und Manufakturen das Sittenverderbnis und den Verfall der Nationen. Rousseau's hypochondrischen Einfall, daß Wissenschaft und Kunst das Unglück der Völker herbeiführen, haben überall Aristokraten und Priester am eifrigsten nachgebetet, um in der Roheit und Unwissenheit der Menge ihre Hoheit, Herrschaft und Gütervermehrung zu behaupten.

Am geläufigsten und liebsten spricht man vom nachteiligen Einfluß der Beschäftigung in den *Fabriken.* Ist denn das Volk in Italien, Portugal, Spanien, in der Wallachei und Türkei, wo keine Fabriken sind, sittlicher und edler als in Deutschland, England, Frankreich? Man erlaube mir zu zweifeln. Ich habe im nördlichen, gewerbreichen Frankreich mehr wahre Gesittung gefunden als im Süden des Landes, in dem fabrizierenden Teil der Schweiz mehr als in demjenigen, der bloß von seiner Alpenwirtschaft zehrt, und unter gebildeten, wohlhabenden Familien mehr Tugend als in unwissenden, ärmlichen.

Schon die größere Lebensdauer der Menschen in gewerbfleißigen Gegenden spricht für einen höhern Grad ihrer Sittlichkeit, für die bei ihnen vorherrschende Mäßigkeit, Reinlichkeit und Zucht. Der bessere Gesundheitszustand in Fabrikländern ist Wirkung besserer Einsicht und Belehrung, Folge größerer Wohlhabenheit, lebhafterer Tätigkeit, ausgewählterer Nahrungsmittel, unschädlicherer Vergnügungen. Es ist urkundlich erwiesen, daß in England und Wales die Sterblichkeit mit der Vermehrung der Fabriken und Manufakturen abgenommen hat. Sie betrug im Jahr 1700 noch im Durchschnitt 1 von 40; im Jahr 1810 aber 1 von 52; im Jahr 1820 nur 1 von 58. – Wäre das Fabrikwesen in einem entgegengesetzten Sinn wirksam, so hätte sich diese Erscheinung wenigstens nicht an *denjenigen* Plätzen zeigen können, in welchen es am höchsten gestiegen ist. Sie zeigte sich aber im Gegenteil noch auffallender als anderswo und besonders im Gegensatz mit den Gegenden, wo nur Landbau und Viehzucht getrieben wird.

Nach Dr. Percival, einem einsichtsvollen Arzte in Manchester, verhielt sich 1770 die Sterblichkeit daselbst wie 1 zu 28; die Bevölkerung hat sich seitdem, bei der Erwerbsmöglichkeit, beinahe vervierfacht und besteht fast ausschließlich aus Fabrikanten und Fabrikarbeitern. Trotzdem ist itzt das Verhältnis der Sterblichkeit wie

1 zu 45. Im Jahr 1750 betrug die Bevölkerung von Lancastershire nur 297040 Seelen; im Jahr 1801 aber 672565 Seelen; im Jahr 1820 sogar 1052859. Hingegen war im Jahr 1801 das Verhältnis der Sterblichkeit wie 1 zu 40; und im Jahr 1820 nur wie 1 zu 55. – In Westmoreland, fast nur von kleinen Eigentümern bevölkert, ohne große Städte, ohne Fabriken, ist die Sterblichkeit nur etwa um 5 Prozent geringer. Die Taufen verhalten sich wie 1 zu 35, Sterbefälle wie 1 zu 58, Heiraten wie 1 zu 164. – In dem gesunden, mit Landwirtschaft beschäftigten Berglande der Steiermark war noch 1812 die Sterblichkeit überhaupt wie 1 zu 34; und gerade in *dem* Teil desselben Landes, in welchem sich die großen Eisenfabriken befinden, finden wir die Sterblichkeit wie 1 zu 42.

Die Tatsache der größern Bildung der Fabrikarbeiter Englands und der Schweiz, wie Deutschlands und Frankreichs, bedarf wohl keines Beweises. Überall findet man da zahlreichere und bessere Unterrichtsanstalten in Städten und Dörfern als in Landwirtschaft treibenden Gegenden, wo die Bevölkerung im allgemeinen auch dünner ist. Engeres Beisammenleben ist an sich schon eins der wirksamsten Mittel gegenseitigen Unterrichts.

Überall, wo Gewerbfleiß und Handel zu Hause waren, war auch die Freiheit zu Hause, und unter Hirten und Ackersleuten der Despotismus, Aristokratie und Priesterherrschaft. Man vergleiche doch nur, um sich davon zu überzeugen, die Geschichte Hollands, Englands, der Vereinigten Staaten mit der Geschichte Polens, der Schweiz, Spaniens usw.

Der Vorteil des Fabrikwesens läßt sich in dieser wie in jeder Hinsicht auf die Verdienste jenes *Mittelstandes* zurückführen, der ihm jederzeit und überall seine Entstehung hauptsächlich zu verdanken hat. Hirtenleben und Ackerbau schaffen im einzelnen Hause und im Staate Herren und Knechte; – Handel und Gewerbe aber schaffen den Bürger, den *Arbeiter im Dienste aller*, der sein eigner Herr bleibt.

7. Pädagogik der Natur

Der fadeste und üppigste von allen Zweigen in der deutschen Literatur ist der pädagogische. Kein Wunder! Viele deutsche Schullehrer, ich weiß es von mehreren selbst, schreiben nur darum ein Buch über ihr Gewerbe, um sich bei ihren höhern Behörden zu künftiger Beförderung bemerkbar zu machen. Daher so viel armselige Kleinigkeitskrämerei, unanwendbare Künstelei und Verkünstelung. Nebenbei ist zu bemerken, daß viele von den berühmtesten Erziehungskünstlern in Deutschland an ihren eigenen Kindern die schlechtesten Kunstproben abgelegt haben.

Jede verständige Mutter, ohne ein pädagogisches Werk zu kennen, kennt den sichersten Gang zur Bildung ihrer Kleinen, ich möchte sagen, durch den *Mutter-Instinkt.* Sie folgt der Natur. Sie schlägt nicht den verkehrten Weg der pädagogischen Tausendkünstler ein, die schon den Verstand der Unmündigen schärfen wollen, ehe er da ist. Er entfaltet sich [zu] seiner Zeit, ohne Anwendung schulgerechter Mittel, ebenso gut als Gedächtnis, Fantasie und Vernunftgesetz. Wer waren denn die Geistesbildner der Wilden, deren scharfer Beobachtungsblick, deren treues Gedächtnis, deren richtiges Urteil ohne Schulmeisterei vorhanden ist.

Wir sind keine Wilden; wir müssen mehr lernen, als die Natur uns lehren kann. Unsere Geister sind die Erben aller Entdeckungen, Erfindungen, Erfahrungen und Erforschungen von den Geistern voriger Jahrtausende; dazu bedürfen wir der *Schule.* Aber auch die Schule soll die *Pädagogik der Natur* beibehalten.

Diese führt den Säugling zum Wahrnehmen, Aufmerken, Beobachten und Unterscheiden. Das ist die Vorbereitung zu den Gedächtnisübungen. Erst nach einigem Sachvorrat im Gedächtnis wird das Sich-Erinnern des Nichtgegenwärtigen möglich. So weit bringen es auch viele Tiere, ja manche sogar bis zum Vergleichen der Gedächtnisvorstellungen und einem dadurch erregten *Instinkt-Urteil*, welches einem *Verstandes-Urteil* oft ziemlich ähnlich sieht. Die Geistestätigkeit, welche wir den

Verstand nennen, entwickelt sich zuletzt, nachdem schon ein Reichtum von Erinnerungen vorhanden ist. Ein Kind hat keinen Verstand oder kann ihn nicht offenbaren, weil es noch zu arm im Gedächtnis ist; und alte Leute, welche das Gedächtnis verloren haben, sind daher wieder Kindern gleich oder kindisch. Mancher Wahnsinn vielleicht ist nur Folge von einer Zerrüttung des Gedächtnisses.

Junge Leute, mit der herrlichsten Verstandeskraft ausgestattet, können die gröbsten Fehlgriffe und Irrtümer begehen, weil ihnen noch Erfahrung fehlt. Ihre Gefühle, die sich erst im Alter des Mannbarwerdens am lebhaftesten erschließen, verwirren und reizen die Tätigkeit des Verstandes gleich sehr an. In dieser Erregung des Verstandes, in jenen Bewegungen des Gemütes, da ihm das *Erfahrene* nicht genügt, schafft sich der Geist aus dem Vorrat seiner Gedächtnisvorstellungen das *Unerfahrene.* Er *dichtet.* Wir nennen diese Wirkungsweise des Geistes Fantasie.

Das Gedächtnis wird und bleibt also die Grundbedingung der größern oder geringern Offenbarung unserer Geisteskraft; denn es liefert der Fantasie wie dem Verstande die Materialien zu dem, was sie bauen und ordnen. Zur Übung und Bereicherung des Gedächtnisses leitet die Natur, als Pädagogin des Menschengeschlechts, am frühesten und am längsten. Es ist unglaublich, wie viel ein zartes Kind in den ersten Jahren erlernt, wenn es zu sprechen beginnt und solange es zum Bezeichnen der Gegenstände noch *Zeichen*, das heißt *Wörter* findet. Die *Kenntnis-Armut* im Volk entsteht nur durch seine *Sprach-Armut.* Würden uns, als Kindern, die Namen aller Steine und Blumen, mit denen wir spielen, der Tiere, der Sterne usw. genannt, die wir beobachten: wir würden einen ungeheuern Reichtum von Kenntnissen haben, ehe wir nur in die Schule gehen.

Tüchtige Schullehrer werden zu ihrem Beruf am besten durch ihre eignen Schüler ausgebildet, die sie beobachten müssen. Die Grundlage ihrer ganzen Ausbildung besteht im Reichtum pädagogischer Erfahrungen. So lernen sie von den Kindern, indem sie dieselben lehren. Da ist gegenseitiger Unterricht. Das ganze Leben ist gegenseitiger Unterricht; wir lernen dabei mehr und leichter als durch den Vortrag des einzelnen. Abwechselung der Lehrer ist so erfrischend und wohltätig als Abwechselung der Lehrgegenstände. Immer der gleiche Mann oder immer die gleiche Sache ermüden uns, und wäre der Mann der gewandteste Redner und die Sache das Interessanteste von der Welt. Auch Kinder fühlen ebensoviel Vergnügen im Lehren als im Lernen. Die Methode des gegenseitigen Unterrichts ist aus der Pädagogik der Natur entlehnt. Wo sie in Schulen verständig eingerichtet ist, verrichtet sie Wunder im Gedächtnisbereichern der Kinder. Das Lehren übt die Verstandeskraft von Kindern und Erwachsenen mehr als das Lernen, ungerechnet das docendo discimus. Und doch sagen die Gegner des wechselseitigen Unterrichts, er sei ein toter Mechanismus, liefere nur Fabrikware. Sie haben die Pädagogik der Natur nicht studiert, sind vielleicht talentlos zu ihrem Beruf, im Schlendrian gedankenlose Lehrmaschinen geworden oder in ihrer künstlichen Methode vorurteilsvoll eingerostet.

8. Höflichkeit

Sir William Groche, Gouverneur von Virginien, erwiderte einmal den Gruß eines Negersklaven und wurde deswegen getadelt. »Es sollte mir sehr leid tun,« antwortete er, »wenn ein Sklave höflicher wäre als ich.« – Gibt es unter allen griechischen Apophthegmen wohl ein schöneres? Und wie lehrreich!

9. Nutzen des Christentums

Der Physiker Robert Boyle, der philosophische Boyle, schrieb ›Betrachtungen über den Nutzen der Experimental-Physik‹ und noch ein besonderes Werk, ›Der christliche Naturalist‹, worin er bewies, daß die Experimental-Physik schon dazu nütze, daß sie den Menschen zum Christentum führt. Ich will ihm das gelten lassen. Aber der Mann ging noch weiter; er empfahl auch das Christentum wegen seines Nutzens und eben darum dringend die Verbreitung desselben. ›Das Christentum‹, sagt er, ›muß notwendig den Indianern gepredigt werden. Es ist eine unserer heiligsten Pflichten. Wenn diese unwissenden Heiden auch nur so viel davon lernen, daß sie einsehen, es sei schicklich, Kleider zu tragen und nicht nackt umherzugehen: so würde das schon außerordentlich zum Vorteil – der englischen Manufakturen gereichen!‹

Ich weiß nicht, soll ich über den wunderlichen Einfall lachen, falls es damit ehrlich gemeint war, oder soll ich ihn bewundern wegen seiner rednerischen Schlauheit? Denn nachdrücklicher und englischer konnte man unmöglich mit Engländern reden, um sie zu Opfern für das Heiligtum der Menschheit zu begeistern.

10. Arabischer Tadel

Der schwerste Tadel, welchen ein Araber über eine andre Nation aussprechen kann, ist: ›Die Männer verstehen nicht zu geben, die Weiber nicht zu versagen.‹

11. Künstlerlob

Der Kirchenvater Lactantius, wenn er von der Verehrung der Götterbilder spricht (Divinae Institutiones II. c. 2.), sagt: ›Könnten diese Götterbilder empfinden und sich bewegen, sie würden den Menschen anbeten, der sie so schön geformt hat.‹ – Ein hohes, poetisches Lob für den Künstler. Lactantius freilich nahm diesen Gedanken in ganz anderm Sinne.

12. Großes Fürstenwerk

Die russische Kaiserin, Katharina II., auf ihrer Reise nach der Krim, legte den Grundstein zur Stadt Ekatherinoslav, und Kaiser Joseph II. fügte den zweiten hinzu.

Als er nach Hause kam, erzählte er: ›Ich habe heut, an einem einzigen Tage, ein hochwichtiges, sonst langwieriges Werk mit der Kaiserin von Rußland abgetan. Sie legte den ersten Stein zu einer Stadt, und ich – – den letzten.‹

13. Er geht in's Wasser

Die schwimmende Bootstadt in Kanton besteht aus 40 000 Barken, auf denen etwa 300 000 Leute wohnen. Zu diesen gehören auch sämtliche Freudenmädchen, bei 40 000, die da wohnen müssen. Die Redensart: ›Er geht in's Wasser!‹ könnte also sehr füglich aus China stammen.

14. Amerika und Europa

A.
Wie aus des weiten Meeres finstern Wogen
Des jungen Tages erste Flamme bricht:
So glänzt aus einer Zeit, mit Nacht umzogen,
Dem fernen Brudervolk Europa's Licht.
E.
Gewiß! – doch wenn sich unsre Brüder
Des vollen Tages freu'n, so – legen wir uns nieder.

15. Schauerliche Antwort

Ein bekehrter Karaibe ward, nachdem er getauft war und das Abendmahl genossen hatte, von seinem priesterlichen Lehrer und Beichtvater dem Bischof vorgestellt, nicht ohne Stolz des Geistlichen auf die Religionskenntnisse, welche der junge Christ erworben hatte. Der Bischof prüfte diesen.

»Wieviel Götter gibt es also?« fragte er.

Der Karaibe antwortete: »Mir ist gesagt worden, nur Einen gebe es. Aber es ist aus mit ihm. Gestern hab' ich ihn gegessen.«

16. Literarisches Kontinentalverbot

Ist es nicht mit dem Preßzwang, mit Zensur und Bücherverbot wie ehemals mit dem napoleonischen Kontinentalverbot? – Die Kaufleute fanden immer Handelswege, und immer fand sich eine oder die andere Macht, die ihnen *Lizenzen* gab. Das Sprüchwort von der Süßigkeit verbotener Früchte sollte die Staatsklugheit um so weniger verachten, da es bekannte Tatsache ist, daß verbotene Schriften, aus Neugier, mehr gelesen werden und tiefer wirken, weil sie aufmerksamer gelesen werden als die erlaubten. Zensierte Zeitungen und Bücher werden, wie die ehemaligen Kaffeesurrogate, als Notbehelf, aber mit Widerwillen, genommen. Es ist unendlich leichter, die Völker zu Leibeigenen als zu Geisteigenen des Staats zu machen.

17. Lebenswert

Die Badekur, sagt ich, hat wenigstens eine gewiß wohltätige Folge, wenn man sich entschließt, die bei derselben angenommene Diät beizubehalten. – »Auf Lebenszeit?« fragte der Fürst. – Ja wohl! – »Mein Gott, was bleibt einem dann noch vom Leben übrig?«

18. Von deutscher Urgeschichte

Die Unterhaltungen mit dem deutschen Sprachforscher, Herrn Radlof, im Emser Bade (1820), waren für mich sehr unterhaltend. Der liebe Mann hatte zwar seine kleinen Wunderlichkeiten und für sein Lieblingsstudium ein wahres Fieber, das kein ›intermittierendes‹ war, aber er hat mich damit angesteckt.

Wörter sind nun einmal die irdische Hülle der Gedanken; und Sprache ist das Kleid, in welchem menschliche Geister einander erscheinen. Herr Radlof gefällt mir zwar nicht, als Schneider in der Geisterwelt; der Zuschnitt, welchen er den Kleidern gibt, ist mir zu eckigt und zu altertümlich, – aber was er von den Geister-Trachten der früheren Europäer gesammelt hat, ist eine sehenswerte Sprach-Garderobe. Nichts ist angenehmer und leichter, als die Finsternis der Urwelt durch das Licht der Etymologie zu erhellen.

Ein alter Kirchenvater, es fällt mir itzt nicht ein, welcher, hat bemerkt, daß 2500 Jahre vor Christi Geburt der Planet Venus Gestalt, Farbe und Laufbahn verändert und damit die ungeheuern Kataklysmen, oder, im biblischen Stil zu reden, die Sündfluten auf Erden, hervorgebracht habe. Es ist mir unbekannt, woher er dies erfahren hat. Aber einem Heiligen muß man auf's Wort glauben. Genug, man kann sich daraus so gut als aus andern astronomischen Hypothesen den Untergang der alten Atlantis, die Palmenüberbleibsel bei Bonn und am baltischen Meere, die ehemaligen Olivenhaine an der Weichsel usw. erklären, wenn man will.

Aber auch, wenn man will, die ersten Völkerwanderungen aus Asien, und zwar den Zug jener 19 Stämme nach Europa 2000 Jahre vor Christi Geburt, von denen indische Geschichtschreiber oder Poeten Meldung tun. Ihre Stammnamen sollen noch in neueren Völkernamen erkennbar sein. Die Unbekanntschaft der europäischen Urvölker mit der indischen Kasteneinrichtung ist kein Einwurf gegen die Verwandtschaft derselben mit Indien. Sondern, ich halt' es mit Herrn Radlof, es ist gerade ein Beweis *dafür*, weil jene Geschichtschreiber bemerken, daß die Auswanderung eben deswegen statt gehabt, weil sich die 19 Stämme die Neuerung des Kastenwesens nicht haben gefallen lassen wollen. Sie waren also emigrierende Liberale. Ich scherze gar nicht. Denn in diesem Augenblick befindet sich Europa in einer ähnlichen Krisis, und die Auswanderer nach Amerika gleichen jenen 19 Stämmen. Die Amerikaner würden dermaleinst, nach Jahrtausenden, sehr Unrecht tun, wenn sie die Nichtvorhandenheit des Adels bei sich als einen Beweis gegen die Abkunft der Väter aus Europa geltend machen wollten.

Daß der deutsche Stamm schon Genosse einer höhern Kultur war, als er sich später rühmen konnte zu sein, ist für einen guten Sprachforscher ziemlich offenbar. Das Wort *Stahl* ist in allen deutschen Mundarten üblich. Die Römer nannten ihn, wie die Griechen, Chalybs. Im Altägyptischen heißt er Stahli; und Clemens von Alexandrien, im zweiten Jahrhundert unserer Zeitrechnung, er, dem die Schätze der alexandrinischen Bibliothek zu Gebote standen, erzählt, die Kunst Eisen zu härten sei im Noricum erfunden. Somit ist es möglich, daß die ägyptischen Pharaonen beim Bau der Pyramiden schon steiermärkisches Eisen gebraucht haben. Was kann folgerechter sein?

Aus der Buchstabenschrift der ältesten Völker läßt sich nicht viel beweisen, doch sieht die Runenschrift der persepolitanischen Keilschrift nicht ganz unähnlich. Runen waren wie Schriftzüge der alten Hetruisken, Skandinavier und Keltiberer. Cäsar erzählt zwar, die Helvetier hätten mit griechischen Buchstaben geschrieben; es waren aber Runen, die mit den griechischen Schriftzeichen Ähnlichkeit besitzen.

Der indische Stamm der Kelten, Celten oder Galen oder Gallier erstreckte sich von Skythien bis Iberien. Der Sprachgebrauch aller Jahrhunderte bis Cäsar beweiset es. Dieser Cäsar brachte zuerst die Benennung *Germanen* in seinen Kommentarien auf, ohne Zweifel aus politischen Absichten. Die Römer glaubten, nachdem Gallien erobert war, sie hätten nun das ganze vielgefürchtete Volk der Kelten unterjocht, welches einst Italien verheert, Rom selber eingeäschert hätte. Cäsar wollte seinen Römern den Trost nicht rauben und sprach ihnen von einem neuen Volke, von Germanen. Er erhielt durch seine Bulletins-Macherei eine siebenzehntägige Ovation, Verlängerung seines Kommandos und Verstärkung seiner Partei gegen Pompejus. Ihn unterstützte Cicero, der Lieb- und Lobredner in seiner Rede de provinciis consularibus. Vor Cäsar braucht kein Schriftsteller das Wort Germanien; und wenn spätere, wie Plinius und Justin, es von frühern Zeiten brauchen, so bedienen sie sich der Beziehungen aus ihrer eigenen Zeit. Cäsar ließ auch sogar, wie uns Sueton verraten hat, ältere Schriftsteller ›emendieren‹, daß heißt verfälschen. So lange er lebte, durfte nicht an der Angabe des mächtigen Mannes gezweifelt werden. Nachdem seine Dynastie aber untergegangen war, kam die Wahrheit an's Licht; daher die Bemerkung von Tacitus: ›Ceterum Germaniae vocabulum *recens et nuper additum.*‹ Übrigens kannte und äußerte schon Aristoteles die richtigen Zustände. Auf dem Kongreß der Völker zu Babylon, den Alexander veranstaltete, fanden sich auch Gesandte aus dem Keltenlande ein. Neuere Schriftsteller schöpften nur aus lateinischen Quellen und beteten dem Cäsar nach. Schöpflin, um dem König Ludwig XV. angenehm zu sein, behauptete in seiner Alsatia illustrata, die Kelten seien nur in Gallien ansässig gewesen; und in seinen Vindiciis geht er im Kelten-Stolz so weit, daß er sich sogar Verfälschungen von Stellen alter Autoren zuschulden kommen ließ, die also, ihm zu Gefallen, noch nach ihrem Tode falsches Zeugnis ablegen müßten. Ich bin human genug, das nicht zu billigen, sowenig als wenn der kindlichgute Radlof im frommen Eifer Adelungs ältere Geschichte der Deutschen ein Pasquill hieß.

Unsere keltischen Vorfahren in Deutschland müssen auch nicht so ganz unzivilisiert gewesen sein, wie man sich wohl mitunter einbildet. Man beruft sich vergebens auf Tacitus, daß sie noch *keine Städte* gehabt hätten. Er sagt ja nur, sie hätten keine Urbes gehabt. Urbs heißt immer nur, was bei uns Residenz, Regierungssitz, und ist mithin nur politisch von oppidum verschieden, was auch eine größere Stadt sein konnte. Nun freilich Regierungssitze hatten die Deutschen auch noch in spätern Zeiten nicht, sondern *Hoflager* und *Tagfahrten.* – Übrigens, wenn Tacitus Germanien beschreibet, hat er seinen Standpunkt am *Niederrhein*, wo er Beamter gewesen sein muß. Das erklärt vieles.

Gewiß hatten die Kelten auch in Germanien Städte, nur hießen sie nicht so. Im Altdeutschen bedeutet *Burg* eine Stadt; daher in alten Übersetzungen die Burg Jerusalem, die Burg Babylon, die Burg Rom. Die ›Bürgte‹, wo man geborgen ist vor feindlicher Gefahr. Sagt nicht Cäsar schon, lange vor Tacitus, daß die Helvetier ihre zwölf

Städte (oppida) verbrannt hätten, als sie nach Gallien auszogen? – Das Wort ›Stadt‹ kam wohl erst mit den bleibenden Regierungssitzen in Brauch und würde dann soviel wie Urbs bei den Römern bedeuten. Denn Stadt kömmt her von Stätte, festem Aufenthalt; im Isländischen Stadr, im Altgotischen Stath, im Altdeutschen Steti usw.

Die Griechen und Römer verstanden kein Deutsch, sonst hätten sie unsern lieben Urvätern nicht so närrische Sachen nachgeredet, z. B. daß sie dem Meere, wenn es überschwemmend vordränge, mit Waffen entgegenrückten und es zurückjagten. (Siehe Posidonius.) Vermutlich hat ihnen ein ehrlicher Norddeutscher erzählt, man halte die Überschwemmungen mit Wehren oder Wuhren (Wehrdämmen) ab. Die Griechen machten den Sprachschnitzer und übersetzten ›Wehren‹ durch Opla oder Waffen. So erzählt auch der Buchstaben-Meister Solinus, die Deutschen im herzynischen Walde trügen im Dunkeln oder nachts *Vögel mit leuchtenden Federn* auf Stangen, bei deren Schein sie alles sehen könnten. Nun ja, *Schleißen* heißen in Bayern und sonst noch die Bärte der Federn, aber auch (z. B. in Franken) *gespaltene Kienholzstücke*, die auch heutigen Tags zum Leuchten, von unsern Landleuten, angezündet werden.

Also bleibt's dabei, die Kelten waren ein indischer Stamm, und die Deutschen waren Kelten. Strabo sagte ausdrücklich, Keltika sei das Land von den Skythen bis zu den Iberern. Aber wie er nachher zu der besondern Länderbeschreibung kam, geriet der gute Mann wirklich in eine Art Verlegenheit oder Unwillen, indem er erfuhr, die Scheidung Galliens vom Keltenlande sei nur eine politische, ganz willkürliche. Er meint, etwas ironisch, man habe wohl daran getan, die Völker am rechten Rheinufer Germane (lat. Brüder) zu nennen, denn sie seien allerdings in Körperbau, Sprache, Sitten und Lebensart den Bewohnern Galliens so ähnlich wie *Brüder*. Hätten sich Cäsar oder Strabo bei meinem lieben Radlof Rats erholen können, so würden sie den Namen nicht für einen lateinischen gehalten haben, sondern für einen deutschen und ihn *Wehrmannen*, Wehr- oder Kriegsmänner (franz. guerre), ausgesprochen haben.

19. Das Staatsschiff

Den Staat mit einem Schiffe zu vergleichen ist eine gemeine, bildliche Redensart. Ein katholischer Kanzelredner in Italien benützte dieselbe aber gar weislich, die Oberherrlichkeit der geistlichen Macht über die weltliche in's Licht zu stellen. »Ja«, sagte er, »meine Christen, der Staat ist allerdings ein Schiff; der Fürst ist der Hauptmann desselben, das Ministerium der Steuermann, die Passagiers sind der Adel, die Ruderknechte sind das Heer, das Volk ist der Ballast, – die Kirche aber ist das über alle zum Himmel emporsteigende Masten- und Segelwerk, und das Kreuz strahlt droben den Wolken nahe. Was ist das Schiff ohne Segel und Masten? Ein Spiel der Stürme ist's, dem Untergang geweiht.«

Wohl schwerlich nahm der Redner die Durchführung dieses Bildes aus der Bibel, vielleicht eher aus dem Verse des Tasso:

E nell vescillo *imperiale* e grande
La triomfante *croce* al cielo ti pande.

20. Politisches Wetterläuten

Mit den Wolken am politischen Horizont halten es unsere Staatsmänner wie die dummen Bauern mit denen am physischen. Sie glauben sie mit Wetterläuten zu bannen. Aber es ist bei jenen damit so wenig getan wie bei diesen; und vielleicht haben beide Wolkenarten miteinander gemein, daß sie sich bälder unter Kanonendonner zerstreuen und auf Metallspitzen entladen.

Vgl. Erfahrungsfrüchte I 17.

21. Versprechen ist nicht Geben

»Je vous *promets* 100 000 L. de rente«, sagte Herr Ouvrard zu dem Grafen von Rochechouard, dem er seine

Tochter gab. »C'est trop!« meinte dieser mit schmeichelndem Tone, indem er sich halb verneigte: »Ne me *donnez* pas tant, je suis content de 50000.« – Aber Herr Ouvrard behauptete: »Non, non, je vous les *promets*!« Und der Graf, der immer das promettre in sein donnez übersetzte, wiederholte: »Vous me *donnez* trop.« So warfen sie sich einander ihr bedeutungsvolles je promets und vous donnez so lange komplimentierend zu, bis die anwesenden Zeugen in ein Gelächter ausbrachen. – Eine solche Szene, die sich im Leben oft spielt, wäre kein übler Zug für die Komödie.

22. Erziehung

Europäer lesen mit Erstaunen und Unwillen von jenen Wilden, welche den Köpfen der Kinder, gleich nach deren Geburt, irgendeine Form anpressen, die ihnen schön deucht. Und die Europäer? Sie werden weder unwillig noch erstaunt, wenn sie es mit ihren eigenen Kindern ebenso oder noch ärger machen.

Einen Kinderschädel, solang er noch weich ist, in eine beliebige Form pressen – oder dem Denkvermögen, solang es noch schwach ist, beliebige Vorstellungen, gefällige Irrtümer, fromme Märchen aufzwingen, die nachher zu Überzeugungen verknörpeln sollen, – das unterscheidet sich doch nur, doch eben nicht zugunsten der Europäer, durch den mehr oder minder edeln Stoff, der so gemißhandelt wird. Es hat mir wahrlich weit größere Mühe gekostet, die mir zeitig beigebrachten Unrichtigkeiten wieder zu verlernen, als das Richtige zu lernen. Und vielen Tausenden ging's vermutlich nicht besser als mir. Manche sind zum Verlernen zu bequem, spinnen aus dem empfangenen Vorrat falscher Begriffe ganz konsequent neue Irrtümer hervor und werden in ihrem ganzen Leben nicht über ihr Leben klar. Andere spinnen an ihre Unwahrheiten Wahrheiten an, so gut sie können, und sind ewig in sich entzweite Menschen.

Den moralischen Menschen verdirbt die *Welt*, den intellektuellen verschraubt die *Schule*. Und wenn auch zuweilen der erstern ihr Werk mißlingt, doch selten mißlingt's der andern. Wir haben dann wohl gute und schlechte Menschen; aber jene, wie diese, bleiben doch immer verschrobene.

23. Gefühl und Verstand

Enthusiasmus ist der Jesuitismus des Gefühls und nicht viel besser als der Jesuitismus des Verstandes. Beide betrügen zuletzt sich und andere; für beide heiligt der Zweck die Mittel, ob nun der Zweck gut oder böse sei, darauf kömmt hier eigentlich nichts an.

In der Chemie lacht man über die Kunst, aus Blei oder Urin Gold zu machen. Warum lacht man nicht, wenn der Enthusiast, wie der vielkluge Politiker, gedenkt, aus *Schlechtem Gutes* zu machen? Die moralische wie die politische Alchemie sind zwar heutiges Tages nicht immer eine so brotlose, doch aber ebenso sinn- und verdienstlose Kunst als jene alte Goldmacherei.

Vgl. Erfahrungsfrüchte II 13.

24. Revolution und Restauration

Revolutionen, ich verstehe aber darunter keine Hofrevolutionen, sondern gewalttätige Abänderungen der Staatseinrichtungen, haben in keinem Fall einen Wert an und für sich, oder doch nur ein negatives Verdienst. Dies besteht in dem ihnen mit Recht zum Vorwurf gemachten größern Hang zum Zerstören als zum Aufbauen. Die Restaurationen sind offenbar eben darum der regelmäßige Ausgang der Revolutionen, weil diejenigen, die sich der letztern bemächtigen, nicht mit jenem negativen Verdienst zufrieden, sich ein positives durch Schöpfung neuer Einrichtungen erwerben wollen.

Die Restauration der alten Fehler und Mißbräuche ist nur die Vorgängerin einer zweiten Revolution, weil sich die alten Vorurteile und Gewohnheiten, auf denen jene einst beruhten, ebensowenig wiederherstellen lassen, als sich die vom Volk einmal gemachte Erfahrung von seiner Stärke vernichten läßt.

Die Vergänglichkeit der meisten Wirkungen einer Revolution rührt daher, daß sie, wenigstens großenteils, vielmehr Frucht der Leidenschaften als der Überzeugungen ihrer eignen Urheber oder Gönner sind. Die Geschichte zeigt, wie viele Wortführer bei Staatsumwälzungen in ihrem Herzen Sklaven der nämlichen Vorurteile waren und blieben, gegen die sie zu Felde zogen. So in England und so in Frankreich. Man denke nur an Cromwell und seinen dem altköniglichen Hofstaat nachgeäfften Prunk, an seine Ritterschläge, an seine Einzüge in die City usw. Oder an Bonaparte und sein aufgenistetes Kaisertum, und auch früher schon unter dem *Direktorium* die Hinneigung zu den Moden und Lastern der alten Aristokratie.

Die Proklamation der Republik in England, wie in Frankreich, war ein überspannter Einfall, den Verzweiflung und Haß des Volks gegen das erlittene Unrecht gebar. Die Leute wußten nicht, was die Republik war; wußten nicht, daß in einem großen Reiche doch immer nur wenige die öffentlichen Angelegenheiten besorgen können, und nur in einem kleinen Gemeinwesen möglich ist, jedem Anteil dabei zu geben; wußten nicht, daß es nicht der Thron, sondern die ungebundene Gewalt auf demselben sei, welche, von einem Unwürdigen gemißbraucht, das National-Elend geschaffen hatte. So führte die Natur der Dinge, die Ausgedehntheit des Reichs, der dunkle Instinkt des Volks in England wie in Frankreich die Restauration herbei.

Bei allen wesentlichen Verbesserungen des Staatsgebildes, durch welche sich eine Restauration allein haltbar macht, kann es nicht fehlen, daß Selbstsucht, Eitelkeit und Geistesbeschränktheit, oder alte eingewurzelte, nur auf einige Zeit zum Schweigen gebrachte Gewohnheit, auch gewisse Schnörkeleien nebenbei wieder zurückführen, die, wenn sie auch selbst kein Unglück sind, doch an das Unglück der Zeiten erinnern, welche der Revolution vorangegangen sind. Daher Fortdauer des Argwohns, des Gärens, der Unzufriedenheit auch geraume Zeit nach Wiederherstellung einer festen Ordnung.

Nur *Revolutionen der Meinungen* sind die allein bleibenden. Bei ihnen findet keine Restauration statt. *Abgestorbene* Vorurteile und Gewohnheiten lassen sich nicht wiederherstellen; aber die bloß gewaltsam *zertretenen* haben noch Leben und leben von selbst wieder auf. Mit wie untertäniger Freude nahmen nicht die meisten Mitglieder des Langen Parlaments, selbst Sprecher desselben wie Whitelocke u. a. m., die Sitze in Cromwells Other House oder die alten französischen Jakobiner, wie Fouché u. a. m., Neys Großkreuze und Großwürden an! – Ein Glück für die Amerikaner, daß nicht alteuropäische große Männer, sondern große Männer von neuer Art, Franklin, Washington etc., an ihrer Spitze standen; der alteuropäische Sauerteig des Cincinnatusordens hätte übel gewirkt.

Jene Gattung von Republikanern, die aus dem eben aufgewühlten Misthaufen alter Mißbräuche hervorkriecht, besteht nur aus Larven, die bald genug, wie ihre Vorgänger, als Schmetterlinge im Sonnenschein der Macht umherflattern. Ihre natürliche Richtung war immer dieselbe; und nur ein äußerer Zufall gab ihnen für den Augenblick irgendeine andere. Sie waren, was die Inschriften der Kaffeehäuser von Paris in der Schrekkenszeit: Ici on se honore du titre de citoyen et on se tutoie. Fermez la porte, s'il vous plait.

Die Zeit, da es in den Köpfen einer Nation, durch öffentlichen Unterricht, Handel und Gewerbfleiß, lichter wird, ist weit revolutionärer als diejenige, in welcher die sich mit Legitimität brüstenden Mißbräuche fallen. Ihr Fall ist nur Folge von jenem Lichtwerden.

Jede Restauration, die ihren Triumph durch Reaktionen unterstützt, baut ihren Tanzsaal auf dem Eise eines zugefrornen See's. Eine Veränderung des Wetters, das Eis bricht, der Tanzsaal ist verschlungen und die Wellen der Revolution schlagen wieder über ihn zusammen.

Lassen sich Revolutionen mit Krankheiten vergleichen, so ist, den neuesten Erfahrungen zufolge, gewiß, daß die Staatsheilkunde noch in ihrer Wiege liegt. In der Politik hat es bisher nur immer Symptomen-Ärzte gegeben, Leute, die in den Zeichen des Übels das Übel und die Krämpfe des Staats zu heilen meinen, wenn sie die zuckenden Glieder zusammenschnüren. Die Folgen entsprechen dann auch der Behandlung. Statt der eigentlichen Krankheit werden nur ihre einzelnen Paroxismen unterdrückt, die dann immer schneller und bösartiger wiederkehren. Und wer mag es dem Kranken verdenken, wenn er zuletzt den Arzt selbst für seine Krankheit hält?

Wie Masaniello's Aufstand in Neapel beginnen alle Revolutionen in monarchischen Staaten mit dem Rufe: Vive le roi! meure le mauvais gouvernement! Ein Beweis, daß jedes Volk sich ganz instinktmäßig der großen Wahrheit bewußt ist, nicht Regierungs-Formen, sondern *Grundsätze der Regierung* machen des Volkes Heil oder Unheil. Und wie kam es, daß sich noch immer jenes Feldgeschrei der bewegten Menge oft plötzlich in ein ganz entgegengesetztes zu ändern pflegte; daß man in Frankreich bald nachher: Vive la nation! und endlich sogar: Vive la république! – oder in Spanien: Es lebe die Verfassung! rief? – Wie anders, als weil gerade die, denen an strenger Unterscheidung von Regierungsformen und Regierungsgrundsätzen gelegen sein sollte, alles tun, dem Volke den verderblichen Irrtum unterzuschieben, als sei nur in der *Form* Heil oder Fluch des bürgerlichen Lebens zu erblicken. Und freilich, das ist ursprünglich die schwerste Schuld von den Dienern der höchsten Gewalt, die dem Throne nahestehen, daß sie alle ihre Mißbräuche so innig an den Thron zu knüpfen wissen, daß sie endlich für wirkliche Bestandteile desselben angesehen werden, nicht nur vom großen Haufen, sondern vom Inhaber des Thrones selber.

25. Gefahr politischer Abstraktionen

Was ist der *Staat*? Ein abstrakter Begriff, der den meisten Menschen, Fürsten wie Völkern, unklar ist und häufig zu lächerlichen Mißdeutungen Anlaß gibt. Der Staat ist der Stand des Volkes, als einer moralischen Person, zu andern Völkern. Darum nennen sich ganz sprachrichtig die freien Schweizerrepubliken noch heut gut altdeutsch nicht der Staat Zürich, der Staat Bern usw., sondern der Stand Bern, der Stand Zürich. – Der Staat verhält sich zum Volke wie die Kirche zur Religion, wie die Form zum Inhalt. Es gibt sowenig einen Staat ohne Volk als eine Kirche ohne Religion; wohl aber können Völker bestehen ohne eignen Staat, wie nomadische Wilde, wie Zigeuner und das Volk der Juden, und Religionen ohne Kirchentum.

Was Ludwig XIV. in seiner königlichen Unverständigkeit sagte und mancher andere Fürst, wenn auch nicht gesagt, doch im stillen gedacht hat: L'état, c'est moi! ist ein Beweis, daß der Staat, wie für viele Große, so auch für ihre Untertanen, als eine bekannte Größe vorhanden ist.

Wenn solche politische Abstraktionen zum höchsten Gipfel der Absurdität getrieben sind, können sie zuweilen auf eine gefährliche Weise umschlagen. So sagte zuletzt auch anfangs der Revolution zu Paris der tièrs état von sich: L'état, c'est moi! Wie würde sich Ludwig XIV. gewundert haben, hätte ihm das Volk dies gesagt.

Naiv genug drückte dies der Vogt einer baden'schen Dorfschaft, Ebersteinburg, ein Deputierter zur Kammer von 1825, und der folglich von jedem Oppositions-, geschweige Revolutions-Gedanken himmelweit entfernt war, in einem belehrenden Gespräch in der Dorfschenke, seinen versammelten Mitbürgern folgendermaßen aus: »Jetzt heißt's, die Monarchie soll die Standesherren entschädigen und zahlen. Ich frage also: Wer ist die Monarchie? – *Wir*, wir sind die Monarchie, denn *wir*, wir müssen zahlen.« – Seine Meinung war nicht so ganz ohne Sinn. Wenn die Monarchie wirklich das ist, was da zahlt: so sind die Zahlenden wirklich die Monarchie.

Die Regierungskunst wird durch politische Abstraktionen zu einer Art *Staats-Algebra*, so, daß man glauben sollte, in der Politik mit den angegebenen Größen umspringen zu können wie in der Mathematik mit ihren Zeichen. Würde mancher Fürst oder Premierminister zuweilen selbst nachschauen, wie Harun-al-Raschid in ›Tausend und einer Nacht‹, es sollte mich wundern, wenn er nicht vieles ganz anders fände als in den Rubriken und Zahlen der eingelaufenen General- und Spezial-Tabellen, worinnen Bedürfnisse und Kräfte des Landes mit einem leichten Blick zu übersehen sind. Aber wohl mehr als ein Geschäftsmann fährt an seinem Schreibtisch mit ebenso geringer Mühe über alle Schwierigkeiten hinweg wie der Pater Joseph auf der Landkarte über den Rhein. Und man könnte dem Staatsmann mit Fug und Recht bei seinen Tabellen zurufen, was Bernhard von Weimar dem Gehülfen des französischen Kriegsministers: »Herr Pater, Ihr Finger aber ist keine Brücke!«

26. Die Gewalt

Was irgend immer auf Gewalt beruht, stützt sich auf die *schwächste* und *unzuverlässigste* aller Grundlagen. Vielen verständigen Männern scheint dies unglaublich, wie ein Widerspruch, und doch belehrt uns die Geschichte von der Wahrheit.

Denn jede Gewalt ist in sich selber unbeständig, weil sie, was sie ist, nur durch die Umstände ist und mit ihnen wird und vergeht. Auch die größte kann nicht dem Schicksal gebieten, sondern gehorcht ihm. Wie ging es der unüberwindlichen Armada Philipps II. oder der großen Armee mit dem größten Feldherrn an ihrer Spitze im russischen Winter? Oder was ward aus der batavischen, ligurischen, cisalpinischen, helvetischen und aus anderen Republiken, die auf dem gebrechlichen Grund und Boden der Gewalt beruhten, der sie über Nacht hervorgetrieben hatte. Sie verschwanden mit dem Boden.

Es liegt in der Natur der Gewalt und Gewaltsamkeit, sich selbst aufzureiben und nicht eher zu ruhen, bis sie es getan. So reibt sich der Ungestüm aller Revolutionen auf, wird er nicht von Reaktionen neu geweckt. Mit ihm vergehen auch alle revolutionären Schöpfungen von selbst.

Sogar da, wo die Gewalt am passendsten scheint, wo sie bis zu einem gewissen Grade schlechterdings unentbehrlich ist, im Kriege, bewährt sich der Satz. Die Weltstürmer flogen wie Fremdlinge über die Bühne der Welt, zu der sie nicht zu gehören schienen, und waren sie vorüber, setzte man das Stück fort, wo sie es störend unterbrochen hatten. Alle zersplitterten ihre Kraft an ihrem eigenen Werke oder an dem geduldigern, besonnenern Heldenmut, der sich auch schlagen läßt, aber nie besiegen. So unterlag Hannibal dem Zauderer Fabius, Karl XII. seinem eignen Schüler, der nach mancher sauern Lehrstunde endlich in den Feldern von Poltawa die Prüfung bestand. Englands Ungestüm und die rohe Kampfgier seiner von deutschen Landesvätern gekauften Kriegsknechte erlahmten an der Ruhe des Helden Washington, den jedes Unglück traf und keines entmutigte. Ludwigs XIV. Kriegsglück wich dem kaltblütigen Oranier, der jedes Schlachtfeld räumen mußte, um nach einigen Wochen sich wieder auf jedem einzufinden. Alexander wie Napoleon unterlagen, samt allen ihren Werken, dem Lose ihrer wie jeder Gewalt und lebten kaum so lange, als sie atmeten.

27. Landesvormundschaft

Regenten, weil man sie *Landesväter* nennt, sind auch gern Erzieher ihrer *Landeskinder*, um ihnen Glück und Wohlstand zu verschaffen. Sie meinen es gut, stellen es aber oft linkisch an. Die einfachste und natürlichste Regentenmaxime ist offenbar auch die beste: Lasset die Untertanen soviel lernen als möglich, damit sie sich selber helfen können; dann gebet ihnen Hand und Fuß frei, daß sie sich durch eigne Kraft helfen, und räumet nur die Hindernisse aus dem Wege, die sie selber nicht hinwegräumen können! So stieg England aus der ehemaligen Bedeutungslosigkeit über Europa, so Nordamerika aus der Einöde blühend und glänzend empor.

Es ist wahre Verkehrtheit, *das* durch die Knechtschaft erzwingen zu wollen, was man doch überall nur als Frucht größerer Freiheit erscheinen sieht; daß man Völker immerwährend bevormundet, ihnen den Gebrauch des eignen Verstandes erschwert und doch von solchen ewigen Kindern und Unmündigen männliche Werke erwartet.

Das System der *Staatsvormundschaft* unterscheidet sich vom System des *absoluten Zentralisierens* zugunsten der Staatsgewalt, oder des Landesvaters, wie ein dummer Streich von einem schlechten, – durch die bessere Absicht. Im System der Bevormundung ist Herrschaft und Knechtschaft ein Beförderungsmittel des allgemeinen Glücks, oder wird doch dafür angesehen; im Sinne des Zentralisierens wird die Herrscherei in allem und jedem nur für das Interesse ihres Besitzers behauptet. In jenem ist sie ein falsches *Mittel*, in diesem ein schlechter *Zweck*. In dem verschiednen Charakter der Anhänger des einen oder andern Systemes liegt dieser Unterschied sehr klar zutage. Friedrich II., Joseph II. und die Bernstorffe bevormundeten die Völker und glaubten, es dieser willen tun zu müssen. Richelieu, Ludwig XIV. und die ganze knechtische Herde ihrer Nachahmer zentralisierten alle Kräfte, alle Genüsse der Gesellschaft in sich, nicht um ihren Pflichten, sondern um ihren durstigen Begierden genug zu tun.

Das Fabrik- und Handlungswesen, welches zu seinem Aufkommen am meisten der Freiheit bedarf, bot gewöhnlich den meisten Anlaß, daß sich die Regierungen zwingend einmischten. Sie hielten es nicht nur für nützlich, sondern im ganzen Ernst für Pflicht, durch Befehlen und Verbieten Kunstfleiß und Verkehr zu leiten. So verschwisterte sich zuletzt mit dieser Voraussetzung der jesuitische Grundsatz von der Heiligung des Mittels durch den Zweck.

Der Herr v. Justi war zu seiner Zeit ein gutdenkender, einsichtsvoller Mann, der ein gewichtiges Ansehen genoß. Und welche Vorschläge machte er, um bei Anlegung von Wollenmanufakturen dem Mangel feiner Spinnerei abzuhelfen? – Er meinte: die Regierung solle jede ledige Weibsperson, die sich selbst ernährt, jährlich 2–3 Taler Abgabe zahlen lassen und sie von derselben nur unter der Bedingung befreien, wenn sie beweisen kann, jährlich eine gewisse Anzahl Pfund Wolle für die Manufakturen gesponnen zu haben. Diese Auflage könne auch auf die erwachsenen Töchter der Handwerker, Taglöhner und anderer gemeiner Leute ausgedehnt werden*. – Zur folgerichtigen Vollendung dieser landesvormundschaftlichen Maßregel fehlt nur noch, daß die Auflage, wenn sie weder gesponnen, noch gezahlt, in eine angemessene Anzahl Stockschläge verwandelt werden könnte. Dann wäre der Staat, der ohnehin für gemeine Leute selten ein Paradies zu sein pflegt, für das weibliche Geschlecht zu einem großen Spinnhaus geworden. – Herr v. Justi war, wie gesagt, durch Kenntnisse, wie durch Absichten, in seinem Fache ein ehrenwerter Mann seiner Zeit.

Bei Eßlingen gab es vor mehreren Jahren Weinberge in sehr ungünstiger Lage, die nur ein geringes Quantum des schlechtesten Weines lieferten. Die Besitzer wünschten daher die Reben auszurotten und mit größerem Vorteil Getreide anzubauen. Die Regierung untersagte ihnen aber die bessere Benutzung ihres Eigentums, weil der Weinzehnte in dieser Gegend der fürstlichen Kammer, der Getreidezehnte aber andern Berechtigten gehörte. Jahrelang dauerten die Bitten und Abweisungen derselben, bis die Eigentümer voller Verzweiflung in einer Nacht in ihre eigenen Besitzungen einbrachen und ihre Reben niederhieben. Die Nachforschungen nach den Tätern blieben glücklicherweise ohne Erfolg, und mit dem Gegenstand nahm auch die merkwürdige Verhandlung ein Ende. Aber um es dahin zu bringen und ihr Eigentum besser benutzen zu können, hatten die Besitzer – das *Zuchthaus* wagen müssen.

---

* *v. Justi, Abhandlung von den Manufakturen und Fabriken. 3. Auflage 1789. II 17.*

Öffnet den Untertanen nur Schulen und gebt ihnen zu ihren Kenntnissen freie Hände: so werden sie sich am besten zu helfen wissen. Das größte Unglück aber ist, wenn die Untertanen mehr verstehen als ihre Landesvormünder und diese sich dennoch, wie gewöhnlich, einbilden, alle Weisheit inne zu haben, weil Gott ihnen das Amt gab. Dann wollen sich diese Staatsmänner von Unmöglichkeiten zu Unmöglichkeiten emporkämpfen und gebieten aus Unwissenheit Albernheiten.

In einem kaiserlichen Befehl vom Jahr 1654 wurde der *Indigo*, neben andern ebenso unschuldigen Färbestoffen, eine Teufelsfarbe genannt; schon Ende des XVI. Jahrhunderts war der Gebrauch desselben im deutschen Reiche verboten, bei Strafe an Gut und Ehre. In dem den halberstädtischen Bergwerken erteilten Freibriefe wird der Indigo zu den Mineralien gezählt, auf welchen den Gewerken zu bauen gnädigst *erlaubt* wird. Sachsen, um seine Waidproduktion zu sichern, verbot ihn bei Leibesstrafe, und noch bis gegen das Ende des letzten Jahrhunderts mußten die Färber in Nürnberg alljährlich schwören, keinen Indigo zu gebrauchen, den sie doch nicht entbehren konnten. So ward er in der Tat eine *Teufelsfarbe*, weil seinetwillen eine ganze Zunft alle Jahre meineidig werden mußte. So wurde der *Hopfen*-Gebrauch, der erst im Anfang des XVI. Jahrhunderts bei den Engländern aufkam, lange Zeit für eine Verfälschung des Biers gehalten und verboten.

Komischer noch ist das Los des *Tabaks* unter der Sorgfalt der Landesvormünder gewesen. Befehle, Edikte, Auflagen, Bannbullen usw. eiferten gegen den Gebrauch desselben. Es war umsonst. Jakob I. schrieb in England bekanntlich ein Buch gegen ihn im Jahr 1619. In Konstantinopel stieß man, im Anfang des XVII. Jahrhunderts, auf gut türkisch, dem Tabaksraucher eine Pfeife durch die Nase und führte ihn so durch die Gassen herum. In Rußland war das Rauchen im Jahre 1634 bei Strafe des Aufreißens der Nase verboten. Papst Urban tat 1642 die in Bann, die in der Kirche eine Prise nahmen. Bern setzte im Jahr 1661 das Verbot des Tabaksrauchens in die Rubrik des Ehebrechens. Endlich schnupfte selbst der Papst, rauchte selbst der König und Bürgermeister. Innocenz XII. tat zuletzt nur die in Bann, welche in der St. Peterskirche rauchen würden; aber Benedict XIII., der selber stark schnupfte, hob auch diesen Bann auf; und 1753 betrug die Einnahme von Portugal, Spanien, Dänemark, Österreich, Neapel und Frankreich vom Tabaksmonopol und andern Tabaks-Gefällen schon weit über 18 Millionen Taler.

Das Kolonisationswesen in manchen europäischen Staaten, wobei Fremde durch Vorteile und Wohltaten ins Land gezogen wurden, war eine in der besten Absicht betriebene Künstelei, die Volksmenge zu vergrößern. Selbst Friedrich II. widmete diesem Gegenstande große Opfer und einen großen Teil seiner Regierungssorgen.

Demungeachtet sah sich ein sehr verdienter und in höhern Stellen mit dem Koloniewesen lange beschäftigt gewesener preußischer Staatsmann, Herr v. Lamotte, genötigt, in einem darüber abgelegten kameralistischen Glaubensbekenntnis einzugestehen: es gebe *zwei Arten von Kolonisten*. Die einen, durch Gewaltstreiche unverständiger Regierungen aus ihrem Vaterlande vertrieben, bedürften zum Einwandern in ein fremdes Land keiner andern Aussicht, als der auf Gewissensfreiheit und Sicherheit des Eigentums. Diese Bewandtnis habe es mit der unter dem Großen Kurfürsten gegründeten französischen Kolonie und mit den Pfälzern, Böhmen und Salzburgern unter seinen Nachfolgern gehabt; und solche Kolonien wären, durch Zuwachs an Menschen, durch Belebung des Gewerbes und Veredlung und Verfeinerung der Sitten, der Segen des Landes. – Die andere Klasse der Kolonisten, die, gleich der, unter Friedrich II. in die preußischen Staaten durch vorgespielte Vorteile gelockt und geworben sind, bestehen größtenteils nur aus ärmeren, unwissenden, lüderlichen, trägen oder unruhigen Menschen, dem Staate mehr schädlich als nützlich, ganz geeignet, die bessern Gesinnungen und Sitten der alten Einwohner zu verschlimmern.

Die Landesbevormundung greift ebenso gebieterisch in die Geschlechtsverhältnisse ein; will bald Beförderung des Kinderzeugens, bald Verhütung desselben, je nachdem man die zahlreichere Menschenherde verbrauchen zu können oder fürchten zu müssen meint. Dort gibt ein unzüchtiger Hof der Sittenlosigkeit freies Spiel; es kömmt darauf an, viel Menschen im Lande zu haben, und der Marschall von Sachsen tröstet sich, beim Anblick eines leichenvollen Schlachtfeldes, mit dem Gedanken, daß die Freuden einer Nacht zu Paris den ganzen Verlust ersetzen. – Hier, wie ehemals in Bayern, will man die Menge der Armen vermindern, indem man ihnen das Heiraten erschwert oder untersagt, und vermehrt dadurch mit der Menge unehelicher Kinder die Verarmung des Volks, besonders wenn die Heiratsbewilligungen noch zur Finanzspekulation erhoben werden, wie unter dem Kurfürsten Karl Theodor von Bayern, wo sie im Jahr 1788 noch über 30 000 Florin eintrugen. Andere bauen Kasernen, militärische Klöster, deren Bewohner, ohne das Gelübde der Keuschheit, zur Ehelosigkeit verpflichtet werden, sich aber durch Ehebruch und Verführung der Unschuld entschädigen können. Andere Landesvormünder nehmen nicht nur die Dienste ihrer höhern Staatsbeamten, sondern auch deren Lebensverhältnisse in Anspruch und unter ihre Obhut. Diese bedürfen der Erlaubnis zu ihrer Vermählung ebensowohl als zu einer Entfernung von ihrem Posten. Sie sind die obern Staatssklaven; warum sollten sie den Tieferstehenden größere Freiheit gönnen? Das sind die Wirkungen der Staatskünstelei und Volksbevogtung.

Eigentlich sollte das Vormundschaftswesen nur der Kirche zustehn, welche Könige und Nationen, ihre religiösen Ideen betreffend, beständig wie Unmündige behandelt hat. Es war ganz in der Ordnung, ganz den kindlichen Begriffen mittelalterlicher Barbarei Roms angemessen, als in dem französischen *Sacrilège-Gesetz* vom Jahr 1825 sogar Strafen gegen den Déicidé, den *Gottesmörder*, verhängt wurden. Die Priesterschaft mußte die Polizeimaßregeln in einem Lande verschärfen helfen, als ja der liebe Gott selbst seines Lebens nicht mehr sicher war.

Aber ohne Scherz! Weder geistliche noch weltliche Schulmeister können mehr leisten als Kindern *Unterricht* erteilen; wollen sie mehr, wollen sie Kinder erziehn, so *dressieren* sie sie nur. Das Leben im Hause und auf der Gasse macht die Erziehung; und von den Alten soll dabei nur mit Warnung und Strafe Unheil und Böses abgehalten werden.

Ebensowenig kann man *Nationen erziehn*, allenfalls *dressieren*, wie Lycurgus die Spartaner. Das Schicksal macht die Erziehung der Völker, und durch Unterricht werden sie dafür empfänglicher. Der Gesetzgeber soll durch Warnung und Strafe die Hindernisse der Nationalbildung und Kraftentfaltung andeuten und entfernen.

Ich habe nichts dagegen, daß Eltern ihre Kleinen auf zwei Füßen stehn und gehn und auch sprechen lehren. Das ist in der Natur der Dinge; was naturgemäß, das ist auch vernunftgemäß. Aber unnatürlich wär' es, wenn sie ihre Unmündigen, wie manche Staatsmänner die Untertanen, schon tanzen lehren wollten, ehe sie gehn könnten, oder die Erwachsnern zwingen wollten, auf allen vieren zu kriechen, wie man oft Völker zum Kriechen nötigt.

Die Natur gab den unmündigen Kindern Eltern und unmündigen Nationen unbeschränkte Gebieter. Beide sind jenen unentbehrlich. Der Kaiser von *Rußland*, Beherrscher eines größtenteils unzivilisierten Reiches, von dessen Bevölkerung mehr als zwei Drittel aus seinen Leibeignen (Apanage-Bauern) besteht, der von diesem Besitztum der Herrscher-Familie mehr als ein Viertel der gesamten Staatseinkünfte unmittelbar und einen andern vielleicht ebenso großen Teil mittelbar bezieht, der ferner zu seinem und der Seinigen Hofstaate kaum ein Viertel dieses Privateinkommens verbraucht und folglich mehr als alle ihm nichtleibeignen Bewohner des Reichs zusammen aus seinem Privatvermögen zu den Staatsausgaben hergibt, ist der einzige Fürst unsers

Weltteils, der in der Tat und durch die Natur der Dinge zur unbedingten Selbstherrschaft berufen ist.

Durch Belohnungen und Bestrafungen das Böse zu bekämpfen, das Gute durch Beseitigung seiner Hemmungen zu befördern, ist der edelste Zweck und höchste, den es gibt. Aber der schönste und größte Teil von der Lösung dieser Aufgabe ist ebenso gewiß das Werk der Vorsehung in ihrer ewigen, alle Wesen vergöttlichenden Weltordnung, ist nichts weniger als des Menschen Sache, und noch weniger das der Gesetze seiner Afterweisheit und leidenschaftsvollen Selbstsucht.

Strafen und Belohnungen, nicht, wenn sie, als willkürliche Bedingungen der Macht, an das Böse und Gute geknüpft sind, sondern als notwendige Folgen der Natur der Dinge dastehn, befördern jenen Zweck. Der Fleiß belohnt, die Trägheit bestraft sich selbst, wenn den Dingen ihr natürlicher Lauf gelassen ist. Die ministerielle Kabinettsweisheit will mehr vermögen, mehr gelten, will die Vorsehung spielen und ihr mit Verordnungen nachhelfen. Der gesetzgebende Blödsinn vergißt allzuoft, daß man im Volke zwar die Vermeidung der Verbrechen, aber nicht die Liebe und Übung der Tugenden erzwingen kann. Er verkehrt nur die Beweggründe der Überzeugung, die einzigen probehaltigen, in Motive des Eigennutzes; er macht die Menschen, um sie zu beglücken, niederträchtig.

Aber das Treubleiben und Festhalten an die natürliche Ordnung der Dinge setzt eine Klarheit der Ansichten und eine Höhe des Standpunktes voraus, zu der nur große und ungewöhnliche Geister gelangen, oder – der einfache, in der Schule unverrenkt gebliebene, gesunde Menschenverstand. Am wenigsten gelangten die Barbaren der Vorzeit dazu, welche schon die Bahn der Natur verlassen, aber noch nicht die Erstarkung der Vernunft gewonnen hatten. Und es sind ihre Zeiten, aus welchen sich die meisten Institutionen und Gesetze auf uns vererbt haben. Bei gesteigerten Kenntnissen und Bedürfnissen bewegen wir uns nicht in den diesen entsprechenden Ordnungen, sondern in denen eines uns fremden

Zeitalters. Was damals noch Naturwirkung war, ist heut nur noch Werk der Kunst.

So gibt es denn endlich zweierlei Gutes und Böses. Es gibt eine zweifache Weltordnung mit ihren Belohnungen und Strafen, eine göttliche und menschliche, eine in der Natur durch die Vernunft offenbar und eine in der Gesellschaft durch Herrschsucht und materielle Interessen. Dem Eigennutz heißt gut, was ihm dient; auch das Laster mag ihm dienen und für gut gelten. Was in der göttlichen Ordnung der Dinge gleichgültig oder gar verdienstvoll ist, wird in der menschlichen oft mit Strafen verfolgt; was in jener sündig und schändlich ist, wird in dieser durch Belohnungen oft zum Verdienst erhoben. Der natürliche Gewerbfleiß, wenn ihn unsere merkantilisch-politische Afterweisheit ihrem Interesse für schädlich hält, wird zum Verbrechen; der Verrat, wenn ihn der Argwohn heiligt und belohnt, zur Tugend. Man billigt gesetzlich frommen Betrug und verbietet ewige Wahrheiten auszusprechen. In der göttlichen Ordnung ist die Vernunft das Höchste des Sterblichen, durch sie scheidet er sich vom Tier; in der Kirche und im Staat steht sie häufig als das Gefährlichste da.

Was muß dies Doppelleben für eine Wirkung in gesittungsvollern Völkern hervorbringen? Hier Mißbehagen, dort schon Unruhen, hier krampfartige Zuckungen der Gesellschaft, dort Ausbruch von Verzweiflung. Das ist der heillose Widerspruch zwischen manchem Volk und seinem Staat, daß die Kinder, welche schon stehn und gehn gelernt haben, für das Interesse ihrer Landesvormünder noch auf allen vieren kriechen sollen.

28. Zivilisation

Worin besteht sie? Man hat das Wort gut deutsch mit *Gesittung* übersetzt. Allerdings, der sittlichste Mensch ist der höchste Mensch, das sittlichste Volk das vorzüglichste auf Erden. Die Zivilisation führt zur Beherrschung der Natur durch Macht ihrer eigenen Kräfte und zur Beherrschung des Menschen durch Macht seiner eigenen

Vernunft. Stehen schon Nationen auf den Gipfeln der Zivilisation? – Ich zweifle, daß das Geschlecht der Sterblichen je diese Gipfel erreicht, und zwar darum, weil, wie im Natur- so im Geistesreich, die *Unendlichkeit* vorwaltet und überall Unendlichkeit!

Wie langsam entwindet sich der Mensch dem ursprünglichen, sich bewußtlosen, dumpfen Tiertum! Seine Vermenschlichung beginnt und wächst mit dem Maß der Kräfte, durch welche er zur Herrschaft über die Natur und sich selber gelangt.

Das erste Werkzeug, welches er kennen und benutzen lernt, sind einige Teile der sogenannten *toten Natur*, Felshöhlen, genießbare Früchte, seine ersten Waffen zu Jagd und Krieg.

Dann dehnt er seine Gewalt über *Tiere* aus. Die Zähmung der Haustiere ist ein großer Schritt aufwärts.

Dann folgt *er selbst*. Die ursprüngliche Gesellschaft, wie sie Aristoteles bezeichnet, besteht aus Mann und Weib und dem Stiere, an dessen Stelle späterhin der gezähmte Mensch, der Sklave tritt. So folgt das Zeitalter der

Haussklaverei. Da sind Raub und Krieg die vornehmste Erwerbungsart; daraus erwächst der Despotismus. Es entstehen die großen Weltreiche des Altertums und der Glanz des antiken *Civismus*. Das vielgerühmte Glück im letztern scheint mir sehr problematisch. Es führte naturnotwendig zu einer sehr beschränkten Anzahl reicher oder gebildeter Bürger und zur um so größeren Erniedrigung der übrigen. Wie gleichmäßig man auch dann und wann Grund und Boden verteilen mochte, er mußte unvermeidlich wieder in die Hände einiger wenigen zurückfallen. So in Rom. Die Erwerblosigkeit in der Volksmasse machte ebenfalls den größten Teil des Bürgerpöbels zu einem bereitwilligen Werkzeug des Ehrgeizes irgendeines Überreichen und Übermächtigen und bereitete so den Übergang der Haussklaverei zur *öffentlichen* und zum *Despotismus* vor.

Mildere Leibeigenschaft (glebae adscriptio). Da entfaltet sich das Ansehn der großen Grundherrn, damit das Feudalwesen. Jagd und Krieg wird das Gewerb der Herren, Ackerbau das Gewerb der Leibeignen und Hörigen. Die Befriedigung eines noch persönlichern Luxus, den die Natur des großen Grundbesitzes an sich selbst nicht gestattete, bewirkte allmähliche Emanzipation der Leibeignen. Sie wurden

Taglöhner, Bauern, Handwerker, bald auch Fabrikanten, Künstler, Kaufleute. Verstand und Menschenhand vermannigfaltigten die Erwerbszweige. Alles Gut ward vermittelst des Geldverkehrs beweglich, alle Kenntnis Gemeingut. Die gesellschaftlichen Formen gestalten sich anders, freier. Der Mensch hört auf, Maschine und Automat zu sein; an die Stelle seiner noch tierartigen Dienstleistung tritt.

das *Maschinenwesen*. Die Erwerbungsart durch dasselbe verbreitet den Genuß, welcher sonst nur einzelnen zustatten kam, über alle Familien der Nation und wird zur Quelle einer überschwenglichen Produktion des Reichtums. Damit aber dieser nicht durch seine immer ungleichere Verteilung das Unglück der Mehrzahl werde, wird abermalige Umgestaltung der gesellschaftlichen Formen naturnotwendig. Ihre Auffindung ist die Aufgabe der Zeit. Das menschliche Geschlecht ist emanzipiert, sobald die Maschinen den Sklavendienst tun und man gelernt hat, die Kräfte der Natur zu beherrschen.

Echte Zivilisation darf nicht einseitig, sie muß *allseitig* sein. Ein bloß gelehrtes oder bloß gutmütiges oder bloß reiches Volk mag sich, eben durch sein bloß einseitiges Fortschreiten, in eine schlimmere Lage versetzt haben, als die war, in der seine Kenntnisse, Gesinnungen und Reichtümer noch untereinander Ebenmaß und Gleichgewicht zueinander hielten, abgesehen davon, daß der einseitige Fortschritt zu keinem festen Standpunkt verhilft. So der auf Raub und Eroberung gegründete Reichtum des Altertums, der jedesmal regelmäßig wieder einem ärmern Volke zur Beute wurde, nachdem er seine bisherigen Besitzer entnervt und entsittlicht hatte. Karthago mit seinem Welthandel verschwand durch die Gewalt des altrömischen Raubstaats; und dieser, in der

Beute dreier Weltteile schwelgend, verschwand unter den Schwertern und Keulen der halbnackten Wilden des Nordens.

Unsere Zivilisation ist von gestern. Kaum verdanken wir ihren ersten Lehren ein erträglicheres Dasein, und schon meinten wir in unserer Dummheit, die Lehrerin entbehren zu können.

Es fehlt nicht an Gegnern der Veredlung des menschlichen Geschlechts, weil es nie an selbstsüchtigen Menschen fehlen wird, welche die goldnen Früchte der Zivilisation für sich allein genießen möchten und sie daher dem Volke und den Fürsten verschreien. Seichte Schwätzer, ohne Selbsterfahrung, ohne Selbstdenken, kläffen das Geschrei gegen Belehrung und Aufklärung gemütlich nach und eifern brüderlich mit gegen die Wirkungen der Publizität und behaupten, weil es andre tun, Reichtum zerstöre die Sitteneinfalt und das Glück der Nationen. Ich wette aber, sie selbst möchten am Glück der armen katholischen Irländer keinen Anteil haben und sich im Genuß der Sitteneinfalt bei Grönländern und Wallachen schlecht gefallen.

Ihr Geschrei hat auch wenig gefruchtet, den Gang der Zivilisation aufzuhalten. Viele Staatsmänner Europens sind itzt darum übereinstimmend, man müsse Volksunterricht befördern, des größern Gewerbfleißes wegen; und den Gewerbfleiß des größern Reichtums wegen; und den Volksreichtum der größern Abgaben und Staatseinkünfte wegen. In ihrer Maxime gleichen sie dem Bienenvater, der dem arbeitsamen Völkchen Gedeihen wünscht, um ihm immer wieder Wachs und Honig, die Früchte seines Fleißes zu nehmen und ihm davon nur soviel in den Zellen zurückzulassen, als nötig ist, seine plündernde Verwaltung auch noch in Zukunft fortsetzen zu können.

Voltaire macht sich mit Recht über die Deklamationen gegen Reichtum des Volks und über die schulmeisterlichen Lobreden jener Zeiten des *alten Roms* lustig, da noch ein Heubündel auf der Stange statt der Fahne getragen und das arme Land der Volsker und Sommiten zerstört wurde, ohne daß man es plünderte. Die edeln, tugendhaften, uneigennützigen Römer bekümmerten sich da freilich wenig um die Reichtümer, weil sie keine fanden, weder Gold noch Silber noch Edelgesteine in den Hütten, noch Rebhühner und Fasanen in den sommitischen Wäldern. – Später aber, da sie reichere Nationen unterjocht und die Welt ausgeraubt hatten, macht man's ihnen zum Vorwurf, daß sie sich dem Genuß hingaben. Welche Albernheit! Sollten sie all' ihre Beute in die Flüsse und Meere versenken? Verdammet nicht den Genuß des Geraubten, sondern das Rauben, Stehlen und Länder-Ausplündern. Roms Reichtum ward *darum* Roms Verderben, weil er *schlecht erworben*, nicht durch Kunstfleiß und Wissenschaft errungen und *ungleich verteilt* war; daß neben dem Übermut des Überflusses die knechtische Demut der Armut entstehen mußte.

29. Vorzug der britischen Verfassung

Ein König von England ist, als König, schon dadurch ein besserer Mensch, weil er auch ein freierer unter freien ist, und steht der Tugend darum näher, weil er den Menschen näher steht.

30. Stillstand

Es geht mit den Besitztümern eines Volkes wie mit den Reichtümern der Individuen; beide können nur bewahrt werden, wenn man sie vermehrt. Stillstand der Tätigkeit im Erwerb vermindert beide. Aber nur so weit reicht das Gleichnis. Der einzelne Mensch kann mit einer an Gewißheit grenzenden Wahrscheinlichkeit das Ende seines Lebens voraussehen und sein Vermögen, ohne Gefahr der Verarmung, aufzehren. Ein Volk aber stirbt nicht; sein Stillstand bringt es notwendig einmal zu dem Zeitpunkt, in welchem es vom Gipfel der Kultur zu geistiger und physischer Bettelarmut verwildernd zurücksinkt.

31. Angeberei und Polizeispionen

Auch Moses schon war der Angeberei feindlich, selbst wenn sie in der Hitze der Leidenschaft geschah.

›Du sollst nicht als *Angeber* unter deinem Volke umherschleichen‹, sagt er (III. Mos. XIX. 16–18, nach Michaelis' Übersetzung), ›und nicht gegen Blut auftreten. Ich bin Jehova! – Du sollst deinen Bruder nicht heimlich hassen, du kannst ihn, wenn er etwas Böses tut, erinnern; so machst du dich seiner Sünde nicht teilhaftig. Du sollst nicht *rachgierig* und *nachtragend* sein gegen den, der mit dir zu einem Volke gehört, sondern deinen Nebenmenschen lieben als dich selbst.‹

Welche unschuldige Zeit, in der sich ein so großer Gesetzgeber noch keinen andern Beweggrund zur Angeberei denken konnte als *Rachgier* und *Haß*; in der er noch keinen Begriff davon hatte, daß das Geschäft der Angeberei ein sehr einträglicher Erwerb, ein sehr ehrenhaftes Amt sein könne! – Aber auch welche Zeit der Inkonsequenzen ist die unsrige, die selbst in der Politik ein *positives göttliches Recht* einschärft, während sie eine der deutlichsten Vorschriften dieses angenommenen Rechtes mit Füßen tritt.

32. Ideen reifen langsam

Nicht unverzagt! Man muß eine an sich gute und wahre Idee nicht sogleich für verloren halten, weil die gegenwärtige Zeit sie nicht aufnehmen will; oder sie nicht sogleich in das Traumland der frommen Wünsche schikken, weil Vorurteil und herkömmlicher Schlendrian ihr im Lande keinen Platz zum Gedeihen gönnen. Ein Gedanke wächst langsamer durch das Dickicht herrschender Meinungen empor als die Eiche und braucht mehr als ein Jahrhundert, um das Unkraut unter sich zu vertilgen und seine Wohltaten zu spenden. – Schon Bischof Virgilius von Salzburg sprach vor vielen Jahrhunderten vom Dasein der Antipoden, wurde verlacht, und der Papst selbst gehörte zu seinen Geistesantipoden. Schon Lord Hale und Locke gaben den Gedanken zur Errichtung von Industrieschulen an; aber länger als ein Jahrhundert blieb es ein unfruchtbarer Gedanke und hat auch itzt eigentlich nur erst angefangen, in einigen Ländern begriffen zu werden.

33. Gesandtschaften

Eine Menge der itzt auf Kosten der Völker unterhaltenen Großbotschafter, bevollmächtigten Minister, Gesandten u. dgl. m. an andern Höfen, gehören offenbar nur zum *diplomatischen Luxus*. Vor hundert Jahren noch waren sie, wegen Mängel des Postwesens, wegen Schwierigkeit und Langsamkeit der Kommunikationen der Länder, eine kostspielige Notwendigkeit; und sie gingen zu andern Höfen, wenn unterhandelt oder etwas zeitig ausspioniert werden sollte.

Was den letztern Auftrag betrifft, glaub ich, werden viele jener diplomatischen Stellen, ehe ein Jahrhundert verstreicht, durch die periodische Presse, bei Vermehrung der Telegraphen, Dampfwagen, Dampfschiffe, Eisenbahnen, als völlig unnütz abgeschafft werden. Schon heutiges Tages ist es soweit gekommen, daß nicht wenige diplomatische Agenten ihre Depeschen aus Zeitungen und Stadtgesprächen zusammenstoppeln und ihre politische Frau-Baserei mit gravitätischem Tone ihren allerhöchsten Behörden verkünden. – Schon Canning sagte, die besten Kundschafter in Frankreich, die man in England halten kann, sind die Pariser Zeitungen.

34. Frechheit der Presse

›Du dringst auf Preßfreiheit? Recht gut. Nur frage ich dich, würdest du sie auch dann verstatten, wenn dein von dir gekränktes, hülfloses Weib, dein von dir tyrannisiertes Gesinde, dein hingehaltener Gläubiger und vor allen Dingen der Mann anfangen wollte, von dir drucken zu lassen, der durch seine höhere Einsicht dich, mit deinem ganzen Kompilatorwesen, vielleicht durch einen Federstrich in Staub verwandeln könnte?‹

So fragt Lichtenberg (Vermischte Schriften V. S. 530) und erwartet zur Antwort ein: ›*Nein!*‹

Ich hätte ihm entgegenfragen mögen: ›Würdest du lieber gewissenlose Menschen, Diebe, Betrüger und Giftmischer zu Gesetzgebern machen als ehrliche Leute? Würdest du lieber Schändlichkeiten und Verbrechen, an einem Menschen oder an Völkern begangen, verheimlichen helfen oder der verdienten Strafe ausliefern? Möchtest du lieber zugunsten der Brutalität oder der Sittlichkeit Staatsanstalten treffen?‹ – Ich wette, Lichtenberg würde: ›*Nein!*‹ gerufen haben.

Was fruchtet denn alle Polizei, wenn sie die Werke der Finsternis nicht erblicken kann? Was denn alle Religion, in der die Mehrheit der Menschen nur aus Furcht vor der Hölle nicht sündigt, und wenn sie diese Furcht verloren hat, sich im Dunkeln alles erlaubt? Wären unsere Häuser alle durchsichtig von Glas erbaut, wir würden die Hälfte weniger Schandtaten unter uns finden. Die Preßfreiheit macht das Mauerwerk durchsichtig. Die nächtliche Straßenbeleuchtung stellt in den Gassen großer Städte die Sicherheit derselben am besten her.

Es ließe sich vielleicht unschwer beweisen, daß die Ausschweifungen und Nachteile der *Preßfreiheit* nichts als die strafenden Folgen des ihr vorangegangenen *Preßzwanges* und der durch ihn erzeugten Verbildung und Unwissenheit sind. Entstände urplötzlich Preßfreiheit in der *Türkei*, das menschliche Gehirn würde die ungeheuersten Narrheiten und die schamlosesten Pöbeleien zur Welt bringen. Hatte doch sogar in *Amerika* die gänzliche Befreiung der Presse im Umfang unangenehme Wirkungen, wenn auch erträgliche und vorübergehende, hervorgebracht. Und wir alle wissen wohl, welche Schändlichkeiten in *Frankreich* die vom Zwange des Ministerial-Despotismus und der bischöflichen Aufsicht befreite Presse gebar.

Auch in der Geisterwelt wuchert das Unkraut am meisten auf vernachlässigtem und verwildertem Boden.

Wie aber läßt sich ein Volk zu seiner Vollendung ausbilden, ohne Freiheit? und wie läßt sich dem bildungslosen die Freiheit geben, ohne daß es dieselbe mißbraucht? Das ist die Schwierigkeit, die uns hülflos im Zirkel herumtreibt; das die Aufgabe, die nie ganz und gewiß immer schwerer zu lösen ist, je länger die Lösung verschoben wird.

›Man könnte die Preßfreiheit vielleicht stufenweis, *nach und nach* gestatten‹; – allein das Schlimme ist, daß sich die Wahrheiten, die bekanntgemacht werden dürfen, nicht nach Graden, wie Wärme und Kälte, abmessen lassen. Die Wahrheit ist entweder ganz da oder gar nicht.

›Vieles ließe sich dazu wohl durch Verallgemeinerung und Veredlung des öffentlichen Unterrichts und mehr noch durch eine Verwaltung der öffentlichen Angelegenheiten vorbereiten, die imstande wäre, furchtlos der redlichen Prüfung wie der Verleumdung entgegenzuschauen.‹ – Aber verwechseln wir nicht hier wieder Wirkung mit Ursach? Setzen wir da nicht als Vorbereitung zur Preßfreiheit voraus, was nach allen Erfahrungen in der Regel erst ihre köstlichste Frucht ist? Was die Mangelhaftigkeit jeder Zensur, was die Unmöglichkeit demonstriert, einen übermenschlich-unbefangenen, allwissenden Zensor zu finden, das verbietet uns auch jede Hoffnung, auf solchem Wege Preßfreiheit ohne Mißbrauch zu gewinnen.

Einen Augenblick gab es freilich auch für die Presse, in dem sich ihr Segen ohne ihren Fluch finden ließ; – *einen* Augenblick gibt es bei jedem neuaufgefundenen Entwickelungsweg des menschlichen Geistes, in welchem die Abwege am gewöhnlichsten und leichtesten vermieden werden, – es ist der *erste* Augenblick. Hätte man bei Erfindung der Presse, die ihrer Vollkommenheit nur langsam entgegenging und sich nur allmählich von Land zu Land fortpflanzte, sie ungestört sich selbst überlassen, so würde sie das Licht ebenso allmählich verbreitet haben. In ihrer Schwäche lag das natürliche Mittel gegen jeden Mißbrauch. Erst die unterdrückte Kraft wird eine bösartige.

Der Augenblick ist verloren und, wie jeder verlorne, für

immer. Um den Genius in seiner Wiege schlang der eifersüchtige Eigennutz, dem in ihm sein Überwinder ahnete, Ketten; ja er würde ihn lieber noch getötet haben, wenn, was vom Geist stammet, nicht unsterblich wäre, wie der Geist selber.

Nun ist der Genius nicht mehr, wie einst, ein schüchternes Götterkind, das seine Kräfte anwenden lernt, indem es sie übt; – ein gefesselter Riese ist er, in dessen Brust jeder erstickte Seufzer zum Gelübde des Hasses wird; der nur den Augenblick der Befreiung und der Rache erwartet, um zündend und leuchtend die Strahlen der Wahrheit unter seine feindlichen Wächter zu schleudern. Nehmen wir neben der Wohltat auch das Übel mit Ergebung an, denn es ist ein unvermeidliches; nehmen wir es bald an, denn jeder Aufschub vergrößert es. Was sind England und Nordamerika im Licht der Preßfreiheit geworden; was Italien, was das Volk der pyrenäischen Halbinsel ohne dies Licht!

Aber fast scheint es, als sei es ein ewiges Geschick, daß noch immer die Wahrheit, wie einst Minerva aus des Gottes Stirne, *gerüstet* in's Leben treten solle; und noch immer wissen die Sterblichen nicht, ist es die Weisheit, ist es die Gewalt, die ihnen im Waffenklange erscheint.

35. Ein Wort von Mirabeau

Les nations, sagte Mirabeau, prospèrent et s'avancent, malgré leurs gouvernements. Die Völker gedeihen und schreiten fort, trotz ihren Regierungen, und – hätte er zusetzen sollen, – die Regierungen, sich selber zum Trotz, gleichfalls! Man vergleiche nur die Verordnungen und Schöpfungen oder Ansichten älterer Regierungen in Frankreich und England oder Östreich und Preußen mit den heutigen; aber auch die reichern Zustände dieser Staaten im Verhältnis mit ihren ehemaligen! Welche Unterschiede!

Es ist lächerliche Eitelkeit, wenn spätere Regierungen sich einbilden oder gern sagen lassen, ihrer *höhern* Weisheit, welche die der frühern verdunkele, hätten allein die Nationen den jetzigen Fortschritt zu danken. Noch lächerlicher aber ist's, wenn die nämlichen Leute, welche solche Schmeicheleien nicht ungern hören, am ängstlichsten und eifrigsten dabei den Fortschritten und Neuerungen entgegenstreben. Es sind schlechte Reiter, die für gute gelten möchten, obgleich das Pferd unter ihnen zu schnell läuft, wiewohl sie es zurückhalten, immer und immer in Seelenangst, es gehe mit ihnen durch.

Gewisse Wahrheiten, gewisse Wünsche und Bedürfnisse im Volk genießen vielerorten höchstens die Gnade, die zu gewissen Zeiten sonst in Rom den *Ketzern* zuteil wurde. Starb ein Papst, so öffnete man alle Gefängnisse und ließ die Verbrecher ziehen. Nur die Ketzer, nachdem sie kaum über die Schwelle der Kerker getreten waren, fing man wieder ein, um sie in dieselben zurückzuführen. – So die Wahrheiten und Vernunftrechte. In der Stunde der Todesnot gestatten ihnen die Mächtigen der Erde, in die Welt zu treten, aber kaum ist jene vorbei, so schicken sie alle ihre Sbirren aus, um die Gefährlichen wieder einzufangen.

36. Japan

Einige Völker Asiens standen längst schon in Gewerbe und Kunst weit über uns, als wir in unserm abendländischen Europa noch ziemlich arme, unbeholfene Barbaren waren. Daß wir uns nun so schnell über sie hinausschwangen, ist nicht die Wirkung höherer Geisteskräfte, die uns eigen wären, oder einer besondern Himmelsgunst, die uns zum auserwählten Volk Gottes machte, sondern offenbar einer Portion gesellschaftlicher Freiheit, die teils Nachlaß unserer nordischen Stammväter, teils Bedürfnis durch Boden und Klima ist. Der am wenigsten beachtete Teil dieser Freiheit war lange Zeit die des Gedankens; und eben durch sie überflügelten wir auf den Fittigen der Wissenschaft alle Kunst und Macht Asiens. Bei uns ist kein Stillstand mehr zu erzwingen; aber jene zivilisierten Völker des Morgenlandes, bei all ihrem materiellen Wohlstand, laufen Gefahr, selbst die Früchte ihrer schon erstiegenen Kultur-Höhe wieder einzubüßen. Sie stehen am Ende ihrer Welt, wo sie nicht weiter können, wo alles mit Finsternis verrammelt ist, weil ihnen der Aufschwung des Gedankens fehlt, weil sie die von ihnen erreichte Stufe der Zivilisation als die höchste und letzte ansehen.

Und doch wird der freie Aufschwung des Gedankens selbst in manchem europäischen Staate gefürchtet und gehaßt. Man will die Nationen bis zum Genuß des materiellen Wohlstandes gelangen lassen, aber nicht weiter, und begreift nicht, daß dieser das Werk des Gedankens ist und nur durch ihn gesteigert werden kann. Es bedarf nur eines Blicks auf dasjenige Volk, welches gemach schon wieder in Barbarei und Armut zurückkehrt, nachdem es schon sehr hoch stand, um sich zu überzeugen, daß anhaltende Vervollkommnerung den Nationen zu ihrem Wohlsein notwendig sei.

Nicht von *China* ist hier die Rede, dem Ideale Ludwigs XV., wo die Prügelhierarchie, nun schon seit Jahrhunderten, im ruhigen Besitz aller Hinterteile des Volks, vom ersten Mandarin bis zum Bettler hinab, ihr patriarchalisches Vormundschaftsrecht ausübt; wo unter dem mildesten Himmel und auf einem gesegneten Boden Pest und Hunger, Aufruhr und friedliche Eroberungen miteinander abwechseln, während in ereignislosen Zeiten, neben glückseliger Stille, auch Verwesung des Grabes auf dem ›himmlischen Reiche‹ ruht. Eine solche Art von Gesittung möchte doch unsern Liebhabern der Stabilität, ungeachtet des Tee's und Porzellans, der Feuerwerke und Kiosken, gar zu niedrig vorkommen. Allein einen Schritt weiter finden wir ein Volk, welches wahrscheinlich die größte Masse materiellen Wohlstandes gewonnen hat, die, ohne freigelassenen Gang des Gedankens, unter dem Szepter despotisch-einfältiger Regierungs- und Priesterschafts-Grundsätze zu erreichen sein mag. Das ist *Japan*.

Thunberg, der Japan erst vor 50 Jahren sah, vergleicht es mit den bestangebauten Provinzen der Niederlande.

Überall die geschickteste Benutzung des Bodens, wie weder in Deutschland noch Frankreich damals; nirgends Bettelei oder äußerst selten; vortreffliche Polizeianstalten, aber nirgends geheime, sie sind nur für öffentliche Bequemlichkeit und Sicherheit berechnet. Von wie vielen Staaten unsers Weltteils können wir soviel rühmen? – Die Kinderzucht ist dort die sanfteste von der Welt, ohne Schimpfen, ohne hartes Schlagen und doch die erfolgreichste. Das Volk ist gastfrei, großmütig, rechtlich, mäßig, reinlich. Die Japaner verachten die Holländer wegen ihrer Roheit, mit der sie die Sklaven behandeln. Man verabscheut das Sklavenwesen in Japan. Die öffentliche Gerechtigkeit soll musterhaft sein. Eine gewisse Gleichheit, vom Kaiser bis zum ärmsten Mann hinab, wird schon durch die allen gleiche Lebensart und Kleidung befördert. Gegen Beamten-Despoterei ist durch den Wechsel der Oberbeamten und durch die von ihnen am Schluß der Verwaltung abzulegende Rechenschaft gesorgt. Die Abgaben sind mäßig; es bestehen keine für den Handel im Innern, sehr geringe für den ausländischen. Es herrscht volle Gewerbsfreiheit. Die Regierungsform ist eine unbeschränkte Monarchie, aber durch Klugheit gemäßigt. Man weiß nichts von der Glanzsucht und Prunkerei des Hofes. Der Kaiser ist seinem Hofe fast unsichtbar; wenige Leute wissen sogar nur seinen Namen. – Selbst in ihrem Aberglauben sind sie gescheiter als die Europäer im Besitz der erhabensten Religion. Es gibt der Sekten unzählige in Japan; solche, die an Unsterblichkeit glauben, andere, die sie leugnen; solche, die viele, andere, die keine Götter anbeten. Ihr geistliches Oberhaupt ist der Schutzherr aller dieser Glaubensparteien, recht im Sinne eines höhern, über alle mit gleicher Huld waltenden Wesens. Die Japaner haben nur eine einzige Religion aus ihrem Lande verbannt, nur gegen eine einzige gewütet, weil sie die einzige unduldsame war, – die Religion der Jesuiten.

Alles, was der aufmerksame schwedische Naturforscher in Japan beobachtet hat, beweist, daß dies Volk allerdings noch itzt in der Kultur höher steht, besonders was das bürgerliche Wohlsein und den sogenannten materiellen Wohlstand betrifft, als irgendein anderes Volk in Europa. Es ist daher auch gar nicht des Erstaunens wert, daß sie uns andere wie tief unter ihnen stehende Barbaren ansehen, die ihnen nur Unfrieden, Roheiten und Laster in's Land bringen können; daß sie, ihres Friedens willen, mit uns nichts zu schaffen haben wollen, uns von ihren Häfen und Küsten geradezu abweisen, wie den russischen Kapitän Krusenstern.

Aber wie jetzt die Japaner sind, sind sie auch schon früher gewesen. Sie haben, wenn auch mit größerm Recht als unsere stabilitätssüchtigen Männer, den festen Glauben, weiter könne und solle man nicht schreiten. Das ›man *solle* nicht‹ gehört eigentlich uns Europäern an, das ›man *könne* nicht‹ den Japanern. Die hohe Meinung von der Vollkommenheit ihres den Göttern entstammenden Geschlechts macht sie, scheint es, zu allen künftigen Fortschritten unfähig. In ihrer Vorwelt mangelt die Geschichte Judäas, Indiens, Persiens, Ägyptens, Griechenlands und Roms. Sie stehen an der Grenze ihres Wissens und Könnens und sehen vor sich die Finsternis des Unmöglichen. Sie ruhen; sie erschlaffen; sie gehen in geistige Versumpfungen ein; halten sich noch eine Zeitlang vermittelst der Schwimmblasen der Gewohnheit obenauf, bis das Verderben sie unausbleiblich übermannt.

Solange die Europäer, mit welchen sie bekannt wurden, so tief unter ihnen standen, war ihre stolze Einbildung von sich selbst vielleicht ihr Glück. Aber im Angesicht einer sich zu höhern Stufen des Volksglücks aufschwingenden Menschheit werden sie schon durch ihr bloßes Beharren auf der eingenommenen Stelle tiefer sinken.

37. Meinungen töten lassen

Ich kenne Regierungen, die heut nicht klüger sind als Antiochus Epiphanes von Syrien oder Diocletian, von denen jener die mosaische, dieser die christliche Religion mit gerichtlichem Zwang, mit Kerkern, mit Absetzung der Bekenner von ihren Ämtern, mit Todesstrafen und Waffengewalt vernichten wollte. Jede Verfolgung der Meinungen verbreitet die neu aufkommenden stärker und bläst die halberloschene Glut der veralteten wieder zu auflodernden Flammen an. Nirgends sind brutale, oder wenn man lieber will, materielle Gewaltmittel übler angewandt als gegen Gedanken und Überzeugungen, theologische oder politische, der Menschen.

Nach den Letters on the state of christianity in East-Indies vom Abbé Dubois, der 32 Jahre in Ostindien gelebt hat, ist es eine ausgemachte Tatsache, daß, seit die Regierung, in der menschenfreundlichsten Absicht, durch alle Mittel versuchte, die grausame Übung abzuschaffen, nach welcher sich die Witwen der Hindus mit ihren verstorbenen Männern verbrannten, diese gräßlichen Ereignisse viel häufiger geworden sind. ›Ich habe Verzeichnisse der Schlachtopfer dieses Aberglaubens gesehen‹, sagt Abbé Dubois, ›und mich überzeugt, daß in den Bezirken von Kalkutta und Benares ihre Anzahl itzt weit größer ist, als sie es vor 12 Jahren gewesen, da sich noch niemand den Gebräuchen der Hindus widersetzt hatte. Wie man aber ohne Schonung die tief eingewurzelten Vorurteile angriff, sah man die Wut des Fanatismus sich verdoppeln; und als man anfing, die törichten Übungen, welche Religion und Länge der Zeit geheiligt hatten, in Schriften lächerlich zu machen, da flammte der Eifer der Hindus heftiger auf und nahm den Charakter einer unbezwingbaren Hartnäckigkeit an.‹

38. Die Jury

Das *Recht* ist ewig gut; aber das *Gesetz* ist ewig mangelhaft. Das menschliche Gesetz macht nur für einzelne, gegebene Fälle *das Rechte*, macht das Unendliche zum Endlichen, das Ewige zu dem für eine *Zeit* Gültigen.

Den unvermeidlichen Mängeln der Gesetzgebung abzuhelfen, hat England die *Jury*. Die geistvollsten Rechtsgelehrten aller Nationen anerkennen ihren hohen Wert. Die Jury ist eine negative Gesetzgebung.

Die beste positive Gesetzgebung ist schon dadurch mangelhaft und verderbenvoll, daß sie in starrer Unbeweglichkeit in einer Welt von Menschen und Verhältnissen hingestellt wird, die keinen Augenblick die nämlichen sind. Jeder Fall und jeder Augenblick ist ein anderer; jedes Gesetz aber ist nur für *einen* Fall und *einen* Augenblick berechnet; – eine Wahrheit, aus der es klar wird, daß der Nutzen jedes Gesetzes, seiner Natur gemäß, nur für einen so beschränkten Kreis, als Zeit und Fall ist, für die es gegeben wurde, stattfinden kann, während seine Nachteile gerade so unzählig sind, als die Menge anderer Fälle und Zeitverhältnisse ist.

Von der Ungerechtigkeit solcher Gesetze, die ihr Zeitalter schon überlebten und dennoch den folgenden Geschlechtern aufgedrungen werden, ist hier nicht einmal [die] Rede. Jedermann ist davon überzeugt. Liegt es denn aber nicht am Tage, daß dieses Übel veralteter Gesetze nur ein einzelnes und in seiner Größe und Grellheit anschaulicheres Beispiel des allgemeinen Nachteils abgibt, der in der Beschaffenheit jedes Gesetzes schon an sich enthalten ist? Die Anwendung eines Gesetzes von gestern kann heute, in einem seiner Absicht fremden Falle, die schreiendste Ungerechtigkeit sein. Wir brauchen keineswegs bis in die Zeiten Justinians hinaufzusteigen, um uns von den Gefahren eines Bandes zu überzeugen, das die Gerechtigkeit leiten und gängeln soll und ihr in jedem Augenblick zur Schlinge wird.

Wo die zahlreichsten, die speziellsten Gesetze in einem Staate bestehen, leben die ehrlichen Leute, streng genommen, schon in einem Zustande wirklicher Gesetzlosigkeit, weil, sie mögen Kläger oder Beklagte sein, die Gesetze nicht auf ihre Fälle passen, folglich für sie nicht gelten. So wenige, so einfache, so umfassende, gleichsam in allgemeine Grundsätze übergehende Gesetze als möglich verraten offenbar schon ein Streben nach dem kleinsten Übel. Und der Vorzug, den man in vielen Fällen den *Schiedsgerichten* vor bestehenden Tribunalen gibt und geben muß, beurkundet das Bedürfnis der Geschwornengerichte zur Gerechtigkeitspflege.

In einem Lande, wo die Jury besteht, wie in England, darf keine Modifizierung des Gesetzes durch Auslegung stattfinden. Denn durch die Jury ist schon ein Mittel gegen das größere Übel des Gesetzes an die Hand gegeben, und man bedarf der modifizierenden Willkür zu diesem Zwecke nicht. Überall, wo jenes bessere Mittel nicht vorhanden ist, mag vielleicht dies schlechtere unentbehrlich sein.

Es ist mit dem Recht wie mit der Gesundheit des Menschen. Es ist eine unendliche Mannigfaltigkeit von Verletzungsarten beider nicht nur möglich, sondern wirklich. Was würden wir von einem Staate denken, der für alle Krankheitsfälle bestimmte Arzneien und ihre Quantität und Qualität für alle Kranken, ohne Unterschied ihres Alters, ihrer Konstitution, ihrer Lebensart usw., gesetzlich gebieten würde. Der Arzt ist die wahre Jury am Krankenbett; die Jury der Arzt in der Justizpflege.

Nach dem Zeitpunkt, da die *Gottesurteile* in der abendländischen Christenheit abgeschafft wurden, trat überall, nur in England nicht, die *Folter* an die Stelle jener ungeschlachten Beweismittel im Untersuchungsprozesse. Allerdings, die Ordalien waren nicht bessere, nicht schlechtere Mittel als die Folterbänke, aber sie beruhten doch wenigstens auf dem Grunde einer abergläubigen Religiosität; man stellte die Sache Gott anheim. Und noch mehr: die gerichtlichen Prüfungen der Schuld und Unschuld waren öffentlich vor allem Volk. Mit der Folter, diesem Werkzeuge der Dummheit wie der Bosheit, verband sich zugleich aber ein neues Übel: Einführung neuer Gerichtsverfassung, fremder Rechte und – *Heimlichkeiten der Justizpflege*, die der *geheimen Polizei* ältere Schwester ist.

Wüßten wir auch sonst nichts von der nur im Element der Öffentlichkeit gedeihenden Gerichtsverfassung, der *Jury*, als daß sie vor dem Sultanismus der Kabinettsjustiz, vor dem Gerichtsdespotismus leidenschaftlicher oder feiler Tribunale schirmt; – wüßten wir auch sonst nichts von der geheimen Justiz, als daß sie lange Jahrhunderte hindurch, in einem ganzen Weltteile, die gräßlichsten aller Gefahren über dem Haupte auch der Unschuldigsten schweben ließ: so würde dies allein schon hinreichen, um uns jene verehren zu lassen und diese dem Abscheu zu weihen, den sie erwirkt hat.

39. Birmanen und deutsche Professoren

Der Stifter des Reiches der Birmanen, Alompra (der im Jahr 1760 starb), beschränkte sich, nach dem Berichte englischer Reisenden, z.B. des Majors Symes, nicht bloß darauf, die Gerichtshöfe bei seinem barbarischen Volke besser zu organisieren und die Gewalt der Richter zu beschränken, sondern um die Pflege der Gerechtigkeit vollkommen zu sichern, führte ihn sein natürlicher Verstand auf das natürlichste Mittel, welches am Ende jedes andere Gute schafft und jeder Verschlechterung am kräftigsten vorbeugt. Alle Prozesse an den Gerichtshöfen der Birmanen wurden *vor den Augen des Volks* verhandelt.

Das tat vor 80 oder 90 Jahren schon ein birmanischer Bauer, denn das war Alompra, ehe er, als Befreier seines Vaterlandes, den Thron bestieg; er tat es, ohne von britischen oder französischen Justizverfassungen zu wissen; er tat es, ein denkender Barbar unter Barbaren der Halbinsel jenseits des Ganges. Und heute noch gibt es deutsche Professoren, die vor eitel Gelahrtheit sich nicht von den Vorteilen der öffentlichen Justiz überzeugen können und in ihren Kompendien und Auditorien die Vorzüge der geheimen Rechtspflege in Schutz nehmen.

40. Unverdaute Ideen

›Die Zeiten sind nicht reif! Und Ideen, die die Menschen nicht verdauen können, schaden ihnen!‹ Das hör' ich oft.

Ich bin nun einmal ein starker Teleolog und frage gern bei allem nach dem ›Warum?‹ und ›Wozu?‹ –

Warum gestattet die göttliche Weltordnung auch Ideen, die nicht von jedermann verdaut werden? Sie gibt doch sonst nichts ganz Überflüssiges und schlechthin Unnützes.

Es ist vielleicht mit den unverdauten Gedanken in den Köpfen der Menschen wie mit dem unverdauten Samen der Pflanzen im Magen vieler Vögel, die im Plane der Vorsehung eins der wirksamsten Mittel zur Verbreitung der Vegetation sind. Manche Köpfe, wie manche Tiermagen, scheinen bestimmt, nicht Wahrheiten oder Sämereien zu verdauen, sondern sie eben unverdaut weiterzugeben. Vielleicht ist keine einzige große Wahrheit vorhanden, die einmal fruchtbar würde, welche nicht lange vorher schon in den Köpfen der Menschen unverdaubar herumgeworfen wurde, ohne daß man wußte, wozu sie irgend in der Welt tauge. Man trägt sich noch heut mit mancher dieser Art herum und gibt sie weiter; hängt ein ›Wenn oder Aber oder Vielleicht‹ daran, bis ohnbemerkt das harte Saatkorn erweicht, enthülset und zuletzt, wenn auch sehr spät, aufkeimt. Wie viele Millionen Samenkörner schlafen still unter der Erde, bis Licht und Wärme kommen! – Schlagt den finstern Wald ab, und es steigt sogleich eine ganz andere Welt frischer Pflanzen aus dem Boden.

41. Die Gesellschaft im Staatszwinger

Man wird bei allen Nationen, die ein Kastenwesen hatten, die in scharf geschiednen Ständen voneinander gesondert waren, die inner festen Schranken eingeschachtet lebten, bemerken, daß der Gang ihrer Zivilisation träger war, daß sie hinter den übrigen allen zurückblieben. Ich könnte hier nur an die Ägypter oder Hindus erinnern, aber auch, statt an Afrikaner oder Asiaten, an europäische Nationen. Wie anders war der Gang der Engländer, der Franzosen, der Nordamerikaner, – wie anders der Gang unter den Völkerschaften Deutschlands, im gleichen Verhältnis, wie Ritter-, Pfaffen-, Nähr- und Wehr- und Lehrstand, Zunftwesen, Leibeigenschaft nach und nach die scharfen Grenzlinien gegeneinander verloren!

Es muß freie Bewegung, freie Mischung, Wechsel und Veränderung im Leben, im Umgang, in der Umgebung, im ganzen Staat sein, wenn ein Volk gedeihen soll. Der Mensch versauert, wenn er immer und ewig das Gleiche sieht, hat, tut und dem kein Ende weiß. Er wird Gewohnheitstier. Wie der einzelne Mensch so ein Volk, in seine unabänderlichen Klassen-, Stände-, Rang- und Geschäfts-Abteilungen in seinem Innern voneinander abgesperrt. Der Mensch, wie ein Volk, in immer neuen Umgebungen, neuen Aussichten, neuen Berührungen, wird auch täglich ein neuer, ein geistig erregterer, ein tauglicherer Mensch.

Unter den nach Botany-Bay Verwiesenen wiederholt sich in unsern Tagen eine Erscheinung, die wir vor 100 Jahren an dergleichen Personen in Amerika zu bemerken Gelegenheit hatten. Weiber, die in Europa lüderlichkeits- oder alterswegen lange unfruchtbar waren, werden nach einer kurzen Zeit dort wieder fruchtbar. Ebenso bekannt ist eine ähnliche Regeneration besserer Gesinnungen bei solchen Personen, die in ihren europäischen Verhältnissen schon lange unwert waren und, in neuen Berührungen, gleichsam aus sich selbst und über sich selbst hervorgingen.

42. Augenfehler

Einer von den politischen Badauds in Paris, der itzt noch eine nicht unbedeutende Stelle einnimmt, warnte mich, und ich will glauben, recht wohlmeinend, vor Umgang mit dem geistvollen *Oelsner*. Diesem weder an Talenten noch Einsichten gewachsen, hielt er ihn ganz treuherzig für einen Spion. – »O, in dessen Gesellschaft muß man sich die Taschen zuhalten!« sagte er mir. – Er fürchtete den edeln und scharfsinnigen Deutschen, wie sich Kinder fürchten, wenn sie jemanden versteckt glauben und ihn daher nicht sehen; oder wie Erwachsene vor allem, was sie nicht begreifen und übersehen können, bedenklich und furchtsam werden. Geistige Kurzsichtigkeit macht argwöhnisch, wie körperliche; macht den Fehler des Auges zum gefährlichen Fehler des Gegenstandes. Daher ohne Zweifel auch die Bangigkeit der unwissenden Menge vor Neuerungen, selbst vor den wohltätigsten; die Scheue der an Dämmerung gewohnten Augen vor dem Licht; die Furcht der Gläubigen vor der gefahrbringenden Vernunft; der Verdacht, welchen der einmal durch Gewohnheit Dressierte gegen die Einfälle seines eignen gesunden Verstandes hegt.

43. Malthus und seine Jünger

Solche Dachstuben-Weisheit nennen sie politische Ökonomie; und damit wollen sie die kranke Welt kurieren! Sie sperren den Gewerbfleiß, legen weite Landstrecken in die tote Hand der Majorate, Fideikommisse und Klöster, füttern den Überfluß mit Überfluß und speisen die Armut mit moralischen Lehren ab. Dann schreien sie über die traurigen Wirkungen der Übervölkerung. Und welche Heilmittel empfehlen sie? Sie predigen, man müsse der Ehelustigkeit wehren. Malthus meint, das verzehrende Feuer der Sinnlichkeit mit guten Lehren besprechen und bannen zu können. Und seine gläubigen Jünger seh' ich auf den Bänken der Gesetzgeber, wo sie zierliche Reden halten, um sich applaudieren zu lassen.

Und wem empfehlen sie diese Enthaltsamkeit, zu deren Höhe der Fanatismus selbst sich zu oft nur um den Preis des Wahnsinns hinaufzukämpfen vermochte? – Dem gemeinen Mann, der Menge des dürftigen Volkes, die oft ein Drittel der Landesbewohner ausmacht; jener Menge, der zwischen dem unentbehrlichsten Lebensbedarf und der erschöpfenden Anstrengung um Erwerb von Mitteln, ihn zu befriedigen, selten ein Augenblick zum Nachdenken übrigbleibt. Diese Menge soll raisonieren wie Malthus und leben wie der heilige Pachomius. Sie *soll* es, gebieten die Herren; sie *soll* sich von den wahren Grundsätzen der politischen Ökonomie durchdrungen fühlen; sie soll in vernünftiger Berücksichtigung des Zweckes einer gutgeordneten Landeshaushaltung und im ehrerbietigen Schweigen vor dem kategorischen Imperativ der Pflicht den eiteln Schrei der Begier überhören; den Freuden des ehelichen Lebens und der Vater- und Mutterschaft entsagen, zu welchen die Natur sie ruft; dem einzigen Genusse entsagen, von welchem sie keine direkten oder indirekten Steuern zahlen muß, während dem privilegierten, begünstigten Mitgliede der Gesellschaft, trotz allem Aufwande von Erziehung und Unterricht, sein sybaritischer Luxus nicht übel behagt und seine Ausschweifungen selbst als liebenswürdige Schwächen erscheinen.

Es mahnt mich das an den Lärmen, welchen die Bischöflichen in England gegen den armen Lancaster erhoben, weil er, den Fleiß seiner Schulknaben durch Ehrgefühl [zu] wecken, ihnen kleine Ehrenzeichen austeilte. Sie sollten nicht durch so unedle Mittel geleitet, sondern aus *reinen* Motiven fleißiger werden. Die kleinen Jungen sollten es, während die großen, von einem Ende Europa's bis zum andern, die Buntscheckigkeit des Kaleidoskops mit ihren dekorierten Röcken zuschanden machen.

Goethe sagt eine tiefe Wahrheit: ›Es gibt eine Art des Menschenhasses, die keine Krankheit der Galle noch der Einbildung, sondern eine *Schwermut der Vernunft* ist.‹ Ich fühl' es, sie überfällt mich oft. Wie kann man auch den Quergeist der Vertierung unsers Geschlechts lieben? Wie sich auch nur daran gewöhnen?

44. Der leidende Gehorsam

Nichts hat die niedern Stände so klug gemacht als die Mühe, welche sich die höhern gegeben haben, ihnen zu empfehlen, unwissend und dumm zu bleiben. Denn wie unwissend sie auch immer sein mochten, mußten sie sich doch neugierig fragen: ›*Warum sollen wir's bleiben, warum wollen sie's nicht sein?*‹

Eine ehrliche und vernünftige Antwort ließ sich darauf nicht wohl geben. Man erklärte also von oben herab in Reskripten und Edikten einfach gebietend: ›So ist's unser gnädiger Wille‹, was bei den Römern sic volo, sic jubeo und bei den Franzosen tel est notre bon plaisir geheißen wurde. Oder man ließ die untern Unterrichtsanstalten verstümmeln oder versäumen, oder erschwerte die Benutzung derselben für die unbemittelte Jugend. Nur in einer einzigen landesfürstlichen Verordnung, die den Unterricht der Geschichte und Statistik für Garnisonschulen der Soldaten verbietet, fand ich die Absicht davon trocken ausgesprochen. Man wollte, der gemeine Mann sollte gemeiner Geist bleiben. Die *Ordnung des Staats* verlange dies. Hiemit war also das freimütige Geständnis abgelegt: die Ordnungen Gottes in der Natur widersprechen denen unsers Staats. Es kömmt nicht auf Tugend oder Neigung oder auf vom Himmel erteilte Talente des Menschen an, der Menschheit oder dem Vaterlande wertvoll zu werden, sondern [auf] unsere Gesetze, wenn sie dies gestatten wollen. Als Erwägungsgrund war auch angeführt: wie der Zeitgeist an sich schon das unmäßige Streben der niedern Stände, in die Befugnisse der höhern einzurücken, befördere und wissenschaftliche Anregung dem gemeinen Krieger Beruf und Lage verleiden müsse. Denn das Höchste, was einen solchen erwarte, sei die Stelle eines Feldwebels, wozu Lesen, Schreiben und Rechnen genüge. – Man ging sogar, auch in Rücksicht des Unterrichts für die Jugend der höhern Stände, so weit, daß man auch diesen beschränkte und anbefahl, was die künftigen Zivil- und Militärbeamten künftig *wissen* und was sie *nicht wissen, erfahren* und *nicht erfahren, behaupten* und *nicht behaupten* sollten.

Gerade diese widernatürliche Staatskünstelei mußte dem gesunden Menschenverstand der Untertanen lächerlich werden, ihnen die höhern Stände verhaßt machen und das volle Gegenteil von dem wirken, was man bezweckt hatte. Waren die Schulen zu schlecht, hielt man Privatlehrer. Konnte man diese nicht halten, las man Bücher, wenigstens Zeitschriften, allerwenigstens Zeitungen. Wurden diese unter dem Messer der sogenannten Zensur in ihren Tatsachen verstümmelt, so verloren sie das öffentliche Vertrauen, und der Verlust desselben ward auch der des Zutrauens auf die Regierungen. Schon die natürliche Funktion des Denkens, zu allem Gegebenen sich den Gegensatz des Nichtgegebenen, zum Negativen das Positive vorzubilden, führte die Leute dahin, zu dem, was sie wissen *sollten*, sich beizufügen, was sie eigentlich wissen *wollten*. In den Untertanen ward mehr Licht, als die obern Staatsbehörden wußten oder hatten. Die Wirkungen davon sind unausbleiblich. Sie werden nichts weniger befördern als den Untergang der Staaten oder der Monarchien, aber den Untergang jener widernatürlichen Institutionen, welche der Natur der Dinge, welche der göttlichen Weltordnung zu trotzen wagen.

Man predigte ehemals, und hin und wieder noch itzt, den *leidenden Gehorsam*, statt zum sich seiner selbst bewußten *aktiven Gehorsam* anzuregen, wie sich ein solcher z. B. herrlich im Aufstand der deutschen Völkerschaften gegen Napoleon im Jahr 1814 offenbarte. Weil man das Natürliche und Gute nicht wollte, hat sich der *leidende Gehorsam* itzt schon in einen *passiven Widerstand* verwandelt.

Man hat sehr unrecht, die heutigen Institutionen mehrerer europäischen Staaten alt und darum an sich schon ehrwürdig zu erklären. Sie sind von den ursprünglichen wesentlich abgewichen, die ihr Entstehen naturgemäß in den Bedürfnissen *ihres* Zeitalters, in den Verhältnissen *ihrer* Zivilisation sahen. Gerade deswegen fand man damals mehr *aktiven Gehorsam*. In Italien, Deutschland, England, Frankreich, Spanien, Holland usw. hatte das Volk ein Stimmorgan. Man unterdrückte es allmählich.

Ihrem Herzog Wilhelm schrieb im Jahr 1485 die Stadt Braunschweig: ›Wir haben in Gnaden und alter Gewohnheit, von Herrn zu Herrn, bis auf diese Zeit gehabt, *daß wo wir nicht mit rathen, also sollen wir auch nicht mit thaten.*‹ Der Grundsatz galt überall. Das englische No vote, no tax! ist nur eine Modifikation desselben.

Im Wandel der Welt, wo nichts bleibend ist als die Veränderlichkeit, den Wert der Dinge nach ihrem Altertum zu messen, ist schon an sich Torheit. Positive Gesetze, hervorgegangen aus Zeitbedürfnissen, sind keine Naturgesetze, weil diese das Gepräge des Ewigen, jene nur das ihrer Zeit tragen. Die unwandelbare Heiligkeit und Wohltätigkeit von jenen wird, und ward immer, mehr aus Eigennutz als aus Überzeugung verteidigt. Darum war man genötigt, in Ermangelung besserer Gründe, die Zuflucht zum Altertum zu nehmen, ohne daran zu denken, daß das Alte unter neuen Verhältnissen und Umgebungen, und außer Vereinbarkeit mit diesen, weder ein Neues sei noch ein Altes in seiner alten Wirksamkeit, sondern Verwesetes zum Düngen für den Boden der Gegenwart.

Constantin der Große war es, der den *leidenden Gehorsam* der Christen staatsklug in einen *aktiven* verwandelte. Als Symmachus (im Jahr 384) sich mit einer beredten Bittschrift zugunsten des alten heidnischen Götterglaubens an Kaiser Valentinian II. wandte, legte auch *er* ein großes Gewicht auf den Gedanken, daß doch nun einmal die alte Religion die *alte* sei und Rom sich bei ihr wohlbefunden habe. Aber die damaligen Neuerer, – itzt heißen sie *Kirchenväter*, erwiderten mit Recht: dürfe solcher Grund gelten, so müsse man zur Sitte der Vorfahren, selbst zu ihrer Eichelkost, umkehren.

Für mich bleibt es eine der erfreulichsten und merkwürdigsten Erscheinungen vom Fortschritt des öffentlichen Geistes in Europa, daß durch die Reden der französischen Advokaten in dem berüchtigten ›*Tendenzprozeß*‹ zu Paris ein Federstreit veranlaßt werden konnte, zwischen Herrn Dupin und Leo XII.; zwischen einem Privatmann, dem keine Macht zu Gebot steht als die des Wortes, und dem unfehlbaren Glaubensvater der katholischen Christenheit, der noch vor kurzem – oder wie lange ist's her? – den größten Fürsten nur absprechende Entscheidungen, höchstens Flüche, entgegensetzte, und zwar mit Erfolg entgegensetzte. Herr Dupin nahm von der Machtvollkommenheit auf dem Stuhl Petri wenig Notiz; ihm war es um eine ganz andere Heiligkeit als die päpstliche, um die des *Rechts* zu tun. – Die Aufsätze der römischen Zeitung, in Sachen des Papstes contra Dupin, gehören zu den köstlichsten Aktenstücken der Zeit- und Sitten-Geschichte.

45. Handel, Gewinn und Profit

Der *Handel* ist kein *Spiel*, obwohl vielmals heutzutage auch *Spiel* für *Handel* angesehen wird. Es muß, was einer im Handel gewinnt, keineswegs von einem andern verloren werden. Im Gegenteil besteht Zweck und Segen des Handels darin, daß er beide Teile, die ihn treiben, bereichert. Jeder gewinnt, was er braucht, gegen das Hingeben dessen, was er leichter entbehren kann oder ihm überflüssig ist.

Kaufleute treiben Handel nicht des Gewinnes wegen, den er *allen* bringt, sondern des Vorteils willen, den er ihnen selbst abwirft; gleichwie Advokaten die Gesetze auslegen, nicht um der Gerechtigkeit willen, sondern ebenfalls zu ihrem eigenen Vorteile. Für diese Art von Gewinn mag die Benennung *Profit* vorbehalten bleiben; es ist der *Gewinn auf andrer Kosten.*

Dieser Gewinn aber ist nichts weniger als notwendig mit dem Handel verknüpft. Es ist nur der Zweck des Kaufmanns, nicht des Handels; nicht die Ausbeute des Völkerverkehrs, sondern die Schlacke, in der das edle, auszubeutende Metall vererzt ist und unter unsern gegenwärtigen unvollkommenen Verhältnissen erlangt wird.

Eben auf dieser Verwechselung des Gewinns mit dem Profit beruht wohl zum Teil auch und oft ganz die Lehre von Handelsbilanzen und Prohibitivsystemen.

Der Handel ist nur unter Völkern eine Lotterie ohne Nieten; bei den Handelsleuten bringt er für sie auch der Nieten genug. – Er hat aber wohl eine höhere Bestimmung als die, einen bloßen Erwerbzweig für einzelne abzugeben.

46. Mehltau

Viele Finanzmänner machen von den heilsamsten Grundsätzen der Nationalökonomie eine so seltsame Anwendung, und wahrscheinlich aus denselben Gründen wie die jesuitischen Kasuisten von den reinsten Grundsätzen der Sittenlehre. Wahr ist's, daß die beschleunigte Zirkulation des Geldes und der Erzeugnisse den Wohlstand mehrt. Statt zu dem Ende, durch Beseitigung der Hemmungen, die dem Kreislauf der Produkte und ihres Wertes entgegenstehen, jenes Gesetz zu erfüllen, Monopole, Innungen, Zölle, Mauten usw. abzutun, glaubt man durch den Luxus der Höfe, Klöster, Majorate und müßige, stehende Heere das gleiche zu erreichen. Die Geldvergeudungen von oben werden durch vermehrte Abgaben wieder von unten aufwärts gepumpt. Das ist Zirkulation! Statt durch den *Tau* der Freiheiten das ausgesogene Land zu befruchten, lassen sie reichlich den *Mehltau* der Steuern über die dürftigen Gewächse fallen.

47. Verfehlter Zweck

Die *höchste Blüte des römischen Rechts* fällt in die Zeiten des tiefsten Verfalls aller bürgerlichen Freiheit, ins zweite und dritte Jahrhundert. Der größte Jurist, Papinian, war des größten Tyrannen, Caracalla's, Präfektus Prätorio. So versanken, bei fortdauernder Herrschaft des nämlichen Rechts, die Werkzeuge des Despotismus, selbst die Dekurionen der Munizipien, zu jener namenlosen Herabwürdigung, die selbst *unter* die Knechtschaft erniedrigte. Man verurteilte zuletzt sogar Verbrecher, sich zu Dekurionen machen zu lassen, ernannte dazu Juden und Ketzer; uneheliche Kinder wurden legitim, wenn sie freiwillig diesen Stand erwählten.

Umsonst versichern uns die begeisterten Lobredner jenes Rechts, wie Savigny und andere, nicht dieses Recht *an sich*, seine willkürliche, tyrannische Anwendung nur sei an dem Unglück schuld gewesen. Die Gehaltlosigkeit einer Gesetzgebung wird nicht bloß in dem Unglück, welches durch das Gesetz, sondern auch in dem dargetan, das ungeachtet seiner verursacht werden kann.

Auffallend steht dem entgegen das Wohlsein des englischen Volks bei der mangelhaftesten Gesetzgebung und selbst Rechtspflege und namentlich bei dem abscheulichsten peinlichen Rechte, das sich denken läßt.

Der Unterschied ist in beiden Fällen nur der, daß die *Römer* auch ohne ihr Gesetz unmöglich haben unglücklicher sein können, hingegen die *Engländer* noch glücklicher sein würden *ohne ihr Gesetz.*

Die Gesetze der germanischen Völkerschaften waren Erzeugnisse ihrer Zeit, ihrer Sitte, ihrer Denkart, nur individuell ihnen selber angemessen. Das römische Recht hingegen, eben seines allgemeinen, nirgends mehr einer besondern Volkstümlichkeit entsprechenden Gepräges wegen, gelangte zu immer mehr verbreiteten Gültigkeit. Es fand überall Eingang, eben weil es nirgends einheimisch war; konnte überall vorkommen und überall fremd bleiben und auf alles angewandt werden, gerade weil *es auf nichts besonders passe.*

Wäre das positive Gesetz, was es immer, um ein *gutes* zu sein, doch notwendig sein sollte, eine treue Stimme der Regierungs- und Untertanen-Bedürfnisse *jeder Zeit*, so müßte sein Dasein ebensowohl durch den allgemeinen Willen zu *erhalten* als zu geben sein. Aber nicht aus der Natur des Volkes, sondern aus der Kunst des Gesetzkünstlers hervorgetreten, herrscht es nicht durch eigne, überzeugende Gewalt, sondern durch Anwendung des *Zwanges.*

Das *positive Privatrecht* soll, – wie töricht freilich auch ein solches Beginnen, wie töricht auch die Absicht sein mag, ein ewig Wandelbares künstlich verknörpeln und verknöchern zu wollen, – es soll doch nur alle *wirklich vorkommende Fälle* des gesellschaftlichen Lebens regeln und bestimmen. – Die *Strafgesetzgebung* hingegen schafft nicht allein das Gesetz, sondern auch seinen Gegenstand, nicht allein die Strafe, sondern auch – das *Verbrechen.* Solange das Intresse der staatstümlichen Gesellschaft noch ein anderes ist als das Intresse einer menschlichen Gesellschaft, muß notwendig die peinliche Gesetzgebung der Staaten eine andre sein als die des Gewissens, und in diesem Sinn ganz folgerichtig ist nicht *das* eine Strafe, was auf ein Verbrechen folgen soll, sondern umgekehrt, das ist ein Verbrechen, worauf eine Strafe gesetzt wird.

48. Ehegesetze

Die Barbarei des Mittelalters machte die Strenge in den Ehegesetzen, die Erschwerung der Ehescheidungen nötig. Die Kirche heiligte in ihrer Art das Werk und brachte es auf unsre Zeiten. ›Was Gott verbunden hat, soll der Mensch nicht scheiden!‹ sagte sie.

Man verstand darunter eben nicht, daß Gott unmittelbar alle Ehen gestiftet habe, die z. B. auch aus Konvenienz, wegen Rang, Familienstand, Vermögensrücksichten usw. geschlossen wurden, sondern die Verbindung durch den Priesterspruch am Altar. Hier stand der Priester im Namen Gottes selbst.

Ehen sind und bleiben Verträge, wie Verträge andrer Art. Nur die Kirche machte den Ehevertrag unauflöslich und ließ keine Scheidung zu, ausgenommen für Geld und politische Intressen der Großen. Alles, was sich zugunsten für die größere Schwierigkeit der Scheidungen sagen läßt, beruht zuletzt auf die noch statthabende Rechtsungleichheit unter beiden Geschlechtern. Das Weib ist ewig unmündig, dienstbar, leidend, subordiniert durch die von Männern gegebnen Gesetze erklärt. Wären irgendwo in einem Lande die Weiber das stärkere Geschlecht, die Männer das schwächere, so würden diese ohne Zweifel über die Ungerechtigkeit der Amazonen klagen.

Das Christentum führte den Menschen zu höheren Bildungsstufen, somit auch zur *Monogamie.* Aber es konnte dem Weibe nicht das Gleichgewicht der bürgerlichen Rechte in den verschiednen Staaten verschaffen. Dies Gleichgewicht war nur Werk der Zivilisation selbst. In Familien und Gesellschaften von edlerer Gesittung steht das Weib schon dem Manne in Würde und Wert gleich. In Staaten von größerer Kultur genießt es schon bedeutendern Anteil an den bürgerlichen Befugnissen, an Verfügungsrechten über seine Person, sein Eigentum, seine Kinder usw.

Die *Polygamie* ist nichts anders als der entschiedenste, legalisierte Mißbrauch der Übermacht des männlichen Geschlechts, wie er sich unter Halbwilden oder Barbaren der großen, nichtchristlichen Staaten offenbart, während er sich unter Wilden kleinerer Horden in der brutalsten Mißhandlung des Weibes zu erkennen gibt.

Wäre die Frau überall und in allem so unabhängig wie der Mann, so würde er von der Scheidung nicht größern Vorteil ziehen können als sie. Bis dahin freilich müssen Ehegesetze für den schwächern Teil des menschlichen Geschlechts schützend Sorge tragen.

Aber welche Sorge tragen sie oft! Und wie feindselig stellen sie sich oft gegen die Ordnungen der Natur! Ich erinnere nur an Fälle, in welchen einzelne Familien nach Rücksichten fortgepflanzt werden müssen, die nicht die der Natur sind. Ich erinnere an die Verderblichkeit des Begriffes von ›Mesalliancen und Mißheuraten‹, an den Gegensatz, welchen hier der englische Adel zu dem des Kontinents darstellt. Ich erinnere daran, daß die auffallendsten Ausartungen in solchen regierenden Häusern zum Vorschein zu kommen pflegen, in welchen das *salische* Gesetz gilt, oder was eine strengere *›Etikette‹* das weibliche Geschlecht einzwängt.

Ehegesetze gleichen in dieser Hinsicht den Handelsgesetzen. Wäre es möglich, daß die Handelsgesetze irgendeines Staates nie vereitelt, immer aufs pünktlichste erfüllt würden: das Verderben des Landes müßte früh oder spät die unvermeidlichste Folge von der Wirksamkeit solcher Gesetzgebung sein. In gleicher Art, – würden die Gesetze, welche das gegenseitige Verhältnis der Geschlechter bestimmen, nie umgangen, es läßt sich mit hoher Wahrscheinlichkeit bestimmen, daß eine wüste Ausartung des menschlichen Geschlechts, physisch und geistig, erfolgen würde. Die *Contrebande der Liebe*, die ausgebreitetste, die es gibt, korrigiert den unnatürlichen Zwang unsrer Geschlechtsverhältnisse, wie Handels-Schmuggelei die zahlreichen Mißgriffe unsrer Prohibitivsysteme.

49. Was der Staat ist

Einer meiner Lieblingsphilosophen unter den Briten nennt den Staat ein *notwendiges Übel.* Notwendig ist allerdings jedes Mittel, weil ohne dem kein Zweck erreichbar ist, und ein Übel ist jedes Mittel, weil es durch seine Unvollkommenheit nie das vollkommene Wohl der bürgerlichen Gesellschaft herstellt.

Wunderliches Schulgeschwätz besonders der Deutschen ist's, die den Staat als ein *Ding an sich* behandeln und konstruieren wollen. Es kömmt mir vor, als wollte man eine *Haushaltung an sich*, a priori, nach dem Ideale, ohne Rücksicht auf die Personen und deren Alter, Geschlecht, Stand, Bildung, Bedürfnis usw. darstellen und konstruieren.

Was in aller Welt bleibt ein Mittel an und für sich, oder ein zweckloses Mittel? Ein *Unding an sich.*

50. Das Schmollen mit der Wahrheit

Es gibt der Menschen genug, die sich nicht darüber ärgern oder sich Vorwürfe machen, daß sie durch äußere Umstände oder durch Selbstüberschätzung ihrer Einsicht verblendet waren, um die Dinge *so* zu sehn, wie sie nun einmal wirklich sind: sondern die es der Wirklichkeit zum Vorwurf machen, daß sie das Gegenteil von dem ist, was sie sein sollte. Sie schmollen mit der Wahrheit und mit den ewigen Naturgesetzen, wie das Kind mit dem Stock oder Stein, über den es fiel, weil ihm Stock und Stein nicht aus dem Wege gegangen waren.

Wenn Privatpersonen mit der Wahrheit schmollen, kann man lachen; wenn Regierungen, dann weinen ihre Völker. Ein Beispiel dieser Sinnesart, und zwar von der lustigern Gattung, ist folgendes. Franklin, als amerikanischer Minister in Paris und Georgs III. mächtigster Gegenmann, war am englischen Hofe sehr gehaßt. Ein gewisser Wilson in London suchte im Jahr 1777 gegen Franklin zu beweisen, daß nicht hohe, sondern niedre, nicht spitze, sondern stumpfe Blitzableiter die bessern seien. Unter den Sachverständigen war nur *eine* Stimme über die Trüglichkeit seiner Experimente und die Unrichtigkeit seiner Behauptungen. Aber auf dem Palaste der Königin von England wurden die spitzen Ableiter mit den stumpfen vertauscht; als ob der königliche Beifall die Irrlehre zur Wahrheit umstempeln könnte.

51. Ein Selbstheilungstraum

Herr W** war vor mehr als 20 Jahren einmal im Juliushospital zu Würzburg gewesen, wo ihm besonders eine junge Wahnsinnige aufgefallen war, die blaß, stumm und still an ihrem Spinnrade saß und an allem, was um sie her vorging, keinen Teil zu nehmen schien. – Vor einigen Wochen war unter uns vom Juliushospitale die Rede; und in der folgenden Nacht versetzte ihn der Traum dahin. Er sieht da wieder die junge Wahnsinnige, die er vor 20 Jahren erblickt hatte, mit dem blassen, regungslosen Gesicht an ihrem Spinnrade. Plötzlich wendet sie sich, schaut zu ihm auf und sagt: »Sie haben kranke Augen!« Leider! antwortete er, denn wirklich war dem so, und schon lange hatte er deshalb den Arzt gebraucht. »Nehmen Sie ein Stückchen Vanille, zwar nur so groß«, sagte sie und deutete die Größe an ihrem Finger, »lösen Sie es in einem Glase Wassers auf und waschen Sie damit ihre Augen.« Er erwachte, erinnerte sich des Traumes, versuchte, was ihm in demselben geraten war, und seine Augen wurden von Stund an mit jedem Tage besser. – Herr W** hatte keine Ursach ein Märchen zu erdichten, war eben auch nicht der Mann dazu. Wären vielleicht nicht die Augen, auch ohne Vanille, von selbst heil geworden, so daß der Traum nur sehr zufällig damit in Verbindung trat? Oder wohnt der Seele wirklich ein Instinkt bei, dessen Forderungen sie uns träumend vorspiegeln kann? – Wir gehn wahrlich wie schlaftrunkne Kinder durchs Leben, die nicht wissen, ob sie noch fortträumen, oder nur geträumt haben. Das Spiel der Umstände macht unsre Fehlgriffe so oft zur Sache unsrer Klugheit, daß wir selbst an diese glauben. Unsre Fehler, unsere Lasterquellen aus Verirrungen der Urteilskraft, sogar unsre Tugenden sind oft, wir wissen nicht, was?

52. Treue an der Wahrheit
Der Wahrheit treu bleiben, heißt nicht, stehen bleiben, wo wir sie *finden*, sondern ihr mit festem Schritte *folgen*, wohin sie führt.

53. Persönlicher Mut
Parry, der Nordpolfahrer, hatte sich unter andern Begleitern zur dritten Reise auch einen jungen Seeoffizier gewählt, der bereits mehrere gefahrvolle Expeditionen nach verschiednen Weltgegenden, auch die erste und zweite Entdeckungsreise mitgemacht und sich selbst um die Auszeichnung mit Eifer beworben hatte, die dritte Unternehmung begleiten zu dürfen. Wenige Tage vor der Abreise übermannte ihn wieder ein solcher Grad von Kleinmut, daß er, unfähig, den bevorstehenden Mühseligkeiten und Gefahren entgegenzutreten, und ebenso unfähig, sich ihnen mit Ehren zu entziehn, – seinem Leben mit einem Pistolenschuß ein Ende machte. – Ähnliches tat ein russischer Oberst, ein Mann von anerkannter Tapferkeit, der sich wenige Tage vor der Schlacht von Leipzig, aus Furcht vor derselben, zu Dessau das Leben nahm.

Wie kann etwas so Zufälliges und Unsichres als der bloße, persönliche Mut an und für sich ein *Verdienst* ausmachen! Und doch rechnet man ihn für etwas, und findet in der Feigheit des Mannes seine Schande. Was wir soldatischen Mut nennen, ist allen Tieren gegeneinander gemein und Eigenschaft des schlechtesten Kerls, der seine Kraft fühlt. Aber der moralische Mut, der Geistesmut, ist desto größere Seltenheit. Aller Selbstmord aus Mangel am moralischen Mut ist sittliche Feigheit, in der sich auch Bankerottierer erhenken und entehrte Mädchen ersäufen.

54. Der Kongreß zu Rhinocorura

Der griechische Kirchenvater Epiphanius, derselbe, welcher das Lesen der Schriften seines weltberühmten Mitkirchenvaters Origenes verbot, gibt (in seinem Panario haeresium, 83) den ersten Kongreß an, der über Länderteilung in der Welt abgehalten worden ist. Die drei Söhne Noah's nämlich sollen auf einem Kongreß zu Rhinocorura zusammengetreten sein und die Provinzen der Erde unter sich verteilt, Noah aber diese älteste Staatsverhandlung in seinem Testament bestätigt haben.

Man darf darüber die Nase nicht rümpfen. Denn der fromme Philastrius, Zeitgenosse des erwähnten Kirchenvaters, wußte um die Sache so genau, als hätt' er das Testament Noah's selber eingesehn. Deswegen rechnete er (in seinem Werke *de haeresibus*) den Unglauben in Ansehung jener Teilung und ihrer Legitimität zu den Ketzereien. Sie ist bei ihm die 118te.

55. Ehrenposten

Man überlege es, wie man wolle, es bleibt unleugbar, die Menschheit liegt noch tief, – tief in der urheitlichen Tierzeit. Wer sind die Wohltäter unsers Geschlechts? Die, welche an der Spitze gedungener Kriegsknechte, mit Feuer und Schwert Länder verheeren, Tausende morden, ohne selber zu wissen, warum, als etwa, weil es ihnen jemand befohlen hat? Oder diejenigen, welche Völker zerstückeln mit einem Federstrich und sie verkaufen, vertauschen, verschenken wie Herden Vieh? – Gewiß nicht. Und doch sind ebendiese im Leben schon, unter Fluch und Tränen von Millionen, gepriesen, belohnt, vergöttert. – Oder sind diejenigen die Feinde unsers Geschlechts, welche durch Weisheit unsern Geist erhöhn, durch Erfindungen und Entdeckungen das Wohlsein von Millionen befördern? – Gewiß nicht. Und doch werden sie im Leben verhöhnt, verstoßen, gesteinigt, gekreuzigt.

An der Spitze der Verwüster stehn die Verehrtesten; an der Spitze der fortschreitenden Menschheit die Verachtetsten, und es ist, als ob diesen die Menge nur folgte, um sie zu verfolgen. Bei jenen ist der Ehrenposten vorn an; bei diesen nehmen die wütendsten Verfolger ihn ein.

56. Was schiert das uns?

In einem Wirtshause am Rhein erzählten zwei Männer, daß sie zu Gersbach vor kurzem einen wegen mehrerer Mordtaten bekannten, aus mehreren Gefängnissen entsprungenen Wilddieb, mit der Büchse auf dem Rücken, frei durch die Gassen gehn gesehen hätten. Viele Leute wären da umhergestanden, die ihn wohl kannten; aber natürlich rührte sich keine Hand, ihn festzuhalten.

»Natürlich?« rief ich mit Erstaunen. »Warum natürlich? Wenn keiner den Mut dazu hatte, warum meldete man die Anwesenheit des Menschen nicht sogleich den Behörden?«

Die Erzähler sahn mich, den fremden Reisenden, erst schweigend an; dann sagte einer: *»Er hat etwas mit der Regierung abzumachen; was schiert das uns?«*

Eine solche Passivität der Regierten, die sich von den Regierenden als etwas Getrenntes ansehn, ist vielleicht nur Erwiderung auf den Gemeinspruch der Regierenden: ›Wo kein Kläger ist, da ist kein Richter.‹

57. Preß-Frechheit

Wißt ihr, worin sie besteht? – In *einseitiger Preßfreiheit.* Eine andre Preß-Frechheit gibt es nicht. – Amtlich, durch besoldete oder zensierte Schriftsteller und Zeitungsschreiber, einem ganzen Volke die Wahrheit vorenthalten und sie gegen offizielle Unwahrheiten auswechseln lassen, – ungehindert Schriften und Traktätlein zur Nahrung des Aberglaubens oder wüster Schwärmerei drucken und kolportieren lassen, – ehrliche Beamte, die das Unglück hatten, in allerhöchste Ungnade zu fallen, noch dazu in öffentlichen Blättern verlästern und beschimpfen lassen, – dies und dergleichen, ist's nicht auch Frechheit, verübt durch die Presse; und eine um so größere, wenn jede öffentliche Widerlegung [für] unerlaubt erklärt und verhindert wird?

In jedem Lande, wo einseitige Preßfreiheit gilt und nur Schmeichelei oder Lob der öffentlichen Gewalten, zu denen auch die kirchliche gehört, und Bewunderung ihrer Verfügungen gestattet wird, empfängt selbst die im Dunkeln schleichende Verleumdung jener Obern und ihrer Taten die Gestalt der – *unterdrückten Wahrheit*.

Die Verleumdungen und Ränke, welche der Königin Marie Antoinette den gewiß unverdienten Haß des Volks und endlich ein so schmähliches Ende zuzogen, konnten nur unter dem Preßzwang gedeihen, der vor 1789 in Frankreich angeordnet war. Der Hof hatte sich durch ihn selbst wehrlos gegen die Macht des Volksirrtums gemacht; und die unglückliche Antoinette folgte nur zu blindlings in der Mitte einer etwas zivilisiertern Nation, als die Bewohner des russischen Reichs sind, dem ihr von der Kaiserin Katharina II. gegebnen stolzen Rat: ›Les rois doivent suivre leur marche sans s'inquieter des cris du peuple, comme la lune suit son cours, sans être arrêtée par les aboiments des chiens.‹

Wir sind noch nicht weit genug, um einzusehn, daß die Wahrheit jedem nützt; nur erst soweit, um zu begreifen, daß sie der Schlechtigkeit oder eigennützigen Intressen schadet. Darum einseitige Preßfreiheit.

58. Legitimität

›Die Legitimität der Vernunft und ihrer ewigen Wahrheit‹, sagt de Bonald, ›kann allein als Basis jeder andern Legitimität angesehn werden.‹ Dann aber sind die

Rechte der zur Gesellschaft eines Staatsganzen verbundnen Menschen nicht auf ihre Geschichte, sondern auf die Bedürfnisse ihrer Natur begründet. Wo aber will man davon hören?

59. Comenius

Dieser wackre Bischof, der Basedow des XVII. Jahrhunderts, den Herder mit St. Pierre vergleicht, war seinerzeit einer von denen in den Vorderreichen der Menschheit, der ihr ermunternd sein ›Vorwärts! Vorwärts!‹ zurief. In seiner Panegersie ›fordert er zur Reform aller unsrer allgemeinen und besondern Verhältnisse, in Wissenschaft, Religion und Staatseinrichtungen, auf‹. In den drei Worten *Omnia omnibus omnimodo* emendanda esse, meinte er, liege das ganze Geheimnis des Gelingens einer Reform unsrer gesellschaftlichen Zustände. Das Mißlingen guter Bemühungen sei bloß daher gekommen, daß man *nicht alles, nicht für alle, nicht auf alle Weise* habe verbessern wollen; sondern man habe geschont, zurückbehalten, geschmeichelt und damit das Böse oft nur ärger gemacht. Die Grundlage alles Übels der Gesellschaft wäre: ›Jeder rate für sich, sorge für sich, niemand für alle.‹

Guter Comenius! im XIX. Jahrhundert hättest du zu unsern Radikal-Reformers gehört und ihr Schicksal mit ihnen geteilt. Die Tugend, wie die selbstsüchtige Leidenschaft, geben beide ihren Rausch, in dem beide die Wirklichkeit nicht erkennen und richtig werten: Er heißt *Enthusiasmus* bei jener, *Fanatismus* bei dieser, und zeigt jener Engel des Lichts, wo dieser vor Teufeln zittert. Aber welcher gute und weise Mensch hat im Leben nicht wenigstens einmal die süße Trunkenheit empfunden, in die der Glaube und die Hoffnung und die Liebe des Vollkommnen versetzen!

60. Priesterehe

Nichts hat mich lange so überrascht als der Einwurf, den ein gewisser Chorherr Geiger in der Schweiz, also ein katholischer Priester, gegen die Zulässigkeit der Ehe katholischer Priester macht. Er führt in einer Druckschrift an, und zwar aus Erfahrung: ›Es würden sich die Geistlichen, wenn man ihnen itzt eine Frau gestattete, mit *einer allein* nicht begnügen, sondern mehr als eine haben wollen; also sei es besser ihnen *gar keine* zu geben.‹

61. Verfassungen

Man spottet über *schriftliche* Verfassungen, die man den Völkern gibt, weil dem sonst nicht so war. ›Schöne Phrasen sind's auf Pergament und Papier!‹ – Aber warum fasset Ihr die *Gesetze* schriftlich ab und wollet das *Grundgesetz* nicht also? Ihr entrücket durch Abfassung in Schrift dieses ebensowohl als jene der willkürlichen Auslegung und Vollziehung.

Die Verfassung wie das einzelne Gesetz werden, als geschriebenes Wort, dann erst durch ihre Schriftlichkeit gefährlich, wenn diese zur Verhärtung und unveränderlichen Beharrlichkeit des unvollkommnen Menschenwerkes beiträgt. Verfassungen dürfen nicht ewig die gleichen bleiben, sowenig als Gesetze; sie müssen sich mit den Bedürfnissen der Völker ändern. Jede Konstitution, die nicht selbst den legalen Weg zu ihrer Verbesserung zeigt und öffnet, wird vom Bedürfnis einer spätern Zeit notwendig auf illegaler Bahn gesprengt werden.

Verfassungen teilen übrigens das Schicksal aller Regeln. In Regierungen, wie in Künsten, leiten sie nur den Genius; – dem Schwächling werden sie Fesseln. Das edle Roß fühlt den Zügel kaum; das ungezogne beißt sich blutig auf der Stange. Den Guten wird das Gesetz nicht gegeben; und dem Schlechten bleibt auch das mildeste eine Bürde. Die Selbstbeherrschung bewegt sich mit Freiheit in der vorgeschriebnen Bahn; wie wollt Ihr diese Bahn dem anpreisen, der sich seiner Freiheit nur in der Zügellosigkeit seines Willens bewußt werden kann?

62. Prämien

Nur in wenigen Ländern und nur in wenigen Fällen sind gesetzliche Prämien für edle oder nützliche Taten aufgestellt; in den meisten aber finden wir Ermunterungen zur Immoralität, Preise zur Belohnung der Schlechtigkeit. Gutmütige Menschen werden dies nicht leicht glauben; aber sie müssen die Gesetze ihres Landes in dieser Hinsicht mustern, und es wird nicht an Beispielen fehlen, ihren Glauben zu erschüttern. Was sind die großen Lose der vom Staat eingerichteten oder privilegierten Lotterien anders als verheißene Belohnungen derer, die fleißig spielen, Ermunterungen der Untertanen zur Verschwendung und Unhäuslichkeit? – Was sind die ausgesetzten Belohnungen für geheime Angebereien anders als Ermunterungen zur Verräterei? Je größer der auf Waren gelegte Aus- oder Einfuhrzoll ist, um so größer ist der Gewinn oder die Prämie für den, der die meiste Contrebande macht und den Staat betrügt.

Ist es das Kennzeichen einer humanen Regierung, wenn sie zum Behuf ihrer Zwecke, zur Erreichung ihrer Vorteile sich lieber auf die Verderbtheiten als auf die Tugenden ihrer Untertanen lehnt? – Oder wenn sie Spielhäuser, wenn sie Bordelle stiftet, um die Unschuld vor Gefahren der Verführung zu sichern?

63. Der Handel und seine Wahrheiten

Es gab eine Zeit, in der das Unglück der Nationen darin bestand, daß sie das Bessere nicht kannten. Unser Unglück ist andrer Art; es besteht darin, daß man das Bessere nicht überall will. Nirgends ist das so anschaulich als in der politischen Ökonomie, insbesondre rücksichtlich des Handels, seit einigen Jahrhunderten in Erfahrungen und Entdeckungen erwiesen.

Daß der Gewinn des Handels nicht in Übervorteilung der Nachbarn; daß der Reichtum nicht in der größten Menge irgendeines Warenartikels, z. B. des Metalls, gleichviel ob des geprägten oder ungeprägten bestehe; daß noch nie ein Volk durch Handel, sei es auch der scheinbar nachteiligste, unglücklich und arm geworden sei; daß Freiheit und Sicherheit alles ist, was von seiten der Regierung zur Begünstigung des Warenverkehrs erfordert wird, – alles das sind einfache Wahrheiten, die schon seit 70 Jahren zur Evidenz erhoben sind. – Und dennoch, haben diese Wahrheiten denn wohl, nimmt man England aus, das auch in dieser Hinsicht mehr einer neuen Welt als der unsrigen angehört, auch nur einen Teil ihres unendlichen Nutzens verwirklicht?

Daß es nicht geschah, mag hin und wieder daran liegen, daß sie, ungeachtet ihrer Verbreitung, in den höhern am Spiel- und Speisetische zu ernsthaft beschäftigten Ständen der Gesellschaft *nicht bekannt wurden.* Vorurteile lernt man von der Amme; die Wahrheit nur durch sich selbst. Zum Beobachten und Nachdenken gehört eine Zeit, die der nicht hat, der das Leben nur in Lustbarkeiten genießbar findet. So erklärt sich's, daß es noch hie und da sogar Staatsmänner geben kann, welche, das Geld für Reichtum haltend, den Handelsgewinn der Nation mit dem Profit des Krämers, der die Käufer anführt, für das Gleiche nehmen und die Bockmelker-Arbeit verrichten, den Handel eines Volks zu balancieren, über den Kaufmann zu wachen, daß er sich ja nicht schaden tue u. s. f.

Indessen sind das Ausnahmen. Die meisten kennen die Wahrheit sehr wohl. Und wenn sie dennoch durch Sperren, Monopole, Mauten, Zölle, Akzisen u. dgl. m. dem Irrtum huldigen, so geschieht es gewöhnlich darum, weil dieser Irrtum, wenn auch gemeinschädlich, doch ihnen oder ihren Günstlingen vorteilhaft ist, und weil ihr Intresse von dem des Volks hinlänglich *getrennt* ist, um, soweit sie es zu berechnen imstande sind, unabhängig von demselben, ja auf Kosten desselben zu bestehn.

64. Geistige Luxusgesetze

Selbst Napoleon kam auf den Einfall, jedem der verschiedenen Stände ein bestimmtes Maß gewisser Kenntnisse, durch Einrichtung des öffentlichen Unterrichts, zutröpfeln zu lassen. Er fing ebenso an, von den verschiednen Klassen der Nation, besonders den höhern, einen gewissen Grad von Aufwand zu fordern. Er hatte den Sauerteig vermutlich noch aus der Schule von Brienne mitgebracht, oder aus eroberten Ländern, wo gewisse geistige und materielle Luxusgesetze, Schul- und Kleiderordnungen bestehn und schon sogar in den Volksgeist durch Gewohnheit fest eingerostet sind.

Ein wesentliches Hindernis der Zivilisation, ein eigentümliches Merkmal der barbarischen, alten Kasten-Zeit ist die Voraussetzung, manche Dinge gehörten dem und jenem nicht zu, schickten sich für seinen Beruf und Stand nicht, auch wenn er sonst Mittel und Neigung dazu besäße. Da heißt's bei manchen *Ausgaben*: ›Sie passen nicht für mich!‹ oder beim *Unterricht* der Söhne: ›Das ist zuviel für ihren Stand!‹

Die *geistigen Luxusgesetze* kommen bei vielen Staatsmännern neuerer Zeit besonders wieder zu Ehren. ›Das Volk braucht nicht alles zu wissen!‹ Also Bücher- und Zeitungsverbote, Zensurbehörden, Lizenzen für gewisse Schriften, aber erga Schedam. ›Aufklärung ist schädlich!‹ Also Pietisterei, Wunder- und Gespenster-Geschichten, Klöster, Jesuiten. Man möchte den verschiednen Ständen ihre Portion Kenntnis zumessen, wie man die Anzahl der Pferde bestimmt, mit welchen sie fahren dürfen.

Wenn einmal die Überzeugung allgemeiner sein wird, daß jede nützliche *Kenntnis* dem zu erlangen gebührt, der sie erwerben kann, wie jede *Ausgabe* dem, der sie machen kann; wird es, mit dem Verschwinden aller materiellen und geistigen Luxusgesetze, besser werden. Es soll mit dem Wissen sowenig Mangel getrieben werden als mit dem Genusse.

65. Die Verbesserer

Es ist mir aufgefallen, daß gewöhnlich berühmte Pädagogen übelgeratene oder höchst mittelmäßiggeratne Kinder haben; daß Leute, die ihre eignen Finanzen am übelsten verwalteten, bankerotte Kaufleute und ruinierte Landwirte die besten Lehrer oder Schriftsteller über Finanzwesen und Landbau waren. – Ohne Zweifel kennen sie am genauesten die Quellen des Übels, das sie elend gemacht, und darum eifern sie mit dem tiefsten Gefühl und ehrlichsten Sinn dagegen.

Mirabeau, der sittenloseste Mensch, tadelte, bei aller Nachsicht, die er mit sich selber hatte, die Laster der Gesellschaft am heftigsten. Basedow, wie mir einer meiner Bekannten erzählte, sagte einmal zu diesem ganz ehrlich: »Ich bin lange mit mir zu Rate gegangen, ob ich die Welt reformieren oder damit anfangen soll, euch [mich?] selbst zu reformieren. Und ich habe gefunden, *daß jenes nützlicher sei.*«

66. Humanität

Niemand *kann mehr* und niemand *soll weniger* sein als ein – Mensch.

67. Das Unglück der Armen

Die Lüderlichkeit derer, die nichts oder wenig haben, ist nicht ihre *Schuld*, sondern ihr *Unglück*. Sie sind *nicht reich genug*, um mäßig zu leben, wie Schriftsteller oft *nicht Zeit genug* haben, um kurz zu sein.

Vgl. Erfahrungsfrüchte II 11.

68. Irdische Majestät

Die Ständeversammlung soll eröffnet werden; nun Militärmusik, Glockengeläute, Kanonendonner, weltlicher und geistlicher Lärmen, Friedens- und Kriegsgetöse. Das Volk soll, in diesem Lärmen, *Größe* irdischer Majestät erkennen, wie der niedre, unwissende Pöbel die Allmacht nur im Donnerwetter.

Aber nicht im Sturm und Wetter verkündigte sich

Gott den Propheten, sondern im Wehen des Frühlings, der segenspendend über die Erde hinzog.

Vgl. Erfahrungsfrüchte I 21.

69. Mahomedanische Frömmigkeit

Gibbon erzählt von einem der Söhne Ali's folgende schöne Geschichte: Beim Aufwarten an der Tafel hatte ein Sklave unvorsichtig eine Schüssel heißer Suppe über seinen Herrn ausgegossen. Der nachlässige Unglückliche fiel ihm zu Füßen, die Strafe abzubitten, und wiederholte einen Vers aus dem Koran:

›Selig ist, der seinen Zorn beherrscht!‹

Ich zürne nicht! erwiderte der Verbrühete.

›Und der Beleidigungen vergibt!‹

Ich vergebe sie dir.

›Und der Böses mit Gutem vergilt!‹

Ich schenke dir die Freiheit und vierhundert Silberstücke.

Muß nicht jeder christliche Prälat die Erwiderungen des Ungläubigen bewundern? Und wenn ihm ein Beleidiger einen ähnlichen Bibelspruch vorhielte, würde dann jeder christliche Prälat bewundernswürdig sein?

70. Historische Memoiren

In *Frankreich* erscheinen viele Memoiren von Genossen älterer und jüngerer Zeiten, in *Deutschland* selten. Hier fehlt dazu der Mut, der Geist und die Ermunterung; und die schulgerechten Historiker verschmähen in der Regel solche Beisteuern zur Geschichte. Ich liebe sie und bin oft durch sie belehrt worden. Denn es gibt Ereignisse, die an sich unbedeutend sind, von den meisten übersehn werden, aber erst durch ihre Folgen hohe Wichtigkeit gewinnen. Sie sind in dem Gemälde der Zeit die ersten Anlagen und Pinselstriche des Schicksals, wie in dem des Malers die ersten hingeworfnen Züge, nichts weniger als etwas Vollendetes für sich, aber dieses vorbereitend und unentbehrlich.

71. Haidebrennen
Möser erzählt in seiner osnabrückischen Geschichte, das unter den Landleuten in Westfalen übliche Anzünden des Haidekrauts sei mehrmals von der Regierung verboten worden. ›Der augenscheinlichste Nutzen sträubte sich aber gegen das Gesetz. Der Bauer bezahlte die Strafe und – brannte. Und die jährliche *Strafe* hat sich in eine jährliche *Abgabe* verwandelt.‹

Das Beispiel ist interessant, weil es in wenigen Worten die Geschichte von der Entwickelung des Regierungswesens zeichnet. Man regierte, zuerst weil man die Macht hatte, dann weil man sich für unentbehrlich hielt, zuletzt weil es ein einträgliches Geschäft ward.

72. Prinzipien-Streit
Man streitet sich über das ›monarchische Prinzip in seiner vollen Reinheit‹, ob es in ganzer Unbedingtheit wohltätig oder nachteilig sei. Man sollte doch erst ausmitteln, ob die Anwendung solches Prinzips irgend möglich oder jemals bei irgendeinem Volke, seit es Völker gibt, verwirklicht gewesen sei. – Die Frage ist nicht, *ob* Monarchen beschränkt sein sollen. Solange sie Menschen sind, hat die Natur ihren Geistesgaben und äußern Verhältnissen Schranken genug gesetzt. Sondern die Frage ist: *Was* sie beschränken soll, ob das Intresse ihrer Ratgeber, der Vorteil ihrer Lieblinge, die Leidenschaftlichkeit der Begünstigten, oder ob gesetzlich festgestellte Ordnungen.

73. Teufelsbündnisse und Carbonari
Was man im XV. oder XVI. Jahrhundert nicht zu erklären wußte, schrieb man damals in der Regel dem Bündnis mit dem Teufel zu. Heutiges Tages macht man's noch ebenso. Zwar glaubt man nicht mehr an Fausts Bund mit Mephistopheles, aber was dieser sonst auf seine Rechnung nehmen mußte, schreibt man itzt auf Rechnung der Carbonari und demagogischen Propa-

ganda, die im ganzen Weltteil unsichtbar besteht und von Paris aus mit Tonnen Goldes unterhalten wird.

74. Bedeutung des Gedankens

Der Same fällt auf rohen, unempfänglichen Boden und stirbt; so der Gedanke, so eine große Ahnung, so eine Erfindung im dafür unreifen Zeitalter. Man hört, man liest, man diskutiert da Dinge, welche zu andern Zeiten eine halbe Welt in Flammen setzen würden, so ruhig, gleichgültig und leicht, als wäre vom Wetter die Rede.

Ein merkwürdiges Beispiel der Unanstößigkeit auch der derbsten Wahrheiten in einer arglosen, vor Anwendung solcher Wahrheiten unbesorgten Zeit gibt Schlözer, besonders in seinen Staatsanzeigen.

So macht er (XII. 47. No. 41) bei Gelegenheit einiger Vorstellungen der österreichischen Stände gegen eine neue Kriegssteuer die Anmerkung: ›Ein Volk, das sich bloß von Einem, es sei ein Individuum (Monarchie) oder ein Unum morale (Aristokratie), ohne seine Einwirkung *taxieren* läßt (ein Ausdruck aus dem britischen Staatsrecht, auf Latein tondere, oder, wie es kommt, deglubere pecus), ist schafsdumm. Will's Gott, wird noch vor Ausgang des XVIII. Jahrhunderts dieser britische Satz als Axiom in allen compendiis juris publici universalis gedruckt stehn.‹

Ebenso machte er überall, aber freilich ehe die französische Nationalversammlung in ihrem Verfassungsentwurf es getan hatte, jene Menschenrechte geltend, die vollgültiger und älter als alle positive, willkürliche Gesetzgebereien sind.

Die damaligen österreichischen ›Studiendirektoren‹ nannte er ›Universitätspaschas‹. Aber dreißig Jahre später war in Göttingen, wie auf andern deutschen Hochschulen, solcher Pascha, der die Professoren in seinem Vorzimmer versammelt sah.

Er nannte Ludwig den Vierzehnten wegen Einäscherung der Pfalz nur ›Ludwig den großen Mordbrenner in Speyer und Worms‹ und bricht dabei (Staatsanzeigen

XIII. 51. No. 46) in die Worte aus: ›O Despotenthrone! Völker und Herrscher, reißt sie nieder. Der sanfteste Menschenfreund, der darauf sitzt, kann, muß ein Tyrann werden. ‚Si le roi avoit été temoin de ce spectacle, il auroit lui même éteint les flammes‘, sagt Voltaire. Aber die Louvois, die Mélacs, die Foulons wissen's schon zu machen, daß der menschenfreundliche Despot – unumschränkter Beherrscher – nicht Zeuge ihrer spectacles werden, den Brand, den sie mit dessen Allerhöchster Erlaubnis angestiftet haben, nicht sehen mag, nicht löschen kann.‹

Wenn Schlözer (ebendaselbst 52. No. 53) die Französische Revolution gegen einen Verteidiger des deutschen Klosterunfugs in Schutz nimmt, – (es geschah nach dem Oktober 1789, aber freilich vor dem August 1792), nennt er sie eine Begebenheit ›so schön, daß zweifelsohne Gottes Engel im Himmel ein Te Deum laudamus darüber angestimmt haben‹.

Dergleichen Äußerungen gehören itzt (1825) nur noch zu den literarischen Kuriositäten. Was würde des redlichen und geistreichen Mannes Schicksal gewesen sein, wenn er so in unsern Tagen gelehrt und geschrieben hätte?

75. Intoleranz

Sie ist, wie der Krieg, eine Geißel der Menschheit; aber, wie dieser, als *Verteidigungsmittel*, gerecht. Man soll intolerant gegen die Intoleranz sein – und keine Sekte, Kirchpartei oder Religionsgesellschaft dulden, die außer sich keine andre dulden will. Denn eine solche hebt alle Gewissens- und Lehr- und Denkfreiheit auf. Sie macht allen, die sie nicht beherrschen kann, den Krieg. Es ist nicht Mäßigung, sondern Dummheit oder Feigheit, sich ohne Gegenwehr und Verteidigung seines natürlichen Rechtes den Krieg machen zu lassen.

Über die Öffentlichkeit

1. Öffentliche Meinung. Öffentliches Leben

Das Schicksal der Meinungen gleicht in unsern Zeiten dem der Ketzer in *Rom*. Liegt ein Papst im Sterben, so öffnet man die Gefängnisse und läßt alle Missetäter ziehen. Aber nur die größern, die das Verbrechen begingen, anders zu denken als ihre Wächter, behält man im Auge, und kaum über die Schwellen ihrer Kerker hinaus, werden sie wieder aufgefangen und eingesperrt.

So entfesseln die Mächtigen der Erde in irgendeiner großen Todesnot mit allen *Leidenschaften* auch alle *Wahrheiten*. Sie werden ausgesandt um Rettung und sollen Kräfte wecken, die kein Machtgebot zu schaffen und keines zu lenken vermag. Ist aber die Not vorüber, so werden ihnen alle Sbirren der verjüngten Herrschaft nachgesandt. Die losgelassenen *Leidenschaften* sind freilich sicher in ihren Schlupfwinkeln, in der Stille des verbissenen Grimmes, in der Tiefe des erbitterten Herzens; aber die *Meinungen*, um nicht endlich mit verbrecherischen Leidenschaften in Bund zu treten, müssen sich zeigen dürfen und *sollen* es doch nicht; und man fängt sie wieder ein, nachdem sie ihr Tagwerk getan haben, und will sie unter Schloß und Riegel unschädlich machen, wenn man ihrer nicht mehr bedarf.

Ein ähnliches Verfahren ist indessen zu begreifen und selbst zu entschuldigen, solange das Leben der Gesellschaft überhaupt, *als ein verborgenes*, besteht. Solange Gesetzgebung, Verwaltung und Rechtspflege unter dem Schleier des *Geheimnisses* gedeihen sollen, mag es billig bezweifelt werden, ob eine laute Meinung über diese Gegenstände wünschenswert oder nur zu gestatten sei. Eine *öffentliche Meinung* ist unzertrennlich von einem *öffentlichen Leben*. Sie setzt es voraus oder hat es früher oder später notwendig zur Folge; und so führt dann die Frage, ob es – nicht etwa Meinungen über gewisse Dinge, sie pflegen sich ohne Frage und Erlaubnis von selbst zu machen, – sondern ob es eine öffentliche Meinung geben, ob die Mitteilung des Gedankens nicht als *Tatsache*, sondern als *Recht* bestehen soll? unmittelbar zu einer umfassendern: über das Dasein der Öffentlichkeit überhaupt. Es liegt am Tage, daß Öffentlichkeit der *Meinungen* unmöglich von der ihrer *Gegenstände* zu trennen sei, und folglich ihre Gültigkeit in jedem Lande, aus dessen Einrichtungen sie bisher verbannt war, nicht etwa nur die Veredlung, sondern endlich auch die Umgestaltung dieser letztern und insofern ganz eigentliche Staatsveränderungen herbeiführen würde. Und solche Rücksichten erklären es, wie die Meinungs-Öffentlichkeit und namentlich ihr unentbehrliches Werkzeug, die *freie Presse*, außer eigennützigen auch *wohlgesinntere* Gegner haben kann; Gegner, die bei der Sache ihren *Preis* viel mehr als ihren *Wert* ins Auge fassen und, ohne diesen zu verkennen, jenen zu hoch finden.

Durch ähnliche Besorgnisse wird aber die Frage, auf deren Beantwortung es ankommt, nur anders und allgemeiner gestellt. Ist ein *öffentliches Leben* das unvermeidliche Ergebnis einer *öffentlichen Meinung*, so ist es klar, daß ein Versuch, die Wohltaten oder Gefahren dieser letztern darzustellen, soll er vollständig und es redlich mit ihm gemeint sein, notwendig das Wesen der Öffentlichkeit überhaupt umfassen muß; und nur insofern und solange die *Presse* das einzige allgemeine Werkzeug der von jeder andern Öffentlichkeit unzertrennlichen öffentlichen Meinung abgibt, sind Preßfreiheit und Öffentlichkeit in ihrem Wirken und Wesen für uns einander gleich.

Den bloßen Begriff der letztern verdanken wir den Erfindern der Presse. Das Altertum besaß oder entbehrte sie, ohne sich ihrer bewußt zu sein, ohne sie in dem einen Falle zu würdigen oder in dem andern zu vermissen. Sie brauchte weder erlaubt noch verboten zu werden. Sie verstand sich entweder von selbst, wenn alle Teilnehmer der Gesellschaft auch unmittelbar an den Verhandlungen derselben teilnahmen, oder sie war unter jeder andern Voraussetzung unmöglich. Erst ein Zeitalter, dem umgekehrt in seinen größern Völkervereinen die Möglichkeit einer unmittelbaren Teilnahme jedes einzelnen an den Verhandlungen der ganzen Gesellschaft genommen und hingegen die einer entferntern

Teilnahme an denselben durch ein umfassenderes Mittel des Gedankenaustausches gegeben war, konnte sich unserer selbstständigern Öffentlichkeit und in ihr eines öffentlichen Lebens, das nicht länger auch das jedes einzelnen zu sein brauchte, bewußt werden.

Der Grundsatz der Öffentlichkeit vertritt in unsern Tagen die Stelle jenes ältern der Gemeinschaftlichkeit. Ein öffentliches und ein gemeinschaftliches Leben der bürgerlichen Gesellschaft sind in ihren Wirkungen einerlei. Beide stehen dem getrennten Interesse gegenüber, das nur als ein verborgenes gedeiht; und beide führen demnach, wo immer ein solches dem Zwecke der Gesellschaft untergeschoben wurde, zu Veränderungen, die sich nur dadurch unterscheiden, daß die Umwandlung in dem einen Falle mehr die bisherige Richtung, in dem andern unmittelbarer auch die Form der Staatsgewalten betrifft.

So wenig diese Folge der Öffentlichkeit sich leugnen läßt, so wenig entscheidet sie über deren Wert. Staatsveränderungen sind an sich und abgesehen von ihrem Zwecke nur insofern zu verwerfen, als nicht freie und gemeinnützige Überzeugungen, sondern selbstsüchtige Begierden und blinde Kräfte, sei es einzelner oder der Menge, sie herbeiführen. Und bahnte die Öffentlichkeit nur solchen Veränderungen den Weg, entfesselte sie, statt unserer Meinungen, unsere Leidenschaften, so müßte sie freilich, welcher spätere Segen ihr auch nachzurühmen wäre, schon darum aus jeder Gesellschaft, in der nicht einer die Mittel durch den Zweck heiligenden Jesuitenmoral gehuldigt würde, verbannt werden.

Wir sehen indessen doch auch die *Macht* (einer sie bedrohenden Übermacht gegenüber) sich an die *Meinung* wenden, und wie immer nur der Schwächere sich auf das Recht beruft, und um es wirksam zu tun, es immer *öffentlich* tun muß; während auf der andern Seite Willkür des einzelnen und Aufruhr der Menge, die Staatsstreiche der Herrscher wie die der Beherrschten, im Dunkel des Geheimnisses vorbereitet werden, um sich erst vollendet, nicht als *öffentliche Meinung*, sondern als *öffentliches Unglück* zu enthüllen. Beide sind öffentlich, die Kämpfe der Meinung und die Siege der Leidenschaft, und wir verwechseln sie und glauben, wo diese gefeiert werden, jene zu erblicken. Aber es ist möglich, daß beide sich nicht einmal miteinander vertragen, daß nur, wo die Wünsche und Ansprüche aller ein Geheimnis bleiben müssen, der Eigenwille eines einzelnen oder einer Partei sich des Rechtes derselben anmaßen darf und jede Veränderung in eine Umwälzung ausarten muß. Es ist möglich, daß eben, um die Leidenschaften zu fesseln oder zu entwaffnen, jene Gefangenen, die wir nur in den Tagen der Gefahr aus ihren Kerkern zu entlassen pflegen, auch in denen der Sicherheit frei sein müssen und stark; und was wir als ein Übel der Öffentlichkeit ansehen, der Kampf der Meinungen, wäre dann eine ihrer Wohltaten mehr.

2. Vereinigung der Staatsgewalten

Das Beste, was in den wenigsten Worten zum Lobe der Öffentlichkeit gesagt werden kann, ist in einigen Zeilen der britischen Enzyklopädie enthalten. Unter allen gesellschaftlichen Interessen, heißt es daselbst, ist sie das wichtigste; nicht nur als eine gute Bürgschaft jedes Rechtes überhaupt, sondern auch als das, was jeder andern erst Leben und Stärke verleiht. Jedes andere Sicherungsmittel ist hinfällig und wertlos ohne das der Presse oder in Vergleichung mit ihm*.

Ein Engländer, um seinen Mitbürgern diesen Gedanken verständlich zu machen, bedarf seiner weitern Ausführung nicht. Sie sind frei, wie man gesund ist. Sie genießen ihr bürgerliches Dasein in dem Elemente der Öffentlichkeit wie ihr körperliches in dem der Luft und brauchen keine Beweise, um sich der unentbehrlichen Wohltaten des einen wie des andern bewußt zu sein.

* *Encyclopaedia britannica*, Art. *Jurisprudenz*, von James Mill.

Anders verhält sich's im *Lande deutscher Zunge* mit uns. Auf der ausgedehnten *Stufenleiter des europäischen Völkerlebens,* die sich von dem Wohlsein, das der Beherrscher eines freien Volkes genießen und verbreiten kann, bis zu den Greueln einer großherrlichen Janitscharendemokratie und noch tiefer bis zu den einer priesterlichen Pöbelgewalt hinab erstreckt, stehen wir etwa in der Mitte. Gleich weit entfernt von dem vollendeten Segen einer *nichts als schützenden Macht* und von dem entschiedenen Verderben einer *nichts als herrschenden*, haben wir von jenem das meiste noch zu wünschen, von diesem das wenigste auch nur zu fürchten. Wir sind mit den Wohltaten einer gesetzlichen Freiheit nicht vertraut genug, um sie zu kennen, und nicht unbekannt genug, um sie zu verachten, und für uns ist es allerdings eine Frage, inwiefern Öffentlichkeit eine wesentliche Bedingung derselben ausmacht.

Ein *europäisches Buch* mag bald auch darum jedes bessere heißen, das über politische Gegenstände in unserm Weltteil geschrieben wurde, weil es in *Amerika* nicht gelesen zu werden braucht; und ein *deutsches*, wäre es auch kein schlechtes, ist nachgerade schon *in England ein überflüssiges.*

Die wichtigste Aufgabe der Gesetzgeber war von jeher auch ihre gefährlichste Klippe. Um eine den Zwekken der Gesellschaft entsprechende Staatsverfassung darzustellen, ist es nicht genug, die verschiedenen Staatsgewalten zu finden und anzuordnen; eine zweite und schwierigere Aufgabe ist die, jene Gewalten an ihre Bestimmungen zu fesseln und ihnen die Abwege, auf die sie von einer sich den Zweck der Gesellschaft unterordnenden Selbstsucht gelockt werden, zu versperren. Die Gewalten finden sich schon, aber damit ist noch nichts geschehen, solange nicht auch ihre Schranken gefunden sind; solange nicht eine *Scheidewand zwischen der Macht und ihren Mißbräuchen*, als Schutzwehr gegen diese, der Gesellschaft alle beabsichtigten Wohltaten der erstern verbürgt.

Auf zweierlei Wegen hoffte man bisher zu diesem

Ziele zu gelangen. Beide, obgleich sie zuletzt nach ganz verschiedenen Richtungen auseinanderlaufen, haben *das* miteinander gemein, daß auf beiden die Regel und Schranke der Gewalt *in der Gewalt* selbst gesucht werden muß.

Auf dem ersten und scheinbar nähern Wege scheint man sich dem Ziele nur zu nähern, um es endlich ganz aus dem Auge zu verlieren. Man setzt jeder *niedern Gewalt* in einer *höhern* die nötige Schildwache und steigt aufwärts, bis man – oben ist und nicht weiter kann. Es ist mit einer ähnlichen Kette beaufsichtigender Gewalten den Staatskünstlern ungefähr, aber auch nur ungefähr so gegangen wie den Metaphysikern mit ihrer Stufenleiter von wirkenden Kräften. Wie diese, von Ursache zu Ursache hinaufsteigend, endlich zu einer höchsten Endursache, der Gottheit gelangen, so erblikken jene auf dem Gipfel ihres Staatsgebäudes und am Ende der langen Reihe von Aufsehern in dem Alleinherrscher ihren politischen Gott; und sie haben sich ihres Werkes gefreut und, wie in dem Menschen das Ebenbild seines Schöpfers, im Staate, in der Schöpfung des Menschen, das der Weltordnung zu finden gemeint.

Die Ähnlichkeit indessen zwischen der Weltordnung und einem solchen Ebenbilde derselben ist leider nicht größer als die zwischen der Gottheit und uns. Nur des Metaphysikers Kette von Ursachen entsprach dem Bedürfnisse und löste die Aufgabe desselben. Nur er gelangt, wohin er gelangen will. Ihm darf seine höchste Endursache genügen, und er darf bei ihr stehen bleiben, eben weil sie die höchste ist und eine Vollkommenheit begreift, vor der unmöglich nach einer noch höhern gefragt werden kann. Aber des Politikers Reihe einander beaufsichtigender Gewalten besteht immer nur aus gleichartigen, immer nur aus *menschlichen* Kräften, deren *keine*, ihrer Natur nach, *edler* ist oder höher steht als die nächstvorhergehende. Die Veranlassung zum Aufsuchen einer neuen beaufsichtigenden Gewalt ist bei der letzten, die man aufstellte, so dringend als bei jeder vorhergehenden; und es ist schlechterdings nicht abzusehen, warum nicht noch weiter gegangen oder warum auch nur so weit gegangen wird, wenn man bei dem hundertsten oder tausendsten Gliede der Kette nicht weiter ist als bei dem ersten.

Die *politische Allmacht* mögen wir austeilen, aber die *politische Heiligkeit* nicht, aber nicht eine Vollkommenheit, die jede Frage nach einer höhern überflüssig macht; und eben darum können wir es nicht, weil auch jene Allmacht nur in ihrer Einbildung und in ihren Ansprüchen unbegrenzt erscheint; weil wir in jedem Allmächtigen unserer eignen Art, statt *seine Kräfte zu erhöhen*, immer nur *seinen Willen zu entfesseln* imstande sind. ›Güte‹, bemerkt Rousseau*, ›ist notwendig die Begleiterin jeder schrankenlosen Macht und einer Selbstliebe, die von jedem sich fühlenden Wesen unzertrennlich ist. Wer *alles* vermag, erweitert sein Dasein in dem seiner Schöpfungen. Schaffen und Erhalten ist die ewige Lebenstätigkeit einer solchen Macht. Indem sie vernichtet, hört sie auf zu wirken. Gott ist kein Gott der Toten, er ist ein lebendiger Gott und würde sich selber schaden müssen, um zu zerstören. Wer alles kann, muß nur das *Gute* beabsichtigen.‹

Gott also allein ist allgütig, weil er allein allmächtig ist. In keinem Sterblichen aber sind wir Gesinnungen vorauszusetzen berechtigt, bei welchen jede Bürgschaft seiner Unschädlichkeit entbehrlich sein würde, denn keinem vermögen wir die notwendige Bedingung derselben, eine wirkliche Allmacht zu verleihen; und ebendeswegen dürfen wir jene politische, zu der wir denn doch am Ende auf der Stufenleiter einander beaufsichtigender Staatsgewalten gelangen, ebensogut in die Hand gleich des ersten Machthabers niederlegen als in die des letzten.

Auch geschieht in der Tat etwas Ähnliches überall, wo die politische Allmacht einer einzigen Hand anvertraut wurde; zwar nicht in dem Sinne des Gesetzgebers, aber

---

* In der *Profession de foi du Vicaire savoyard*.

vermöge der Natur der Dinge, unter allen gesetzgebenden Gewalten der stärksten. Was Malebranche und seine Schüler in der Schöpfung zu entdecken glaubten, in der sie, bei der einleuchtenden Unzulänglichkeit aller Mittelkräfte, lieber gleich und in jedem vorkommenden Falle zu der höchsten Endursache ihre Zuflucht nahmen und in jeder Bewegung die Gottheit unmittelbar eingreifen sahen, das findet sich verwirklicht in unsern politischen Ebenbildern des Weltgebäudes. Die unumschränkte Gewalt, die nur dem Herrscher gehören sollte, wird am Ende auch jedem niedrigern Machthaber in seinem Wirkungskreise zuteil. *Jede Schildwache ist ein Stellvertreter des Fürsten*; jeder Torschreiber dünkt sich dicht am Throne zu stehen; jeder Diener, gleich jenen hochmütigen Knechten der Imperatoren, befiehlt mit Winken, wenn er auf den Wink gehorcht*, und übt, welchen Rang er auf der großen Stufenleiter von Eitelkeit und Erniedrigung einnehmen mag, in seinem Bereiche die nämliche Willkür, der er selbst seinem nächsten Obern gegenüber sich unterwerfen muß; jede ähnliche Verfassung ist mehr oder weniger, wie nach dem wunderlichen, aber treffenden Ausdrucke eines französischen Schriftstellers, die chinesische, eine Kaskade von Prügeln, und bessere Staatslehrer haben gerade in dieser unvermeidlichen Übertragung der ganzen schrankenlosen Willkür des Alleinherrschers auf jeden untergeordneten Machthaber dasjenige Grundübel des Despotismus erkannt, das jeder innern und aus ihm selbst hervorgehenden Veredlung desselben am unüberwindlichsten im Wege steht.

Das regelmäßige Auftürmen einer Gewaltenpyramide, in der durch ihre bloße Form allen Mißbräuchen der einzelnen Gewalten vorgebeugt werden soll, verfehlt somit nicht allein, sondern bekämpft auch seinen eigenen

* Nominatis libertis ejus quos conscios haberet, respondit (Pallas); nihil unquam se domi, nisi nutu aut manu significasse, vel si plura demonstranda essent, scripto, usum ne vocem consociaret. *Tacitus, Annal. XIII. 23.*

Zweck. Dieselben Mittel, durch welche der Willkür begegnet werden sollte, vervielfältigen sie; und das Unglück ist um so unvermeidlicher, da es nicht aus schlechten Absichten und nicht allein aus falschen Ansichten der Baumeister, sondern aus der wesentlichen Beschaffenheit ihrer Stoffe sich ergibt. In der Natur herrscht nur Einer, aber dieser Eine ist wirklich der Höchste, und seine Macht ist Allmacht. In der Natur ist Gott; in unsern Staaten treffen wir immer nur auf Menschen und wieder Menschen.

3. Trennung der Gewalten

Der *zweite Weg*, auf dem die gesetzgebende Weisheit ihr Ziel, eine Schutzwehr des Rechtes auch gegen die Macht seiner Diener, erreichen will, scheint auf den ersten Anblick um so mehr zu versprechen, je vorsichtiger auf demselben die falsche Richtung des ersten, zwar nähern, aber um so unmittelbarer zu einem verderblichen Irrtum führenden Weges vermieden wird. Nicht in dem übermächtigen Drucke der höchsten Regierungsgewalt, sondern in dem Gleichgewichte ihrer Bestandteile, nicht in der *Vereinigung*, sondern in der *Trennung* dieser letztern hat eine zweite Klasse von Staatsmännern die Lösung der großen Aufgabe gesucht. Sie gehen zwar anfangs zu Werke wie die Anhänger der ältern Schule und sorgen durch ein Unterordnen der niedrigern Gewalten unter immer höhere für die nötige Beaufsichtigung aller; sind sie aber zu dem Gipfel ihres politischen Gebäudes gelangt, so lassen sie es nicht, wie jene, in eine Spitze auslaufen, sondern stumpfen diese ab. Die höchste Gewalt soll ihnen zufolge nicht zusammengehalten, sondern in ihre verschiedenen Bestandteile, in eine *richterliche, verwaltende* und *gesetzgebende Macht* aufgelöst, jede von dieser wiederum womöglich unter mehrere verteilt und so die gesamte politische Allmacht oder höchste Gewalt, vermittelst einer wohltätigen Eifersucht unter ihren sich einander das Gleichgewicht haltenden und gegenseitig bewachenden Inhabern, auf ihre nützlichere Tätigkeit und nur auf diese beschränkt werden*.

Gegen die Willkür einzelner Gewalthaber wird auf diese Weise – vorausgesetzt, daß eine so genaue Verteilung der Gewalten, die jedem Siege der einen oder andern für immer vorbeugte, möglich wäre – allerdings gesorgt, nicht aber gegen das Unglück ihrer *Vereinigung*. Die Sicherheit der Beherrschten dauert nicht länger als der Zwist ihrer Beherrscher. Für die Machtfülle der Einverstandenen gibt es kein Gegengewicht. Die Regierer sind nicht despotisch, aber die Regierungen sind es, und wir entfliehen einem übermächtigen Einzelwillen, um desto gewisser einem schrankenlosen Gesamtwillen anheimzufallen. Ebenjenes *England*, in dessen Einrichtungen, seitdem uns Montesquieu auf dieselben aufmerksam und Delolme mit ihnen bekannt gemacht, unsere Politiker das Muster einer zweckmäßigen Teilung der Gewalten zu rühmen pflegten, liefert den Beweis des oben Gesagten; und mit Recht nannte Thomas Paine eine Verfassung, vermöge deren zwar von den drei Bestandteilen der höchsten Gewalt, König, Lords und Unterhaus, jedem für sich ein bestimmter und abgesonderter Wirkungskreis, die keiner von ihnen dem zügelnden Argwohne der beiden andern gegenüber zu überschreiten wagt, angewiesen, das ganze Parlament aber desto schrankenloser zu schalten befugt ist, eine *despotische Legislatur*.

Daß ein britisches Parlament alles wollen und alles tun darf, ist ein Satz, den kein Engländer gern zugibt, aber auch keiner zu leugnen vermag. Die Beschlüsse dieser einer Mehrzahl von Teilnehmern anvertrauten ge-

* Der Verfasser hat den Ausdruck *verwaltende* Macht dem der *ausübenden* vorgezogen, weil die Verwaltung in der Tat noch etwas mehr voraussetzt und erfordert als bloße Ausübung des Gesetzes. Er hat ferner die verschiedenen Gewalten nach dem Range geordnet, den ihm dieselben in ihrer Wichtigkeit zu haben scheinen, und *so* der *richterlichen*, die, solange sie unabhängig und gerecht ist, unter allen die wohltätigste und folglich wichtigste sein dürfte, den ersten Platz eingeräumt.

setzgebenden Gewalt, wie gut oder schlecht sie sein mögen, sind völlig so unbedingt als die Machtsprüche des Alleinherrschers und müssen es wohl sein. Die *Religion* selbst, unter allen Menschenrechten das unveräußerlichste, ist in dem einer solchen Legislatur unterworfenen Lande, so gut als in der unumschränktesten Monarchie, nicht ein *Gewissensrecht*, sondern ein *Landesgesetz*. In England namentlich lassen Grundsätze und Erfahrungen darüber keinen Zweifel; und jener englische Richter, der noch vor kurzem in einem Prozesse über sogenannte Gotteslästerungen die *christliche Religion für ein bürgerliches Rechtsinstitut seines Vaterlandes* erklärte, huldigte, indem er das Christentum zu ehren meinte, vielmehr der schrankenlosen Machtfülle des Parlaments. Das gesetzgebende Ansehen desselben erstreckt sich über die wesentlichsten Rechte des Bürgers wie des Menschen; und zweimal hat es wirklich, vermöge seiner höchsten und unbeschränkten Gewalt, eigenmächtig über die wichtigsten Grundsätze auch der *Verfassung* entschieden, über die *Regierungsrechte des Fürsten* und über die *Wahlrechte des Volks*. Das erste geschah im Jahre 1688, als – und noch dazu nur zwei von den drei verfassungsmäßigen Bestandteilen des Parlaments – Ober- und Unterhaus über den von ihnen für erledigt ausgegebenen Thron verfügten und einen Machtspruch taten, der nur durch seine Gemeinnützigkeit gerechtfertigt erschien. Das andere [geschah] zur Zeit der amerikanischen Unruhen, als das Parlament sich über den für unverletzlich angesehenen Grundsatz der Unzertrennlichkeit des Rechtes, im Parlamente vertreten zu werden, und der Verpflichtung, Steuern zu entrichten, verneinend aussprach. Die Gärung, die ein solcher Ausspruch herbeiführen mußte, dauert noch jetzt; sie erzeugte das unnatürliche Verhältnis einer der Mehrzahl im Volke entgegengesetzten Mehrzahl im Parlamente. Und wir sehen, wie in unsern Tagen eine Partei großer Grundeigentümer sich in beiden Häusern der gesetzgebenden Gewalt bemächtigt hat, und, indem sie vermöge ihrer Stimmenmehrheit in jenen das allgemeinste Bedürfnis im Lande ihrem besondern Vorteile unterordnet – je nachdem der Ausgang ihr Verfahren bezeichnen mag –, immer kühner oder immer tollkühner alle Genüsse des überschwenglichen Reichtumes einiger Tausende der Verzweiflung hungernder Millionen gegenüberstellt. Immer einleuchtender ist es geworden, daß die Revolution von 1688 jene entscheidende Frage vom *leidenden Gehorsam* nicht beantwortet, sondern bloß von einem Zweige der Legislatur auf das Ganze derselben, von dem Throne auf das Parlament übertragen hat; und wenn diese zweite Erörterung derselben, obgleich sie in das Zeitalter der Revolutionen fiel, sich bei weitem gefahrloser und milder gestaltete als die erste; wenn es immer wahrscheinlicher wurde, daß England, auch bei den offenkundigen und wesentlichen Gebrechen seiner Legislatur, noch frei zu bleiben und immer größer zu werden fähig sei; wenn die Mängel des Parlamentes, zum Glücke des Volkes, nicht so dringend als vor Zeiten die des Thrones einen reformierenden Eroberer zu erfordern scheinen, so liegt eben darin ein Beweis, daß es gegen die *Mißbräuche der höchsten Gewalt eine noch andere Bürgschaft*, als die in ihren Formen gesucht wird, geben muß und daß die heutigen Engländer, im Besitz einer solchen, der heillosen Notwendigkeit, sich durch Staatsumwälzungen zu helfen, überhoben sind.

Auch dieser zweite Weg, auf dem wir die Lösung der großen politischen Aufgabe zu finden hoffen, ist somit nur ein längerer zu der vorigen Täuschung; ein Umweg, auf dem wir uns unserer Verirrung nur etwas später bewußt werden als auf dem ersten. In beiden Fällen suchen wir zum Schutze gegen irgendeine Gewalt nach einer edlern und finden immer nur eine stärkere. Auf beiden Wegen suchen wir die Aufsicht und finden wir immer nur die Übermacht; und auf beiden ist, gerade wenn wir nicht weiter können, das Bedürfnis weiterzukommen, am dringendsten.

Dieselben Ursachen erzeugten jedesmal die nämlichen Wirkungen. Bürgschaften gegen den Mißbrauch physischer Kräfte entdecken wir unmöglich in der Natur dieser Kräfte selbst. Wo sie allein vorwalten, da ist das

Recht des Stärkern – freilich nicht ein Recht –, aber ihr natürliches Ziel, eine sich nie verleugnende Bestimmung ihres Daseins und ihre ganz eigentliche Lebenstätigkeit; und ob diese in der bürgerlichen Gesellschaft zuletzt von einem einzigen Machthaber oder von mehrern Inhabern der höchsten Gewalt ausgeht, ist an sich und abgesehen von einigen entferntern und nichts weniger als notwendigen Folgen und Umständen, die das eine oder andere Verhältnis zu begleiten pflegen, so ziemlich einerlei. Jedesmal ist es ein Zufall, unter dessen Voraussetzung allein die verschiedenen Formen sich zur Erfüllung ihres Zweckes eignen; die Einsicht und was von einem größern Maße derselben unzertrennlich ist, die Herzensgüte des Alleinherrschers oder die Zwietracht und Eifersucht und ein genaues Gleichgewicht der Kräfte unter den mehrern, die sich in die politische Allmacht geteilt haben. Die Frage über den Vorzug einer oder der andern dieser innern Einrichtungen der Gesellschaften hat viel Ähnliches mit einer zweiten, über die vorzüglichere Bedingung ihrer äußern Beziehungen, über die Trennung der Staaten wie in jenem Falle der Staatsgewalten und ihr gegenseitiges Gleichgewicht oder die Alleinherrschaft eines einzigen übermächtigen Universalstaates, gleichviel ob Universalmonarchie oder Universalrepublik. Man hat mit Beispielen gestritten, weil mit Gründen, wo die Erfolge immer nur Zufälle sind, in der Tat nicht viel auszurichten sein möchte, und das friedliche Zeitalter der Antonine den unruhigen Schwankungen eines europäischen Staatenvereines oder die Zivilisation dieses letztern dem barbarischen Universaldespotismus der Tamerlane gegenübergestellt. Ein Glück, wie es die Alleinherrschaft gewähren kann, scheint, weil es nicht, wie das der getrennten Regierungsgewalt, Argwohn und Eifersucht unter den Machthabern voraussetzt, ungetrübter zu sein als dieses; hingegen auch ungewöhnlicher, solange die gehässigern Leidenschaften des menschlichen Herzens gewöhnlicher sind als die Tugenden eines Marc Aurel. Eines indessen wie das andere ist mehr als ungewiß. Der *Segen* der bloßen Gewalt ist immer nur *möglich*, und das *Wahrscheinlichste* bleibt ihr *Mißbrauch*.

So forschen wir denn in der herrschenden Macht allein vergebens nach der schützenden. Wie vorsichtig unsere politischen Meßkünstler die bloßen physischen Kräfte abwägen und welche Richtung sie den Strömungen derselben vorzeichnen mögen: den Damm, der diese regeln soll, erbauen sie nimmermehr aus den nämlichen Stoffen, auf deren Bändigung es eben ankommt. Ihre Waage der politischen Gerechtigkeit vor Schwankungen zu bewahren, blieb ihnen allen, auch wenn sie anfangs nach einem Gleichgewichte suchten, zuletzt kein Ausweg als der: irgendein entschiedenes Übergewicht, und wär' es auch, wie Brennus, das des *Schwertes*, in eine der Schalen zu werfen und sie durch den Druck zu befestigen. Ständen uns, um den Zweck der Gesellschaft zu erreichen, keine andere als physische Mittel zu Gebot, so müßten wir ihn aufgeben.

4. Aufsichts-Gewalt

Es liegt am Tage, daß wir nicht in einer bloßen verschiedenen *Form* der nämlichen Kräfte, sondern in einer verschiedenen *Art* von Kräften die Schutzwehr gegen den immer nur zu wahrscheinlichen Mißbrauch der bloßen äußern Gewalt zu suchen haben; und es gibt nur noch eine. Die physische muß von einer geistigen, die Macht, welche Körper zwingt, von einer, die dem Willen seine Richtung gibt, bezwungen, die Bewegung durch Beweggründe, die nicht wieder nur aus den Massen hervorgehen, bestimmt werden. Den sinnlichen Kräften müssen edlere, den Leidenschaften Überzeugungen und Wahrheiten, und nicht nur einleuchtend, sondern herrschend gegenüberstehen.

»Gestatte ehrlichen Leuten, die Wahrheit zu sagen!« meinte Theopomp, als ihn jemand gefragt hatte, wie man es anfangen müsse, um gut zu regieren? – Und das Mittel ist in der Tat für jeden, der den Rat ehrlicher Leute befol-

gen *will*, ein so gegründetes, daß es nur noch darauf anzukommen scheint, jeden andern in die Notwendigkeit zu versetzen, ihn auch befolgen zu *müssen*. Fast alle ältere sowohl als neuere Staatsmänner, die sich mit Verfassungsentwürfen, sei es für einen wirklichen oder irgendeinen eingebildeten Staat, beschäftigten, erblickten denn auch den Schlußstein ihres politischen Gebäudes und die letzte Bürgschaft für das unverfälschte Bestehen aller ihrer übrigen Einrichtungen in einer solchen unmittelbarer auf die Absichten des Gesetzgebers verwiesenen sittlichen Regierung neben der bürgerlichen, in einer solchen Obrigkeit der Obrigkeiten, in einer *censorischen Gewalt*. Aber es ist bemerkenswert, daß die Überzeugung von der Notwendigkeit ihres Daseins in der Hand gewisser Staatsbeamten und gleichsam ihrer Verkörperung nur in Zeiten oder Gegenden vorkam, in welchen ein freier und allgemeiner Austausch des Gedankens unmöglich oder doch ohne Beispiel geblieben war. *Rom* und *Sparta* hatten ihre Censoren und ihr *Ephorat*; in *Venedig* erhielten sich die *Zehnmänner*, anfangs zum Behufe, dann unter dem Vorwande der öffentlichen Sicherheit, im Besitz einer ähnlichen Macht, und noch Montesquieu und Rousseau wissen sich ihre gepriesene censorische Gewalt nicht anders als in den Händen einzelner Gewalthaber vorzustellen. In England war ein Minister Heinrichs VIII., Sir Thomas More, so ziemlich der letzte, dem der bloße Begriff einer öffentlichen Meinung so völlig fremd war, daß er in seinem Utopien *jede Äußerung über Regierungsangelegenheiten* bei Todesstrafe untersagte, und der zugleich sein Ideal einer Staatsverfassung für das nämliche Traumland durch Einrichtung der Censorenwürde vollendete; einer Würde, deren Wiederherstellung wohl kein englischer Staatsmann seitdem auch nur im Traume gedacht haben mag.

Die Einrichtung eines solchen Amtes läßt sich auf die doppelte Aufgabe des Ausmittelns, erstlich der sich dazu eignenden Männer und sodann eines Verhältnisses zurückführen, das nicht allein den Stimmen derselben Gewicht verleihe, sondern auch sie selbst vor dem verführerischen Einflusse des Rechtes, den höchsten Gewalten im Staate zu jeder Zeit gebietende Wahrheiten zu sagen, sicherte; und wie leidlich man auch zu Zeiten die erste dieser Schwierigkeiten umging, so wurde doch die andere desto unfehlbarer zur Klippe jedes ähnlichen Versuchs.

Redliche Männer sind am Ende so überselten nicht, aber auch für den Redlichsten streitet in jedem einzelnen Falle doch nur die *Vermutung*, daß seine Meinung die beste sein werde. Welches die beste sei, muß immer erst aus dem *Sinne* eines jeden und nicht aus der *Würde* ihres Urhebers hervorgehen. Gesetze zu geben oder zu befolgen, kann einzelnen aufgetragen werden, aber schwerlich der Vorzug, bei jeder Gelegenheit das Zweckmäßigste zu denken und zu sagen. Befehlen und Gehorchen können Geschäfte sein, aber unmöglich die beste Einsicht und der untadelhafteste Wille. *Recht sprechen*, mag eine Amtspflicht ausmachen, aber *Recht haben* nimmermehr. Und hatte man sich über diese Schwierigkeit hinweggesetzt und darein ergeben, die Meinung eines einzelnen als die jedesmalige *beste* gelten zu lassen, so konnte man der bevorrechteten Meinung doch nur dadurch ein zwingendes Ansehen mitteilen, daß man es der Person ihres Urhebers übertrug; und man hatte *wieder nur einen höhern Machthaber eingesetzt* und einen mit einer um so höhern Macht versehenen, da ihre Wirksamkeit eben da anfangen sollte, wo die des Gesetzes aufhört.

Wer die Anwendung der Gesetze regeln darf, steht *über dem Gesetze*; wem jede Staatsgewalt folgen muß, dem gehorcht notwendig der ganze Staat. Auch lieferte die Geschichte dieser Sittenobrigkeit immer nur einen Beweis mehr, wie vergebens man in dem Wirkungskreis der Staatsgewalten selbst nach einem Mittel forscht, sie in den gesetzlichen Schranken dieses Kreises zurückzuhalten. Die amtlichen Ratgeber der Könige von Sparta, des römischen Senates und der Regierung von Venedig verwandelten sich alle in *Herren der ihnen empfohlenen Obrigkeiten* und aus Vormündern in Beherrscher des Staats.

Die censorische Gewalt entartete überall zu einer mehr oder weniger tyrannischen Polizei; entbehrlich, wo sie tadellos ihr Amt versah, und am drückendsten, wo es ihrer bessern Tätigkeit am notwendigsten bedurfte; überflüssig in den Zeiten guter Sitten und in denen der Sittenlosigkeit das tödlichste Werkzeug der Verderbnis, der sie zu steuern berufen war.

5. Wert der Öffentlichkeit

Der Irrtum lag unverkennbar darin, daß man, um der besten Einsicht das größte Ansehen zu verleihen, dieses dem Besitzer derselben mitteilen zu müssen glaubte; daß man, um den Weisesten immer auch zum Stärksten zu machen, ein *vorübergehendes Verdienst* wie ein *bleibendes Verhältnis* behandelte und einem *Menschen* das Vorrecht einräumte, das nur der *Wahrheit* gebührt. Fragt sich's, wem eine schrankenlose Macht gehören soll, so wäre die gefahrloseste Antwort: Keinem, keinem Menschen, sondern *jedem Gedanken*, der einer solchen Auszeichnung würdig ist; und bleibt uns auch so die doppelte Aufgabe, zuerst einen solchen Gedanken auszumitteln und ihn dann mit überwiegendem Einflusse zu versehen, so sind wir uns dabei doch eines Zweckes bewußt, der nicht sich selbst widerspricht.

Soll aber der Wert eines Gedankens beurteilt werden, so ist seine Prüfung erforderlich. Andere Gedanken müssen ihm zur Seite und gegenüber stehen; er muß der Vergleichung und dem Widerspruche unterworfen sein. Um dem Kampfe der Gewalten zu entgehen, müssen wir uns den der Meinungen gefallen lassen, denn eben aus der Reibung sich bekämpfender Meinungen leuchtet die Wahrheit hervor. Die Reibung der Meinungen aber setzt ihre Bewegung voraus, und sie bewegen sich in ihrer Mitteilung. Wo die beste Meinung erkannt werden soll, muß auch die *schlechteste* gehört werden dürfen. Der Preis, der einzige Preis, um den uns die Wahrheit ihre Orakel verkauft, heißt *Öffentlichkeit*. Freilich kann man dagegen anführen, daß, wo nicht Sachverständige unter den sich widerstreitenden Meinungen die vorzüglichste auswählen, aus dem Beifall einer sich allmählich bildenden Mehrzahl unbekannter und großenteils unberufener Leute wohl eine herrschende, aber darum noch nicht die beste Meinung hervorgehen mag. Aber zu geschweigen, daß jene Wahl so wenig der Menge als einem einzigen höchsten Gewalthaber zu gehören braucht und ohnehin fast immer den verschiedenen Obrigkeiten, in deren Verrichtungen sie zu verschiedenen Zeiten einschlägt, überlassen bleibt, läßt sich auch wohl einsehen, wie es – zwar nicht an sich, wohl aber für jeden vorkommenden Fall – in der Tat keine bessere Meinung geben kann als eben die *herrschende*.

Mit allem, was wir sind und haben, auf eine fortschreitende Annäherung zum Bessern hingewiesen, leben wir auch in gesellschaftlicher Beziehung unter Verhältnissen, in welchen der beste Gedanke leider nichts weniger als immer der passendste, hingegen der passendste desto gewisser der jedesmalige beste ist, den es gibt. Erfahrung mag Völker wie einzelne eines Bessern belehren: aber auch nur sie. Jede andere Lehre bleibt eben ihrer Unzeitigkeit wegen eine unfruchtbare. Wie zu Solons Zeiten brauchen wir noch immer, und wohl für immer, nicht die vollkommensten Gesetze und Einrichtungen, sondern die erträglichsten; und ein Mittel, in jedem gegebenen Zeitpunkte die allgemeinsten Bedürfnisse und Überzeugungen der Gesellschaft kennenzulernen, ist unstreitig dasjenige, dessen Benutzung einer weisen Regierung die Wohlfahrt der Völker und ihre eigene Sicherheit am vollständigsten verbürgt.

Und das nämliche Mittel, das in der jedesmaligen herrschenden Meinung die allgemeinern Bedürfnisse und Überzeugungen der Gesellschaft kennen lehrt, ist auch das einzige, diesen letztern den überwiegenden Einfluß zu sichern, ohne den auch die gründlichste Kenntnis derselben sich nur zufällig belohnen würde. Ein *stummer Gedanke* ist ein *toter*, und jeder nur eben so stark und lebendig als die Stimme, die ihn aussprechen darf. Die

Warnung des geliebtesten Freundes, wie sehr wir von seinem Wohlwollen und seiner Einsicht überzeugt sein mögen, wird, in der Stille des Vertrauens ausgesprochen, von dem lautern Rufe der Leidenschaft übertäubt; die Stimme des unbestechlichsten Ratgebers, den jedem die Natur zugesellte, die Stimme des Gewissens selbst, ist nur darum eine so oft überhörte, weil sie das Geheimnis des Herzens ist, in dem sie sich erhebt. Eine *öffentliche Stimme* dieser Art, ein *öffentliches Gewissen*, müßte, schon als ein solches und schon darum, von unendlich größerer Wirkung sein, weil es nicht allein das Bewußtsein dessen, zu dem es redete, sondern auch die Aufmerksamkeit derjenigen aufregen würde, *für die* es spräche, die Aufmerksamkeit und laute Teilnahme einer überwältigenden Mehrzahl Gleichgesinnter, weil Gleichbedrohter, in deren Mitte sich auch der Geringste noch stärker fühlen dürfte als der Machthaber, der ihr vereinzelt gegenübersteht.

Unfähig, was nicht einmal in den Schöpfungen der Natur vorhanden ist, ein sich ohne gewaltsame Störungen von selbst erhaltendes Gleichgewicht der Kräfte, in dem gebrechlichen Werke unserer Staatseinrichtungen darzustellen, bedürfen wir bei jedem sich erhebenden Kampfe einer *dritten Partei*, unter deren Schutze auch das bloße Recht sich mit Erfolg der Übermacht zu erwehren imstande und die jedes Mißverhältnis der streitenden Kräfte auszugleichen bereit ist. Eine solche Partei aber, die wie das ungekränkte Dasein des einzelnen auch das jeder gefährdeten Staatsgewalt sichern soll, kann eben darum nicht wieder in einer andern ähnlichen Gewalt, sondern nur *in der Gesellschaft überhaupt* zu finden sein, – und findet und bildet sich in dieser durch das, was die Aufmerksamkeit derselben auf jeden ungleichen Kampf hinlenkt, durch *Öffentlichkeit*. Gewaltstreiche wider eine entschiedene Mehrzahl erlaubt sich nur, wer sie nicht kennt oder ihre Vereinigung für unmöglich hält. Beides verbietet die Öffentlichkeit, die, ohne unmittelbar als eine äußere Macht einzuschreiten, indem sie jedem übermächtigen Angreifer im Hintergrunde des

Kampfplatzes den Rächer und Verteidiger seines bedrohten Gegners zeigt, wie ein gutes Strafgesetz schon abschreckend ihren Zweck erfüllt. Später einmal, wenn sie den Stärkern belehrte, daß die wohltätigste Anwendung seiner Kräfte auch die für ihn vorteilhafteste ist, finden unter ihrer Leitung Selbstsucht und Gemeinwohl auch auf edlern Wegen einen Vereinigungspunkt. Wo alle Überzeugungen und Erfahrungen Gemeingut sein dürfen, mag endlich auch die reinste und zugleich untrüglichste unter ihnen dazu werden, die auf Erfahrung gestützte Überzeugung von einer in der Natur der Dinge selbst vorhandenen, die sämtlichen Mitglieder einer Gesellschaft und endlich unsers ganzen Geschlechts umfassenden Gemeinschaftlichkeit, vermöge deren Laster und Elend auch des *unbekanntesten Sterblichen* auf das *Wohlsein auch des Mächtigsten* verderblich zurückwirken, und jeder einzelne nur insofern, als andere in seinem Glücke die Bedingung des ihrigen erkennen, sich einer Gewährleistung desselben erfreuen kann.

Vorläufig, und bis die Öffentlichkeit den Machthabern in ihren Tugenden edlere Schranken setzt, darf es genügen, daß wir sie schon die gegenwärtigen Berechnungen derselben, und ihre Schwächen selbst, in ebensoviele Schutzwehren gegen den Mißbrauch ihrer Kräfte verwandeln sehen. Beschämungen zügeln den Ehrgeizigen, Besorgnisse den Schüchternen, und Einsichten leiten den Unterrichteten; aber hinter den verschlossenen Türen der Herrscher, und ihrem stummen Volke gegenüber, gibt es weder Beschämung noch Furcht oder Einsicht, oder, doch selten, eine an ihrem Platz. Der Dünkel brüstet sich mit seiner Schande, der Argwohn schlummert im Arme der Gefahr, und selbstzufrieden wählt sich die Beschränktheit ihren eigenen Weg oder freut sich ihres blindern Führers. Nur das freie Urteil ist kein zweideutiges, nur die laute Warnung eine unverdächtige; und nur was beide zur herrschenden Meinung unter denen macht, die ihnen beistimmen, erhebt sie auch für die, welchen sie außerdem unbekannt oder gleichgültig geblieben sein würden, zu einer beherrschenden.

Damals schon, als die Menschen auf einer niedrigern Stufe ihrer Bildung nur noch des Genusses jener beschränktern Öffentlichkeit, wie sie bei unmittelbarer Teilnahme aller Mitglieder eines Gemeinwesens an den Verhandlungen desselben möglich ist, fähig waren, erkannte ein Weiser eben in derjenigen von allen Tugenden, die im bürgerlichen Leben ohne Öffentlichkeit fast gar nicht gedacht werden kann, eine zum Wohle der Gesellschaft unentbehrliche Begleiterin der Gerechtigkeit selbst. Als die Menschen sich erst einander genähert hatten, erzählt Plato in einer seiner Dichtungen*, taten sie einander so viel Böses, daß sie es bald vorzogen, sich wieder zu trennen. Dem einsamen Wilden blieb wenigstens in Ermangelung des Richters die Selbsthülfe, während er in einer *unvollkommenen* Gesellschaft auf den *freien Gebrauch seiner eigenen Kraft*, nur um sich desto wehrloser dem *Mißbrauche einer fremden* preisgeben zu müssen, Verzicht leistete. Da erschien unter den sich Anfeindenden Hermes, den Zeus gesandt hatte, um ihnen die Gerechtigkeit zuzuführen und die Scham. Beide sollten sie die Bande der Gesellschaft knüpfen und erhalten, denn die gesetzgebende Weisheit allein unternimmt es vergebens, wo ihr nicht auch der Stärkere gehorchen muß. Der aber schämt sich, nur wenn er auch der Bessere ist, schon vor sich selbst, es nicht zu tun. Den Schlechten muß noch eine mächtigere Stimme warnen als die seines eigenen Bewußtseins. Auch das öffentliche Wesen, um ein sittliches und einig mit sich selbst zu sein, bedarf eines Gewissens, eines öffentlichen, dessen Aussprüche so unausbleiblich und nur gebietender in dem größern Staatskörper vernommen werden als die des richtenden Herzens in jedem einzelnen.

Und so besitzen wir in der *Öffentlichkeit* und nur in ihr, unabhängig von den regelmäßigen Regierungsgewalten und außerhalb des Kreises derselben, den politischen *Archimedespunkt*, von dem aus eine Kraft, die *nicht* wieder ihnen selbst angehört, ihre Bewegung zu lenken vermag.

---

* Im *Protagoras*.

Auch sie freilich ist eine censorische Gewalt, aber ohne die Übelstände, die von jedem Versuche, sie an irgendeine Persönlichkeit zu knüpfen, unzertrennlich sind; gefahrlos, weil von keinem einzelnen, und doch stark genug, weil von allen ausgeübt; eine censorische Gewalt in den Händen des *Volks*, und in dieser die einzige wünschenswerte Verwirklichung jener Volkssouveränität, die unter jeder andern Voraussetzung einen der wesenlosesten Träume des politischen Optimismus abgibt, und buchstäblich verstanden alle Übel, die von der schrankenlosen Macht im Besitze eines einzigen nur zu fürchten sind, als notwendige mit sich bringt und ins Unendliche vermehrt.

Die Wohltaten der Öffentlichkeit gehören übrigens so ausschließlich ihr allein, daß keine noch so fein ersonnene Teilung oder Mischung* der verschiedenen Staatsgewalten sie zu ersetzen vermag; und daß sie gerade da, wo zur Erhaltung der bürgerlichen Freiheit auch den Regierten irgendein mehr oder weniger unmittelbarer Anteil an den Geschäften oder deren Beaufsichtigung

* *Gemischte* viel mehr als nur *geteilte* Staatsgewalten bezeichnen die Art Verfassungen, die wir an dem Beispiele Englands zu bewundern pflegen. Der König hat einen bedeutenden Anteil an der Gesetzgebung und Rechtspflege; die gesetzgebende Macht einen fast ebenso bedeutenden, wenngleich mittelbaren an der Verwaltung. Das Oberhaus ist in wichtigern Fällen die höchste Gerichtsbehörde; das Unterhaus wirkt in allen Staatsprozessen als Anklage-Jury und öffentlicher Ankläger. Die gesetzgebende Gewalt ist selbst unter ihren drei verschiedenen Zweigen nichts weniger als gleichmäßig verteilt. Ein großer Teil der richterlichen Gewalt befindet sich durch die Geschworenen in den Händen des Volks, und erst seit Georg III. haben die Richter aufgehört, so unbedingt als es bis dahin der Fall war, Geschöpfe des Thrones zu sein. Überall ist es vielmehr der Grundsatz der Gemeinschaftlichkeit als der Trennung, der in der englischen Verfassung vorherrscht; und wenn wir in dieser, wie in den größern Gesamterscheinungen der Natur, die einzelnen Bestandteile unterscheiden und sondern, so geschieht es in dem einen wie in dem andern Falle zu unsrer Bequemlichkeit und in Beziehung auf uns, nicht auf den Gegenstand, nicht um das Ganze desselben zu bezeichnen oder darzustellen, sondern um uns dessen Einzelheiten begreiflicher zu machen.

eingeräumt wurde, teils um solchen Einrichtungen ihre beabsichtigte Wirksamkeit zu verbergen und sodann als Schutzwehr gegen die verfassungswidrige Übermacht irgendeines einzelnen Zweiges der Staatsgewalt überhaupt, am unentbehrlichsten erscheint.

In ersterer Hinsicht gilt von jeder in einem solchen freiern Sinne eingerichteten Gesellschaft – Zweck und Umfang derselben mögen so geringfügig oder umfassend sein, als sie wollen –, was Mill*, der Geschichtschreiber des britischen Indiens, von der englisch-ostindischen Compagnie bemerkt, in der dem Sinne und Buchstaben ihrer Verfassung zufolge alle Gewalt den gesamten Teilhabern, den Direktoren aber eine bloße, untergeordnete Verwaltungsautorität gehören soll. Das endliche Ergebnis dieser Bestimmungen ist bei weitem anders ausgefallen, als ein gewöhnlicher Beobachter es zu erwarten sich für berechtigt halten würde. Ungeachtet alle Regierungsrechte, nach dem aufgestellten Verfassungsgrundsatze, dem demokratischen Bestandteile vorbehalten blieben, ist *alle Regierungsgewalt eine Beute der Direktoren* und die Regierung der Gesellschaft eine völlig *oligarchische* geworden. So weit entfernt waren die Aktieninhaber, sich ihrer Angelegenheiten zu geschäftig anzunehmen, daß ihre Tätigkeit sich nicht einmal bis auf die zu einiger Beaufsichtigung derselben unumgänglich nötigen Maßregeln erstreckte, und eine so überraschende Erscheinung war die unausbleibliche Folge eines der wirksamsten Grundzüge in der menschlichen Natur.

Wachen, prüfen und untersuchen ist Arbeit, und Arbeit ist unbequem; hingegen auf guten Glauben annehmen und gelten lassen, was einem gesagt oder vorgelegt wird, ist mühelos und vergleichungsweise ein Vergnügen und sagt schon darum den auf Genuß und Untätigkeit gerichteten Neigungen der Menge zu. Die Verfassung der Bank von England und in der Tat noch jeder zahlreichern Gesellschaft, die zur Benutzung eines ge-

---

* Mill, *History of British India. IV. 1.*

meinschaftlichen Kapitales zusammentrat, ist aus demselben Grunde in der unbeschränkten, weil unbeachteten Gewalt ihrer Beamten untergegangen; und wer auch nur einmal die Angelegenheiten eines Klubs zu besorgen hatte, muß aus Erfahrung wissen, wie unendlich viel schwerer es ihm jedesmal war, die Teilnahme der Mitglieder auf einige Augenblicke zu wecken und zu fesseln, als es ihm, wäre es darauf angekommen, geworden sein würde, sie schlummern zu lassen.

Was aber aus innern, in der Natur der Dinge und der Menschen vorhandenen Gründen im kleinen geschieht, geschieht notwendig auch im großen; geschieht ebenso zuverlässig in der größern, bürgerlichen Gesellschaft als in jeder kleinern, die zu irgendeinem besondern Zwecke ihres Vorteils oder Vergnügens zusammentrat. Nur die Wirkungskreise haben einen verschiedenen Umfang, die wirkenden Kräfte sind die nämlichen. Ungewöhnliche Aufforderungen zur Tätigkeit werden erfordert, um das auch in der politischen Welt vorherrschende Gesetz der Trägheit zu überwinden; und sind die Geschäftsführer einer Gesellschaft nur eben klug genug, die Gelegenheiten zu so außerordentlichen Anregungen gar nicht eintreten oder wenigstens nicht wahrnehmen zu lassen, so wird die Menge, die in einer Deputiertenkammer wie auf dem Markte sich gleich bleibt, unfehlbar ihrem natürlichen Hange zur Bequemlichkeit nachgeben und ihnen volle Freiheit gewähren, auch den Staat zu verwalten, wie es ihnen zusagt oder gefällt. Unter den vielen, die – wenn auch nicht zu der unwichtigsten, doch unscheinbarsten Teilnahme an den Geschäften des öffentlichen Lebens berufen sind, gibt es selten *einen*, auf den im Gedränge der Mitbewerber die ihm nur in der Ferne vorschwebenden Güter des Ehrgeizes einen sehr tiefen Eindruck machen; unter den wenigen, die allen Glanz und Vorteil des Regierens unter sich geteilt haben, gibt es *keinen*, dem nicht beide unmittelbar einleuchteten, und folglich nur selten *einen*, der nicht alle Mittel, sich beider in noch größerm Maße zu bemächtigen, mit Anstrengung und Ausdauer aufsuchen und benutzen sollte.

Ämter, Würden und Einkünfte empfehlen sich dem Ehrgeizigen oder Habsüchtigen von selbst, und sogar dem Ruhme läßt sich von beiden mit Erfolg nachstreben, solange die Menschen einfältig genug sind, ihn ihren Peinigern zuzuerkennen. Aber die gewissenhafte Ausübung der Rechte eines Wahlmannes oder Geschworenen hat für den einzelnen zunächst alle Beschwerden einer lästigen Pflicht; sie stört ihn in der Sorge für seine persönlichen Angelegenheiten, ohne ihn nur durch allgemeinere Achtung zu entschädigen; sie schützt ihn wohl nicht einmal gegen den Spott eines Volkes, das gedankenlos genug ist, die Wichtigkeit eines Geschäftes nach dem dabei vorkommenden Gepränge abzumessen; sie belohnt sich ihm nur mittelbar, durch seinen nicht weiter zu bestimmenden Anteil an dem erhöhten Wohle der Gesellschaft überhaupt. Nichts natürlicher, als daß in dem einen Falle jede Teilnahme an dem öffentlichen Leben gerade so wohlverstanden und gesucht, als in dem andern verkannt und vermieden wird. Während man auf der einen Seite dem glänzenden Preise mit Eifer nachstrebt und, ist er gewonnen, ihn festhält und auf's äußerste benutzt, flieht man auf der andern die undankbare Mühe des Sichselbstregierens, die dem einzelnen nur insofern nützlich ist, als sie allen nützt, und überläßt willig die dahin einschlagende Sorge andern, die sich damit befassen wollen, und zahlt ihnen wohl noch dazu.

So werden *Mißbräuche* zu *Herkommen* und *Anmaßungen* zu *Vorrechten* und Heiligtümern eines unvordenklichen Besitzstandes und ihnen gegenüber Rechte zu Gnaden und Ständeversammlungen zu Postulaten-Landtagen. Selbst in England schreiben sich nicht wenige der auffallendsten Ungleichheiten in dem Wahlrechte zu Parlamentsstellen aus Zeiten her, in welchen die nämlichen Städte und Flecken, die jetzt ihres verletzten Rechtes wegen am lautesten auf eine Reform dringen, die Notwendigkeit, einen Stellvertreter zu ernennen und wohl gar für seine Geschäftsführung zu entschädigen, als eine Bürde ansahen, die sie ganz gerne in Vergessenheit geraten oder von der sie gegen ein Lösegeld sich mit Ausnahmen begnadigen ließen. Die Kraft der Trägheit im Volke und die einer ebenso beharrlichen als eigennützigen Tätigkeit seiner Regierer sind zwei Kräfte, die in jeder bürgerlichen Gesellschaft unausbleiblich auf denselben Punkt hinwirken und jeder ursprünglich noch so demokratisch gemeinten Verfassung eine entschiedene Richtung zur Oligarchie mitteilen. Und noch hat sich – wenn nicht etwa ein ganzes Volk, wie ehemals das atheniensische, in eine Gesellschaft besoldeter Stimmengeber verwandelt werden soll – in keiner der bekannten äußern Staatseinrichtungen ein Mittel gefunden, das dieser verderblichen Richtung mit hinreichendem Gewichte entgegenwirkte.

In der Öffentlichkeit, wenn irgendwo, muß das politische Reizmittel gesucht werden, das eben in freisinniger eingerichteten Staaten recht unentbehrlich erscheint, um die Kälte und Teilnahmlosigkeit der zu dem unscheinbarsten, aber desto wesentlichern Anteil an den Geschäften des öffentlichen Lebens Berufenen zu überwinden und sie zu einem Eifer in Ausübung ihrer politischen Rechte aufzuregen, wie er dem Sinne der Verfassung und den Bedürfnissen der Gesellschaft entspricht. Erst wenn allgemeiner verbreitete Einsichten über den zwar entfernten, doch notwendigen Zusammenhang zwischen der Wohlfahrt jedes einzelnen und der zu Gunsten aller geschehenen Ausübung jener Rechte keinen Zweifel gelassen und die freieste Erörterung und Beurteilung der Handlungen seiner Stellvertreter das Volk über die Zweckmäßigkeit des ihnen geschenkten Vertrauens belehrt haben, werden beide, Wähler und Gewählte, den Umfang ihres Rechtes und die Schranken ihrer Pflicht ermessen und achten lernen. Erst wo es zur Gewohnheit und zum täglichen Bedürfnis geworden, sich von dem Gange der öffentlichen Angelegenheiten genau zu unterrichten und ebenso genau ihre jedesmalige Beziehung auf die gesetzlichen Freiheiten des Volks ins Auge zu fassen, läßt sich mit Sicherheit darauf rechnen, daß diese nie in Vergessenheit geraten. Erst wenn

Unterricht und Erfahrung den Wert und die Bedeutung derselben allgemein verständlich gemacht, werden diejenigen, in deren Händen sie niedergelegt wurden, mit ihrem Selbstgefühle auch die ihnen gebührende äußere Achtung wachsen sehen und wird der Ehrgeiz selbst die verachtete Bahn der Gemeinnützigkeit einschlagen müssen, um Preise zu verdienen, die er bis dahin auf den Schleichwegen der Gunst sich zuzueignen gewohnt war.

So wenigstens machte sich noch jedesmal der Übergang der bürgerlichen Freiheit aus den Urkunden ins Leben, aus den Verheißungen der Herrscher in den Besitz des Volks. Im Lichte der Öffentlichkeit ergrünte unter den *Engländern* ihr mächtiger Stamm, der früher dürr und blütenlos dagestanden, und wurden Formen, die der Tyrannei der Tudors kein Hindernis in den Weg gelegt hatten, von einem lebendigen Geiste beseelt. Unter demselben wohltätigen Einflusse sahen wir in *Frankreich* ähnliche Formen Bedeutung und Festigkeit gewinnen, und wir brauchen uns so weit nicht umzusehen, um uns zu überzeugen, daß aller Anteil an Gesetzgebung und Verwaltung, über die sich keine freie Stimme erheben darf, eine Gabe ist, mit der die Herrschaft nichts verleiht und die Freiheit nichts empfängt.

Die zweite, nur ihr in diesem Umfange gehörige Eigenschaft, vermöge deren die Öffentlichkeit gerade bei solchen Verfassungen, in welchen durch Teilungen der Herrschaft für eine gemäßigtere Ausübung derselben gesorgt werden sollte, am unentbehrlichsten erscheint, ist die einer Schutzwehr gegen die verfassungswidrige Übermacht irgendeines Zweiges der Staatsgewalt überhaupt. Man hat es ihr nachgerühmt, daß sie den Despotismus selbst, wenn sie mit ihm bestehen könnte, *veredeln* würde. Sie würde etwas Besseres tun, sie würde ihn *vernichten*; aber ihr größeres Verdienst besteht darin, daß sie der Entstehung jeder schrankenlosen Macht gerade da zuvorkommt, wo die Ausbrüche derselben notwendig bösartiger sein müßten als ihr herkömmliches Walten in der Sicherheit eines gewohnten Besitzstandes.

Der wahre Vorteil eines unumschränkten Alleinherrschers, bemerkt Gibbon*, ist einer und der nämliche mit dem seiner Untertanen. Ihre Menge, ihr Wohlstand, ihre Ordnung und Zufriedenheit sind auch die besten und in der Tat die einzigen Grundlagen seines eigenen Glükkes; und mangelten ihm alle Tugenden, bloße Klugheit würde sie alle ersetzen können und ihm dieselben Verhaltungsregeln vorschreiben. Und ist auch eine solche Klugheit wieder fast ebenso selten als eine Vereinigung aller Tugenden, so ist sie doch nicht beispiellos, und die Welt hat mehr als einmal das tröstliche Schauspiel genossen, den Despotismus die Wunden, die er der Menschheit zu schlagen gewohnt ist, auch wieder heilen zu sehen; aber völlig ohne Beispiel ist die wohltätige oder nur leidliche Benutzung einer Oberherrschaft, deren sich einer oder mehrere, auf Kosten derer, die ursprünglich zu einem Mitbesitze derselben berufen waren, ausschließlich bemächtigten und die sie unter den Trümmern und Erinnerungen einer plötzlich umgestürzten oder langsam untergrabenen Verfassung ausüben. Wie ererbte Herrschaft milder ist als eroberte, so ist die von jeher schrankenlose gutartiger als die, um schrankenlos zu werden, erst eine andere verdrängen mußte. Der Strom, der ruhig hinfließt, solang ihm kein Hindernis im Wege steht, stürzt sich nur tobender über das zu Boden Geworfene hin. Ungefesselt überströmt er wohl zu Zeiten sein nächstes Ufer, doch wenn er Dämme durchreißt, um sich ein neues Bett zu wühlen, verwüstet er auf lange und vielleicht auf immer den Boden, den man umsonst vor ihm zu schützen versuchte.

Etwas Ähnliches aber, solange wir nicht Unmögliches zu verwirklichen und wenigstens in der Politik ein vollkommenes und in sich selbst unzerstörbares Gleichgewicht getrennter Kräfte darzustellen vermögen, ist die unausbleibliche Frucht ihrer jedesmaligen Trennung. Alles Verteilen der Gewalten ist an sich der kürzeste Weg

* *History of the decline and fall of the Roman Empire Ch. V.*, wo von einem der – wenn auch nicht bessern, doch verständigern Imperatoren, von Septimius Severus die Rede ist.

Der nämliche Schriftsteller, dem wir die obige Bemerkung über das innere Gebrechen aller, ein Spiel sich entgegengesetzter Kräfte darstellenden, Staatseinrichtungen zu verdanken haben und dem, wie bekannt, wenigstens keine Vorliebe für die Formen der Freiheit zum Vorwurfe gereicht, hat an dem Beispiele seines Vaterlandes auch das Mittel nachgewiesen, mit Hülfe dessen in jenem ungleichen Kampfe das Wesen derselben gerettet wird. Öffentlichkeit und ihr mächtiges Werkzeug, eine freie Presse, sind es, die unter den Bestandteilen der englischen Verfassung das Gleichgewicht erhalten, indem sie es immer wieder herstellen.

›Der Geist des Volkes‹ sagt Hume, ›muß vielfach aufgeregt werden, um dem Ehrgeize der Regierung Schranken zu setzen, und die bloße Furcht vor dem Aufregen eines solchen Geistes muß hinreichen, diesem Ehrgeize zuvorzukommen. Nichts Wirksameres aber dazu als Preßfreiheit, die alles Wissen und allen Witz und Geist im Volke für die Sache der Freiheit anwirbt und jeden mit Begeisterung für sie erfüllt. Und dieselbe eifersüchtige Teilnahme aller, die über die Freiheit aller wacht, muß auch die Sicherheit jedes einzelnen in Schutz nehmen. Keine Tat muß für ein Verbrechen gelten, als die das Gesetz dafür erklärt, kein Verbrechen einem Angeklagten zur Last fallen, als das ihm vor seinen Richtern bewiesen wurde; und diese Richter selbst müssen seinesgleichen und seine Mitbürger sein, die ihr eigner Vorteil zur strengsten Wachsamkeit gegen alles gewalttätige Einschreiten von Seiten der Machthaber auffordert.‹

So geschieht es, daß in dem königlichen England mehr Freiheit vorhanden ist, als jemals in sogenannten Freistaaten zu finden war, mehr Freiheit sogar, als ehemals Knechtschaft im kaiserlichen Rom; und so zeigt sich in der Öffentlichkeit, der natürlichen Verbündeten jedes schwächern Teiles der Gesellschaft und jedes bedrohten Rechtes für das politische Kunstwerk der Staaten, etwas jenem Getriebe Ähnliches, das der Mechaniker unter verschiedenen Gestalten und Benennungen in seinen auf das Zusammenwirken mehrerer Kräfte berechneten Maschinen anbringt, nicht um die Bewegung derselben zu vermitteln, sondern um sie zu regeln, um Druck und Gegendruck, die nicht länger ihr Maß halten, oder den ungleichen Umschwung der Räder, die zunächst die Bewegung hervorbringen, wieder auszugleichen.

Es gibt keine Formen, weise genug eingerichtet, um ohne Öffentlichkeit ihren Zweck erfüllen zu können, und keine so mangelhaften, die nicht mit ihr den vollkommensten ohne dieselbe vorzuziehen wären. Roms kaiserliche Republik würde in einem der Mittel des freien Gedankenaustausches mächtigen und ihrer würdigen Zeitalter der Menschheit möglicherweise die Segnungen einer britischen Verfassung gewährt haben; und England, mit allen wesentlichern seiner bewunderten Einrichtungen, war, solange die Meinung gefesselt blieb, gefesselt wie sie und öfter als das übrige einem einfachern Despotismus hingegebene Europa, die Beute von Herrschern, die in der Geschichte eines Platzes neben den wildesten der Cäsaren würdig sind. Ein Zeitalter bloßer Formen ist unfehlbar nur die Einleitung zu dem einer desto unförmlichern Gewaltherrschaft; und es bedarf keiner Sehergaben, um einem Volke, das ohne Sinn für Öffentlichkeit oder ohne die Mittel derselben in Verfassungsurkunden und nur in ihnen sein Heil suchen wollte, als nächste Folge des gutgemeinten Fehlgriffes argwöhnischere Machthaber und folglich ein drückenderes Joch, als das es abzuwerfen hoffte, vorherzusagen.

Trennung der Gewalten, weit entfernt, die Wohltaten einer freien öffentlichen Meinung zu ersetzen, erfordert sie vielmehr, wie wir gesehen haben, am dringendsten; und das eigentümliche Verdienst der auf einer solchen Trennung beruhenden Verfassungen dürfte nicht darin, daß sie die Öffentlichkeit entbehrlich machen, sondern darin bestehen, daß sie, was ihnen am unentbehrlichsten ist, auch vorzugsweise ins Leben zu rufen geeignet sind. Wo die einfache Übermacht vorwaltet und ohne künstliche Verhüllung oder Zersplitterung die Stärke der Schwäche, die Willkür der Unterwürfigkeit gegenübersteht, wird schwerlich ein Alleinherrscher die Stimme der Öffentlichkeit vernehmen wollen. Der schlechtere fürchtet sich vor ihr selbst und auch der bessere vor ihren Mißbräuchen. Wo hingegen mehrere zur Herrschaft Berechtigte einander als gesetzliche Mitbesitzer derselben und als natürliche Nebenbuhler zur Seite stehen, läßt sich eher erwarten und bringt es in der Tat die Natur der Dinge mit sich, daß alle in dem Wechsel ihrer Wünsche und Besorgnisse wechselsweise zur öffentlichen Meinung ihre Zuflucht nehmen und diese, die sie zur Bundesgenossin anzuwerben suchen, zur Schiedsrichterin machen werden; bis die Öffentlichkeit, die jeder für sich und keiner für andere mag, unter eigennützigen Verfolgern und kurzsichtigen Beschützern allmählich Raum gewinnt und endlich – nicht als Gesetz und nicht als Gnade, sondern, wie sie allein Bestand hat, allen unentbehrlich oder unüberwindlich als *Tatsache* dasteht und jedes Recht zu der nämlichen Selbstständigkeit erhebt und jedem in der Unmöglichkeit, es zu beseitigen, die einzige wahre Bürgschaft seiner Dauer gewährt.

Wenn die Öffentlichkeit ihren wohltätigen Einfluß in so vielfacher Beziehung zu erkennen gibt; wenn sie und nur sie das einzige denkbare Gegengewicht gegen den in jeder bürgerlichen Gesellschaft unvermeidlichen, überwiegenden Druck irgendeiner äußern höchsten Gewalt abzugeben vermag; wenn sie es ist, die in dem leblosen Triebwerk unserer Staaten das bloße Spiel sinnlicher Kräfte einer lebendigen und sittlichen Regel unterwirft, und wenn sie als schützende und erhaltende Macht, als Bedingung der Freiheit wie des Rechts, eben in solchen Gesellschaften am unentbehrlichsten erscheint, in welchen schon durch die Formen derselben für beides vorzugsweise gesorgt werden sollte: so möchte es überflüssig scheinen, noch besonders nach dem Rechte zu fragen, vermöge dessen sie gewollt und behauptet wird. Der höchste, der umfassendste Nutzen, wie wenig er einen allgemeinen Beweggrund zum Guten und Rechten abzugeben sich eignet, ist doch unstreitig das letzte und zuverlässigste Zeichen von beiden, und der Baum der Freiheit wird wie jeder andere an seinen Früchten erkannt. Wäre indessen auch der Anspruch, der einem ganzen Volke auf den Genuß der Öffentlichkeit zusteht, etwas, das unter solchen Umständen sich von selbst versteht: so bliebe darum die Berechtigung, vermöge deren auch jeder einzelne diesen gesellschaftlichen Anspruch in vorkommenden Fällen zu Gunsten seiner besondern Meinungen geltend macht, noch immer der Frage wert.

Der Abbé Gagliani meinte: jeder Mensch habe einen angebornen und unwiderstehlichen Trieb, sich um Dinge zu bekümmern, die ihn nicht angingen; und eben in dem Rechte, dies auch zu tun, bestehe das Wesen der Freiheit. Ein Gedanke, der – wie Grimm in seinem Briefwechsel bemerkt* – auf den ersten Anblick nur wie ein lustiger Einfall aussieht, bei näherer Betrachtung aber einen so tiefen als richtigen Sinn zu erkennen gibt. Das Verbot, sich in fremde Angelegenheiten zu mischen, eine bezeichnende Eigentümlichkeit des Despotismus, erzeugt gerade unter den Hörigen desselben jene Erstarrung und Teilnahmlosigkeit, die mit allen andern Gebrechen einer solchen Ordnung der Dinge so genau zusammenhängen; während auf der andern Seite das Recht jedes einzelnen, sich auch in Dinge zu mischen, die nicht unmittelbar nur ihn betreffen, in freiern Gesellschaften ein stetes und bis in die kleinsten Verzweigungen derselben sich verbreitendes Spiel von Wirkungen und Gegenwirkungen hervorbringt, das – wie ein ebenso freier und allgemeiner Umlauf aller Säfte des tierischen Körpers die Gesundheit dieses letztern – seinerseits die Kraft und das Wohlsein des politischen Körpers zur Folge hat.

Das Scherzhafte jenes Gedankens liegt wirklich in der bloßen Ironie eines Ausdruckes, der nur berichtigt zu werden braucht, um uns die Wahrheit in dem ganzen Ernste zu zeigen, der überall, wo sie selber sich zeigen

* *Correspondance littéraire de Grimm et Diderot, Vol. IV. p. 356.*

darf, ihr gehört. Die ungezügelte Befriedigung der albernen Lust, sich um Dinge zu bekümmern, die einen nicht angehen, würde nicht einmal mit der Freiheit bestehen, geschweige denn ihr zum Grunde liegen können; und Gesetze, die einem solchen Gelüste steuerten, würden eine Wohltat und folglich nimmermehr die Grundlagen des Despotismus sein. Was die Bande einer umfassendern Gesellschaft als der bloßen häuslichen knüpft und erhält, ist in der Tat etwas bei weitem anderes und Höheres als Neugier und Vorwitz, wenngleich auch diesen, wie das Beste nicht selten dem Schlechtesten, benachbart und scheinbar verwandt. Nur was ausschließlich den einzelnen angeht, es wäre denn, daß er seine ganze Persönlichkeit zu einer öffentlichen machte, kümmert nur ihn, aber was alle angeht, es mag in vorkommenden Fällen unmittelbarer betreffen, wen es wolle, geht offenbar auch jeden einzelnen an; und diese Überzeugung, ja schon dieses Gefühl ist es, was auch dem denkenden und empfindenden Wesen jene Geselligkeit unentbehrlich macht, die dem nur sinnlichen sein bloßes Bedürfnis empfiehlt. Die Freiheit, die vollkommenste Erscheinung der Gesellschaft, weit entfernt, die Ordnung der Natur zu verkehren, besteht vielmehr, wie alles Rechte und Gute, in deren ungehinderter Entwickelung und sichert, indem sie jedem einzelnen die Befugnis an dem, was alle angeht, teilzunehmen verbürgt, das Wohlsein aller und, indem sie alle von der Einmischung in Dinge, die nur die einzelnen angehen, zurückweiset, die Selbstständigkeit jedes einzelnen. Der Despotismus hingegen, ebenso weit entfernt, sich auf die Natur der Dinge zu stützen, als jene ihr untreu zu werden, beschränkt vielmehr das natürliche Recht, sich um was alle angeht zu bekümmern, von jedem einzelnen auf einen einzigen, und fügt seiner ersten Anmaßung die zweite einer ebenso ausschließlichen und unbefugten Einmischung in Angelegenheiten, die nur den einzelnen, den sie betreffen, kümmern dürfen, hinzu.

Gaglianis Gedanke ist, recht verstanden, einerlei mit dem Terenzischen *homo sum!* und nur burleske Einkleidung einer der wichtigsten Wahrheiten, die es gibt. Und ist in der Tat ein freier Kreislauf des Mitgefühls das eigentliche Wesen der Freiheit, und sein Stocken, und mit diesem das Stocken jeder edlern Lebenskraft, das Wesen der Knechtschaft, so liegt es auch am Tage, daß sich kein untrüglicheres Merkmal des Daseins der einen oder andern denken läßt als die gefahrlose Äußerung jenes geistigen Lebenszeichens, des Wortes oder dessen Ächtung. Öffentlichkeit ist die Stimme der politischen Körper, und eine *stumme Gesellschaft* in ihrer Art etwas vollkommen so Armseliges als in der seinigen *ein stummer Mensch*.

Unsere *Staatswissenschaft* war bisher fast nichts als die *Lehre von den Staatsgewalten*. Je nach den verschiedenen Zwecken dieser letztern beschäftigte sie sich mit dem verschiedenen Range und Umfange derselben und suchte höchstens, aber nur beiläufig und nur in deren mehr oder minder künstlichen Verteilung, eine *Gewährleistung* für ihre den erkannten Zwecken entsprechende Wirksamkeit. Ein künftiges Zeitalter, das, durch Erfahrungen belehrt, vielmehr das Wohl als die Formen der Gesellschaft ins Auge faßt, läßt vielleicht an die Stelle jener alsdann veralteten Staatswissenschaft eine *Gesellschaftslehre* treten, in der die Gewalten und ihre Formen, den Grundsätzen untergeordnet, nur eines geringern Teiles der Aufmerksamkeit würdig erscheinen, die zunächst und vor allem den *Bürgschaften* gebührt. Und hätten diese neuen Ansichten auch nur die einzige gute Folge, der politischen Götzendienerei, in der wir alle mehr oder weniger befangen sind, ein Ende zu machen; heilten sie uns nur von den Blendwerken einer sich mit Bildern und Namen erhitzenden Einbildungskraft, die in ihren politischen Träumen alles Wesenlose und keinen einzigen Reiz der Poesie zur Schau trägt und sich in der Betrachtung des Zeitalters der Lykurge an einem Glücke weidet, nach dem die Gegenwart verschmachtet; steuerten sie auch nur einer neuen Staatsscholastik und ihrem wunderlichen Realismus hinsichtlich einiger bloßen politischen Abstraktionen, bei dem sich Herrscher und Beherrschte immer weniger verstehen und immer weiter und feindlicher voneinander entfernen: dadurch allein würden sie einen der größern Fortschritte unsers Geschlechtes auf der Bahn seiner Entwickelung bezeichnen, denjenigen unter seinen Fortschritten, vermöge dessen die Gesellschaft endlich zu dem wirklichen Anblick des Glückes gelangte, das auch die sinnreichsten Formen ihr immer nur vorspiegelten.

Anhang

Drei Lebenszeugnisse Jochmanns

Die drei politischen Schulen

In einem Gespräche über Guizots neuestes Werk, nachdem einer der Sprechenden Guizots Nichtachten gewisser höherer Wahrheiten und Grundsätze scharf getadelt hatte, sagte der Graf v. Schlabrendorf: »Es gibt *zwei* sehr verschiedne Arten politischer Schriftsteller. Die eine derselben nimmt den *höchsten Standpunkt* ein und beurteilt von da aus ihre Gegenstände. Sie führt zum politischen Idealismus. Sie richtet die Wirklichkeit nach dem ewigen Gesetz der Vernunft. Sie vergeistigt die Politik zur Moral. Sie gebietet statt der menschlichen Tugend Heiligkeit. Die andre, im Gegensatz von jener, legt ihren Betrachtungen einen *gegebnen Fall* zum Grunde und beurteilt ihn, in Gemäßheit der waltenden Verumständungen, nach Erfahrungssätzen. Sie führt zum politischen Materialismus. Sie verliert darum nicht die Grundsätze aus den Augen, hat es aber zunächst nicht mit ihnen, sondern mit den Verhältnissen des Augenblicks zu tun; nicht mit der Moral, sondern nur mit der Logik. Zu dieser letztern Art von Politikern gehört Machiavell, der die eben statthabende Lage Italiens, und sonst nichts, ins Auge faßt; und zu dieser Art möcht' ich auch Guizot zählen.«

Sie haben, sagt' ich, die *dritte* Art vergessen, die ebenso verschieden von jenen beiden ist, als sie es unter sich sind. Sowohl die politischen Idealisten als die Materialisten sind Dogmatiker. Aber es gibt auch einen politischen Skeptizismus, der weder die höchsten Wahrheiten und Grundsätze der Vernunft für absolut gültig in der Wirklichkeit hält, sondern allenfalls nur relative Wahrheit in derselben einräumt; anderseits aber auch den Erfahrungssätzen wenig Zutrauen schenken kann, weil sie sich mit den erweiterten Erfahrungen notwendig ändern müssen, und was heut oder hier davon passend sein konnte, morgen oder dort es nicht mehr ist.

Ich will zugeben, der politische Nominalismus, wie der Realismus, kann brauchbare Staatsmänner liefern. Aber beide verderben ebenso vieles, als sie Gutes stiften. Napoleon, der sich zum Materialismus bekannte, lieferte mit seinem riesenhaften Genie den entschiedensten Beweis dafür.

Der politische Skeptizismus, erhabner als jene beiden stehend, indem er beide von sich abweist, anerkennt doch den Wert beider, eben in ihrem Gegensatz und Widerstreit unter sich. Sie unterstützen einander, indem sie sich bekämpfen; sie steigern das Bessere im andern, indem sie dessen Schwächen angreifen, dessen Schlechteres zerstören.

Es hat mit dem philosophischen Skeptiker auch der politische *dies* gemein, daß seine Ansicht der Dinge die trostloseste zu sein scheint und doch die glücklichste ist. Er nimmt, wie jener in der Philosophie, das Gegebene oder die Wirklichkeit zum nötigen Hausbrauch an, wie sie daliegt. Aber weil sie ihm nicht gewährt, was er sucht, bleibt er nicht bei ihr stehen und will er sie nicht, als das Wahre, Bleibende, wie sie ist, behalten. Weil hinwieder die Ideale der Vernunft zuletzt doch nur Vernunftträume bleiben, wirft er sich endlich, wie der philosophische Skeptiker, in den des Glaubens, doch nicht wie dieser in den Glauben der Kirche, sondern in den Glauben an *Perfektibilität*, an ein unsichtbares Reich, und an das langsame Schreiten der Menschheit zu demselben, ohne Möglichkeit, es jemals zu erreichen. – Dieser Glaube des Skeptizismus erweckt, mit Beseitigung des einseitigen Idealismus und Materialismus, ein Streben nach Erhebung des Volks- und Staatenglücks, wie der Kirchenglaube, mit Beseitigung aller toten Werkheiligkeit und schwärmerischen Frömmelei, ein Streben nach Gott.

Jochmanns letzter Brief an Sengbusch

Carlsruhe den 17ten Mai 1830.

Herrn C. H. von Sengbusch in Riga.

Nach einem ungeachtet der ungewöhnlich großen und anhaltenden Kälte, bis zu den letzten Tagen des Februar ganz leidlich zugebrachten Winter, habe ich mich fortdauernd so krank und zum Theil so gefährlich, oder wenigstens so angreifend krank befunden, daß ich selbst jetzt, Ihnen mein geliebter Freund, nur mit einiger Anstrengung für Ihren gütigen Brief vom 18/30. April und die demselben beigefügte L. F. Lorent am Endesche Rimesse nebst Advisbrief über B[an]co R[eichsthaler] 2400 danken kann.

Es würde zu weitläuftig und mir zu schwer werden, wollte ich Ihnen ausführlich die Einzelheiten meiner Krankheit mittheilen. Das etwas leichtsinnige Beziehen einer sehr hübschen, und hinsichtlich der Sonne und Luft sehr gesund gelegenen, aber in einem neugebauten Hause befindlichen Wohnung, mag die nächste, äußere Veranlassung zu dem Ausbruch des Uebels gewesen seyn, aber die unzweckmäßige Anwendung eines keineswegs homöop[athischen] Mittels den kalten Lavements nemlich verschlimmerte es durch Hämorhoidal-Repurgitationen des Blutes nach der Brust; und mir ist bei dieser Gelegenheit überhaupt recht klar geworden, daß ich mein erträglicheres Befinden in den 2 letzten Jahren eigentlich nur meiner homöop[athischen] Diät zu verdanken habe, daß mir aber das Glück einer wirklichen, ohne allop[athische] Zusätze verpfuschten homöop[athischen] Behandlung noch gar nicht zu Theil geworden ist. Giebt es noch eine gründliche Heilung für mich, so findet sie sich nur in einer solchen, und um sie in derselben zu suchen, denke ich mich, schwach wie ich bin, in einer der nächsten Wochen nach Sachsen, und wenn ich so weit kommen kann zum alten Hahnemann selbst schleppen zu lassen. Von meinem Bestimmungsorte aus schreibe ich Ihnen meine künftige Adresse. Dringendere Briefe treffen mich immer, wenn auch auf einem kleinen

Umwege Adr[esse] d[er] H[erren] *B. Metzler seel Sohn & C°*, Frankfurt a/M. Rechte Freude macht mir der Gedanke, mich Ihnen so bedeutend zu nähern. Möge ich Ihnen bald bessere Nachrichten von mir geben können.

Von ganzer Seele

Ihr

CG Jochmann

Jochmanns Testament

Der Zustand meiner Gesundheit veranlaßt mich, folgende Bestimmungen zu treffen, die im Falle meines Ablebens als die meines letzten Willens gelten sollen.

1) Zur Erbin meines gesamten Vermögens, über welches, da es ein gänzlich wohlerworbenes ist, mir ein völlig freies Dispositionsrecht zusteht, setze ich, mit Ausnahme der unten bestimmten Vermächtnisse, diejenige ein, die es auch, wenn ich ohne testamentarische Disposition stürbe, sein würde, meine liebe Schwester *Wilhelmine Amalie Jochmann*, jedoch unter der Bestimmung, daß, im Falle sie unverehelicht, oder wenn auch nicht dieses, doch kinderlos sterben sollte, nach ihrem dereinstigen Ableben, die Summe von funfzehntausend Rubel Silber-Münze (15,000 R. S.-M.), von der meiner lieben Schwester, solange sie lebt, der Nießbrauch verbleibt, den auf sichere Hypotheken angelegten *Fond* einer Stiftung zur Unterstützung und Einrichtung von Schulen für die Kinder des estnischen Landvolkes in meiner Vaterstadt Pernau und im Pernauschen Kreise ausmachen soll; welche Stiftung aber nicht unter irgendeiner geistlichen oder obrigkeitlichen Verwaltung stehen, sondern von drei durch die versammelte Bürgerschaft in Pernau jedesmal auf drei Jahre zu wählende und auch beliebig *wiederholt* zu wählende redliche Männer verwaltet werden soll, die alljährlich über ihre Verwaltung dem Publikum in den in Pernau und Riga erscheinenden öffentlichen Blättern einen kurzen Bericht zu erstatten und alle

drei Jahre der Bürgerschaft in Pernau förmlich Rechenschaft abzulegen haben.

2) Sollte meine liebe Schwester vor mir oder vor Eröffnung dieses letzten Willens in Riga mit dem Tode abgehen, so ernenne ich zum Erben meines gesamten Vermögens, mit Ausnahme der unten bestimmten Vermächtnisse, meinen geliebten Freund, den Herrn Regierungs-Sekretär und Ritter *Adolph Hehn* in Riga, in welchem Falle jedoch eine Summe von zehntausend Rubel Silber-Münze (10,000 R. S.-M.) sogleich zu der im vorstehenden § beschriebenen Stiftung verwandt werden soll.

3) Es ist mein inniger Wunsch und meine inständige Bitte, daß mein Körper, sobald die sichern Zeichen des Todes vorhanden sind, geöffnet und besonders das Herz aus demselben genommen und in einem einfachen Porzellangefäße aufbewahrt, wie sichs am besten tun läßt, an meinen geliebten Freund, Herrn *Conrad Heinrich v. Sengbusch* in Riga, Chef des dasigen Handlungs-Hauses A. G. Sengbusch u. Comp., geschickt werde, der demselben wohl aus alter Freundschaft für mich ein Plätzchen in seinem Garten gönnen wird. Dem Herrn Hofrat Dr. Wieg und dem Herrn Dr. und Landphysikus Waldmann, die ich die Öffnung meines Körpers und die Aufbewahrung meines Herzens zu besorgen ersuche, bestimme und vermache ich dafür, und zwar einem jeden von ihnen, zwanzig Louisd'or (20 Louisd'or).

Sollte ich in einem andern Orte als Karlsruhe sterben, so bleibt es dennoch bei der obigen Bitte und Bestimmung, nur mit der Veränderung, daß ich alsdann dem Arzte oder Wundarzte, der jene Bemühung übernimmt, einhundert Taler Preußisch in Golde (100 Tlr. in Golde) und den Armen des Ortes, unter der Bedingung und für den Fall, daß meinem Wunsche genau entsprochen werde, ebenfalls einhundert Taler in Golde (100 Tlr. in Golde) aussetze und vermache.

4) Meinem lieben Freunde *C. H. v. Sengbusch* in Riga vermache ich die Summe von eintausend Rubel Silber-Münze (1000 R. S.-M.) zu irgendeiner Anlage in seinem

Garten, bei der vielleicht er und mancher andere meiner mir ewig unvergeßlichen und unersetzlichen Freunde in Riga meiner an freundlichen Sonntagnachmittagen zuweilen gedenken.

5) Meinem lieben Freunde, dem Herrn Regierungs-Sekretär und Ritter *Adolph Hehn*, im Fall er nicht nach der Bestimmung des § 2 mein Erbe werden sollte, vermache und legiere ich die Summe von zweitausend Rubel Silber-Münze (2000 R. S.-M.).

6) Meinem lieben, verehrten Freunde, Herrn *Christian Griesbach* hierselbst, vermache ich als Zeichen meiner Achtung und Freundschaft meine goldene Repetier-Uhr mit den dazugehörigen in Gold gefaßten Petschaften und Uhrschlüssel, meine goldene Tabaksdose und mein gutes Kanapee, auf dem wir so manches freundliche Wort miteinander gewechselt haben, endlich, was seinem redlichen Herzen die meiste Freude machen wird, die Summe von zweitausend Gulden (2000 Gulden) zu dem unter seiner Verwaltung sich bildenden Fond zur Errichtung einer Verpfändungs- und Versorgungs-Anstalt für alte und gebrechliche, arbeitsunfähige Personen.

7) Meinem lieben Freunde, dem hiesigen Universitäts-Buchhändler *C. F. Winter* in Heidelberg, vermache ich das volle Eigentumsrecht an meinen in seinem Verlage erschienenen Schriften: den Betrachtungen über den Protestantismus, der Schrift über die Sprache und den Briefen eines homöopathisch Geheilten, hinsichtlich deren ihm die erste Auflage der beiden ersten Werke ohnehin gehört, da wir nur in Ansehung der letztgenannten Schrift in Rechnung stehen. Möge ihm dies Vermächtnis einmal ersprießlicher werden, als ich zu vermuten Ursache habe.

8) Meine sämtliche Handschriften, an Materialien, Sammlungen, Aufsätzen u. dgl. aller Art, mit einziger Ausnahme meiner Korrespondenz und Geschäftspapiere, vermache ich meinem lieben verehrten Freunde, Herrn *Heinrich Zschokke* in Aarau in der Schweiz, dem sie kostenfrei zuzustellen sind. Ich bezweifle, daß er viel mit ihnen anzufangen wissen wird. In jedem Falle über-

nimmt er dann wohl aus alter Freundschaft für mich die Mühe, sie zu vernichten.

9) Die weiblichen Dienstboten, die in meinem Dienste gestanden und so manche Geduld mit mir gehabt haben, namentlich:

a) *Babette* aus Durlach, die während meines Aufenthalts im Schaafschen Hause in der Karlsstraße hieselbst bei mir gedient hat und jetzt an einen Schreiner in einem Dorf bei Durlach verheiratet ist;

b) *Caroline Haagk*, die in Baden und auch hier in Karlsruhe im Stempfschen Hause und in der Amalienstraße bei mir war;

c) meiner gegenwärtigen Haushälterin *Katharina Kneußler* aus Homburg,

vermache ich einer jeden von ihnen die Summe von dreihundertundfünfzig Gulden (350 Gulden), die einer jeden von ihnen binnen 4 Wochen nach meinem Tode ausgezahlt werden soll.

10) Den Armen in Karlsruhe, ohne Unterschied der Religion, und sie mögen zur hiesigen Stadtgemeinde gehören oder nicht, vermache ich zweihundert Gulden (200 Gulden); den Kirchen, Schulen und frommen Stiftungen in Riga zusammen zweihundert Rubel Silber-Münze (200 Rub. S.-M.), die Ein Hochedler und Hochweiser Rat daselbst nach seinem Ermessen zu verteilen gebeten wird.

11) Zu Exekutoren dieses meines letzten Willens ernenne ich und erbitte ich mir und zwar hier in Karlsruhe Herrn *Christian Griesbach*, in Riga aber Herrn *Conrad Heinrich v. Sengbusch.*

12) Ich bin zuversichtlich überzeugt, daß meine Erbin oder mein Erbe, wer er auch sein möge, jeden ihnen bekannt werdenden auch nur mündlich von mir geäußerten Wunsch gewissenhaft und pünktlich zu erfüllen, gern bereit sein würden, ohnehin ist auch dieses Testament als von mir selbst geschrieben und auf jeder Seite unterschrieben, mit allen nach dem hiesigen Landrechte zur Rechtsgültigkeit eines letzten Willens erforderlichen Förmlichkeiten aufgesetzt; sollte jedoch sich über diese

Rechtsgültigkeit desselben als eines förmlichen Testamentes irgendein Zweifel erheben, so wünsche und bitte ich, daß diese letztwillige Verfügungen wenigstens als Kodizill, Schenkung für den Todesfall oder wie sonst immer aufrecht erhalten werde, und erteile ich hiermit zu diesem Behufe meinem verehrten Freunde Herrn Christian Griesbach förmliche Anweisung:

a) auf meine sämtlichen hiesigen Barschaften und Effekten oder deren Ertrag;
b) auf mein gesamtes sich in Gewahrsam meiner Geschäftsfreunde, der Herren B. Metzler sel. Sohn u. Comp. in Frankfurt a. M. befindliches Vermögen, bestehend in: 11,500 fl. großherzoglich badische 4% Rentenscheine, einer großherzoglich hessischen 4% Obligation von 1000 fl., 4 Stück großherzoglich badische 50 fl. Lose und meinem eben vorhandenen Rechnungs-Saldo;

um aus dem Werte von diesem allen sämtliche hier im Lande auszuzahlende Vermächtnisse und Kosten zu berichtigen und was übrig bleibt, dem Herrn C. H. v. Sengbusch, Adr. Herrn A. G. Sengbusch u. Comp. in Riga, zu übermachen.

Sämtliche Vermächtnisse sollen meinen Legataren kostenfrei und in vollen Summen ohne allen Abzug ausgezahlt werden.

Schließlich bitte ich jeden, dem ich unwissentlich oder unter der Übermacht meiner krankhaften Reizbarkeit jemals wehe getan, mir zu verzeihen und mein Andenken in dem Frieden zu halten, dessen ich mir in jeder stillen Stunde gegen jeden Menschen bewußt bin.

Nachwort

Geboren als Deutscher, doch als russischer Untertan, in der wälderumringten livländischen Kleinstadt Pernau am Rigaer Meerbusen im Jahr der ersten französischen Revolution, gestorben auf einer Reise in Naumburg an der Saale, wo er nie gewesen, im Jahr und Monat der zweiten Revolution in Paris – schon darin deutet sich, fast scheinbar nur zufällig, die Grundspannung an, die das gesamte Leben und Werk von Carl Gustav Jochmann bestimmte, die Spannung zwischen Verborgenheit und Öffentlichkeit, zwischen Isolierung und Anschluß an die größten Ideen und Taten des aufsteigenden Bürgertums in Europa. Sohn einer späten, in der livländischen Isolierung desto länger lebendigen Aufklärung, Erbe der weiterführenden Ideen Hamanns und Herders, Freund Garlieb Merkels, des miserablen ästhetischen, des großen politischen Kritikers und Kämpfers für die lettische Bauernbefreiung, erkannte Jochmann die Stummheit und Starre des heimischen Gesellschaftslebens spätestens, als er, auf der Flucht vor den preußisch-französischen Truppen, 1812 in England das volle Gegenteil und mit ihm das große Thema all seines künftigen Denkens fand: Öffentlichkeit als Voraussetzung jedes ungezwungenen bürgerlichen Gesellschaftslebens, damit auch jeder voll entfalteten, wahrhaft menschlichen Menschenexistenz, Öffentlichkeit nicht zuletzt als primäre Voraussetzung für den notwendigen, in Deutschland überall gestörten oder zerrissenen Zusammenhang jeder Wissenschaft, aller Geistestätigkeit überhaupt mit dem Leben, soll sie nicht rettungslos in Autoritätsdünkel, Dogmatismus und Begriffsscholastik verfallen. Auch was Sprache als Rede ist, daß sie, in Freiheit öffentlich gesprochen, allein Sprache in Wahrheit ist, muß Jochmann zuerst in England begriffen haben.

Später, als er äußerlich sich endgültig losgelöst hatte von der Heimat, innerlich freilich ihr bis zuletzt schmerzhaft verbunden bleibend, da fand er, was er als

Lebenselement suchte, die fortgeschritteneren Gesinnungen, die höhere Kultur und für seine zerrüttete Gesundheit den milderen Himmel auch nur dort, wo die Stimme des aufbegehrenden deutschen Bürgertums, kaum daß sie nach den Befreiungskriegen ein wenig laut geworden, durch die Karlsbader Beschlüsse der feudalen Reaktion vom 20. September 1819 für das nächste Jahrzehnt wieder zum Schweigen verdammt wurde. Eben dieses Jahrzehnt der größten Stummheit des deutschen Bürgertums war schon das letzte Lebensjahrzehnt Jochmanns, sein eigentlich schöpferisches als politischer Schriftsteller auch. So ging er, von Zins und Zinseszins eines hart erworbenen Kapitals lebend, dorthin weiter, ohne Erwartungen freilich, wo zwar die Reaktion ebenso herrschte, wo aber eine heroische Vergangenheit in würdigen Zeugen noch lebendig-gegenwärtig war wie sonst nirgendwo, nach Paris. Was er an aufklärerisch-demokratischer Denkweise als livländisch-englisches Erbe mitbrachte, reicherte sich hier mit der Ideenmasse der Revolution, vor allem mit der hellsten Einsicht in ihre historische Notwendigkeit, in den Zusammenhang von revolutionärer Idee und revolutionärer Gewalt an und gedieh zu jener letzten kritischen Distanz gegenüber der französischen und deutschen Gegenwart, die er beispielhaft verkörpert fand in dem siebzigjährigen Schlabrendorf, dem ›Diogenes von Paris‹, wie dieser scherzhaft sich selber, dem ›ehrwürdigsten aller Sonderlinge‹, wie Jochmann ihn später nannte. In ihm, der, in der Jugend ebenso von England gebildet, seit 1787 in Paris lebte, kam Jochmann erst ganz zu sich selbst; Schlabrendorfs Freundschaft und Gespräche waren der größte und unverlierbare Gewinn seiner beiden Parisaufenthalte. Von Schlabrendorf empfing Jochmann für beinahe alle seine größeren Arbeiten die ersten Anregungen, von ihm vermutlich auch manchen Hinweis auf die wenigen Gleichgesinnten in Deutschland und in der Schweiz.

Ein Isolierter, ein Fremder ist Jochmann in Deutschland immer geblieben, nirgendwo produktiv angeschlossen an die klassisch-romantische Literatur und Philosophie. Treuester Freund in der Schweiz wurde ihm der aufrechte Heinrich Zschokke in Aarau, der schon früh Deutschland verlassen hatte, in Deutschland selbst vor allem, obwohl nur das Testament ihn ausdrücklich als solchen bezeichnet, der Heidelberger Universitätsbuchhändler Christian Friedrich Winter, einer der Wortführer der liberalen Opposition im Badischen Landtag, der schon 1819 die gesetzliche Einführung der Preßfreiheit gefordert hatte. Sie beide, Zschokke und Winter, verhalfen den wenigen Aufsätzen und Schriften zum Druck, die Jochmann selbst zu publizieren bereit war, jedesmal unter der Bedingung strengster Anonymität. Jochmann stellte sich der Öffentlichkeit, damit den Ernst seiner kritischen Intention beweisend, aber als Verborgener, als Namenloser. Das war die alte Vorsicht des russischen Untertans und die verständliche Reaktion auf die schärfste Zensur, die bis dahin jemals in Deutschland geherrscht hatte. So blieb er beinahe allen namhaften Zeitgenossen fremd, vielleicht mit Ausnahme eines schon fast Vergessenen, des greisen Johann Heinrich Voß in Heidelberg, der im selben Jahr 1819, als Jochmann für immer nach Deutschland kam, seinen rücksichtslosen Fehdebrief ›Wie ward Fritz Stolberg ein Unfreier?‹ drucken ließ, zorniger Angriff spätester Aufklärung auf den feudalreaktionären Katholizismus der Heiligen Allianz.

Als Jochmann, von krankhafter Reizbarkeit zeitlebens gequält, früh gealtert, von langem Lungenleiden zerstört, erst einundvierzigjährig in Naumburg 1830 starb, lebte in Weimar einundachtzigjährig noch Goethe; die Jungdeutschen waren noch kaum auf den Plan getreten. Jenem sprach er nichts nach. Diesen nahm er mancherlei vorweg, ohne daß sie es später recht erkannten. Ihre aggressive Blasphemie, ihre witzig-ironische Pointensprache wäre ihm ebenso fremd gewesen, wie ihm das Gemütstrauma der späten Romantik zuwider blieb und die abstrakte Sprache Hegels und seiner Schüler in seinen Schriften nur selten ein Echo fand. In der asketischen Strenge seines politisch-kritischen Moralismus, im metallenen Glanz, in der diffizilen Rhythmik seines ciceronianischen Periodenbaus war er am ehesten noch ein später Erbe der ersten Revolution. Dieses Erbe verschmolz in Jochmann, nachdem er ›das atheistische Jahr‹ seiner Entwicklung als Selbstdenker, wie er es nannte, durchlaufen hatte, mit einem rationalistisch-rigorosen Protestantismus, dessen Konsequenz die radikale Verurteilung alles Dogmen- und Priesterwesens war. Ähnlich verband sich sein Glaube an den gesellschaftlichen Fortschritt, an die Perfektibilität des Menschen und seiner Verhältnisse (dieses Erbe des großen Herder), an den allmählichen, doch nie endgültigen Sieg der Vernunft – als der Glaube eines Nachgeborenen in finsterer Zeit – wie selbstverständlich mit einer geradezu methodischen, grundsätzlichen, manchmal auch melancholischen Skepsis. Mit alledem stand Jochmann in der deutschsprachigen Literatur seiner Zeit einmalig-allein; ein Ungekannter und Unzugänglicher, ist er – leidend an sich und an der Welt, ohne Hoffnung für Europa – echolos durch sie hindurchgegangen. Erst als sechs Jahre nach seinem Tod Heinrich Zschokke seinen Nachlaß in Buchform zu veröffentlichen begann, erreichte Jochmanns Name ein kleiner Ruhm, der freilich nur in der baltischen Heimat für wenige Jahrzehnte vorhielt. In Deutschland drang er an kein Ohr eines Ehrgeizigen unter den aufkommenden Philologengeschlechtern. Was an spärlichen Lebensdokumenten bis heute bekannt ist – und mehr ist offensichtlich kaum noch erhalten –, das haben der Schweizer Zschokke und der ebenfalls aus Livland gebürtige Julius Eckardt, ein fast Vergessener auch er (obwohl oder weil er später in Weimar starb), mitgeteilt. Nur die zuerst dichten, später vertröpfelnden Reisebriefe an den Freund Sengbusch in Riga sind großenteils noch ungedruckt. In Karlsruhe, wo Jochmann die letzten fünf Jahre lebte, blieb er ebenso unbekannt und ungeehrt wie in Naumburg, wo seine letzte Ruhestätte, falls sie bis in unser Jahrhundert kenntlich blieb, im Bombenhagel des zweiten Weltkrieges verging. Wie das Antlitz des früh Leidenden mit Sicherheit aussah, wissen wir nicht; überliefert ist nur ein mutmaßliches Porträt.

Nach der hartnäckigen Verleugnung aller aufklärerisch-demokratischen Traditionen des deutschen Bürgertums im wilhelminischen Deutschland war Jochmann so völlig vergessen, daß es eines Einzelgängers mit der Wünschelrute bedurfte, um ihn neu zu entdecken. Der verdienstvolle deutsch-jüdische Kritiker, Essayist und Lyriker Werner Kraft stieß Anfang der dreißiger Jahre auf ihn, ging seiner Biographie nach und wollte im Frühjahr 1933 eine Aphorismenauswahl mit Einleitung im fünften Heft der kurzlebigen, von Wilhelm Kütemeyer, dem späteren bedeutenden Arzt und Anthropologen, in Berlin-Lichterfelde herausgegebenen Zeitschrift ›Der Sumpf‹ veröffentlichen. Ein drohender Feuerüberfall der neuen Machthaber auf die Druckerei erzwang die Zerstörung des fertigen Satzes, damit das Ende einer Zeitschrift, die aus dem radikalchristlichen Geist Kierkegaards zur Absage an den Kapitalismus und jede bestehende Kirche kam. Kaum wiedergefunden, war Jochmann zu weiterem Schweigen verurteilt. Mit seinem Entdecker zog er noch im gleichen Jahr in die Emigration. 1939 veröffentlichte Walter Benjamin in New York im achten Band der von Max Horkheimer herausgegebenen ›Zeitschrift für Sozialforschung‹ gekürzt das Kapitel ›Die Rückschritte der Poesie‹ aus dem Buch ›Über die Sprache‹, stellte biographische Zitate dazu und schrieb einen gewichtigen Einleitungsessay. Erst lange nach dem zweiten Weltkrieg fanden sich erste Möglichkeiten, Jochmanns Namen und in Teilen auch sein kritisch-essayistisches Werk neu ins literarische Bewußtsein zu rufen; das Hauptverdienst daran kommt Werner Kraft zu. Als neuer Versuch, den einsamen Selbstdenker aus finsterer Zeit zum Reden zu bringen, schließt sich diese Ausgabe an.

*

Zur Ostermesse 1828 brachte Christian Friedrich Winter in Heidelberg Jochmanns bedeutendstes Werk, sein Buch ›Über die Sprache‹, heraus. Das war im gleichen Jahr, in dem in Berlin der junge Heinrich Heine zuerst andeutend vom ›Ende der Kunstperiode‹ sprach, womit er das klassisch-romantische Zeitalter Goethes meinte. Jochmanns Buch handelte vom Zustand der deutschen Sprache, aber es meinte den miserablen Zustand der deutschen Verhältnisse. Nicht von Sprache an sich, als grammatischem Gebilde, war darin die Rede, sondern von Sprache als untrüglichem Indikator der Gebrechen der Zeit und Gesellschaft, d. h. Jochmanns Sprachbuch war ein politisches Buch. Nicht von ungefähr stand auf dem Titelblatt als Motto aus Hamanns ›Aesthetica in nuce‹ von 1762 das so biblische wie sokratische ›Rede, daß ich dich sehe!‹ Es war ein Bekenntnis zu Hamann, der als Sprachdenker zugleich der Gegner Friedrichs II. gewesen war, und es bezeichnete mit ›Rede‹ den Koinzidenzpunkt von Sprache und Gesellschaft, die gesellschaftliche Verwirklichung von Sprache. Die Mängel der deutschen Sprache erklärt Jochmann als Mängel ihrer Rede, als solche aber sind sie Folgen des Mangels an öffentlichem Leben, des unentwickelten deutschen Gesellschaftslebens, eines Bürgertums, das noch zu keiner gesellschaftlich-öffentlichen Selbstgestaltung gekommen ist. ›Das öffentliche Leben der Deutschen geht in Schreibstuben und auf Paradeplätzen vor‹, ist also eigentlich keines; ›auf den Marterbänken unsrer Kanzeleien, den Arbeitstischen regierender Geschäftsleute‹ werden der armen Sprache ›alle Gliedmaßen verstümmelt‹. So existiert das ausgebildete Deutsch nur als geschriebenes Deutsch, das stets nur wieder von geschriebenem Deutsch herkommt, nicht aber, wie es sein müßte, von lebendiger Rede als öffentlich gehandhabter und so erst zur Gesundheit, Präzision und Fülle ihrer Möglichkeiten entwickelten Sprache. Der Sprachzustand ist ein politischer Zustand, wenn Jochmann das Deutsche als eine Sprache definiert, ›in der man kaum leise zu denken, geschweige denn laut zu schreiben versteht‹.

So wie Jochmanns kritisches Sprachdenken, ohne im Begriff sich festzulegen, auf die frei entfaltete bürgerliche Gesellschaft zielt, so sieht er in den ›Rückschritten der Poesie‹ (worunter er jede Art von Versdichtung versteht) schon die Kriterien des sicheren Fortschritts, weil der fortschreitenden Vernunft, die eine bürgerliche ist. Von ihren äußersten Grenzen blickt er auf eine Zukunft hinaus, die als ganz andere ihm freilich noch begriffslos bleibt. Die dichterische Aufgabe der Zeit ist die Ausbildung einer Kunst der Prosa (davon wird neun Jahre später auch Theodor Mundt sprechen), in der Schönheit und Rhythmus der Poesie verwandelt aufgehoben sind. Als Versuche solcher Prosa, einer essayistischen Prosa höchsten Ranges, die vom Geist und Rhythmus großer Rede lebt, hat Jochmann die einzelnen Kapitel des Sprachbuchs geschrieben. Weil dafür die ersehnte Öffentlichkeit ihm fehlte, mußte er es aus ihrem extremen Gegenteil versuchen, aus der totalen Isolierung und Einsamkeit. An den Schluß des Buches stellte er hundert Aphorismen, die er ›Stylübungen‹ nannte. In ihnen, die in der Geschichte der deutschen Aphoristik von Lichtenberg bis Karl Kraus bisher gnadenlos übergangen wurden, weil ungekannt blieben, feiert der deutsche Aphorismus erst seine volle Ankunft in der politischen Wirklichkeit, wird die Weisheit des Lebens zur politischen Weisheit. Wohl waren Klinger und Seume im Jahrhundertanfang vorausgegangen. Doch erst in Jochmann wird der politische Aphorismus auch zum Sprachwunder. Rhythmus und Glanz seiner Prosarede waren niemals so vollkommen. Die Schönheit seiner Sprache ist immer auch die Genauigkeit und Aktualität seines Gedankens. Diese Schönheit ist streng, höchste Realisierung einer Kunst der Prosa, wie sie die Jungdeutschen so nie erreichten. Inmitten der deutschen Feudalwelt, diese nie aus dem Auge verlierend, schon der nüchternen Realität der industriellen Revolution, des entwickelten Kapitalismus zugekehrt, ist Jochmanns Aphorismus zugleich noch beglänzt vom heroischen Licht der ersten Revolution. Im strengen Wohllaut der Artikulierung dieser komplizierten Zwischensituation gründet seine einsame Schönheit, im einsamen Aushalten ihrer düsteren Erfahrungen freilich auch die Skepsis, Melancholie und Widersprüchlichkeit mancher Sätze.

Der frühe Tod hat Jochmann gehindert daran, seine übrigen aphoristischen Niederschriften durchweg zu gleicher Präzision und Schönheit der Formulierung zu bringen. Für nicht wenige der ›Stylübungen‹ sind im Nachlaß ältere, das heißt die ersten Fassungen überliefert. Der Vergleich läßt die bewußte Arbeit Jochmanns an der aphoristischen Sprachgebung seiner Gedanken erkennen. Aber gleichzeitig konnte er auch eine große Zahl der offenbar ersten Niederschriften völlig oder beinahe unverändert in die exemplarisch gemeinten ›Stylübungen‹ aufnehmen, die also dem hohen Anspruch an sich selbst, mit dem er ungenannt vor die Öffentlichkeit trat, voll genügten. Nicht zuletzt diese Tatsache berechtigt dazu, auch die Gesamtmasse der von Jochmann hinterlassenen, von Zschokke als ›Erfahrungsfrüchte‹ publizierten aphoristischen Aufzeichnungen zum erstenmal neu in Druck zu geben. Erst sie macht recht deutlich, daß der Aphorismus Jochmanns ein Aphorismus sui generis ist. Wohl hat Jochmann die französische und die englische Aphorismentradition und ihre großen Väter, Montaigne und Bacon, genau gekannt und von beiden sichtlich gelernt. Aber weit entschiedener als selbst Lichtenbergs Aphorismus kommt der seinige aus der unmittelbaren Erfahrung des gegenwärtigen Gesellschaftslebens, artikuliert er sich in der Auseinandersetzung mit den Grundfragen der Epoche im Reflex des politischen Tagesgeschehens im weitesten Wortsinn, oder es dient ihm längst Vergangenes als Erkenntnisspiegel für die Probleme und Leiden der Gegenwart. Das Wahrnehmen des symptomatischen Details zählt nicht zu seinen geringsten Leistungen. Von daher stammt auch seine besondere Nähe zu Miszelle und Anekdote, zu Pressebericht und Buchzitat, schließlich auch seine Neigung, in eine andere Gattung überzuwechseln, die von den Geschichtsschreibern und Theoretikern der Literatur bis heute kaum gesehen und definiert worden ist, in die politische Glosse. Am Ende ist es bisher ebenso unmöglich, für zahlreiche Aufzeichnungen Jochmanns zu entscheiden, ob sie noch dem Aphorismus oder schon der

Glosse zugehören (oder umgekehrt), wie es nicht mehr möglich ist zu klären, von welcher Form Jochmann ursprünglich ausgegangen ist. Am Ende schrieb er einfach Marginalien zur Geschichte seiner Zeit. So lassen sich jene Niederschriften, die Zschokke als ›Politische Glossen‹ Jochmanns veröffentlichte, im Ernst kaum trennen von den vorwiegend aphoristischen ›Erfahrungsfrüchten‹. Was in diesen schon öfter zur Glosse tendiert, ist in jenen voll ausgebildet, wie umgekehrt sich gerade unter den Glossen auch Aphorismen von exemplarischer Prägnanz und Kürze befinden.

Wie schon bei den Vätern des europäischen Aphorismus, so steht auch bei Jochmann neben und über dem Aphorismus der Essay. Beide Gattungen dokumentieren dasselbe freie und selbständige, dasselbe zugleich erfahrungsgebundene und intuitive Denken, dessen erklärter Feind die wechselnde Scholastik aller Jahrhunderte, jede spekulativ-systematische Philosophie, jedes vorgeschriebene Denkschema überhaupt sind. Beidemal gründet die Sicherheit ihres Vortrags in nichts als in der Stoßkraft der unverstellten Erfahrung und des neuen, systemfreien Denkens, zugleich aber in der verdichtenden Prägnanz der Formulierung. Anstelle der vollzählig-logischen Gedanken- und Beweiskette tritt, souverän verkürzend oder umstellend, die Sprachkunst, eine andere Redeform der Überzeugung.

Jeder wahre Essay trägt in sich eine Tendenz zum Aphorismus, und zumindest der Aphorismus Jochmanns tendiert, wie zur Glosse, manchmal heimlich auch zum Essay. Offensichtlich waren für Jochmann die ersten Niederschriften, die aphoristischen wie die freier marginalischen, vielfach das Gedanken- und Motivreservoir, aus dem seine essayistische Kunst schöpfte. Einer der genau belegbaren Fälle, in seiner präzisen Bildlichkeit eine Musterpassage Jochmannscher Prosakunst, ist der Eingang des großen Essays ›Über die Öffentlichkeit‹, der auf die letzten Sätze der Glosse ›Ein Wort von Mirabeau‹ zurückgeht. Er ist seit 1837 nie neu gedruckt worden. Sein Thema ist das zentrale Thema von Jochmanns kritischem Nachdenken, der eigentliche und einzige Gegenstand seines politischen Leidens und seiner politischen Sehnsucht. Vielleicht eben deshalb erfüllt unter den erst von Zschokke veröffentlichten Nachlaßarbeiten kaum eine wie diese die Kunstform des Essays so glanzvoll und streng, mit so hohem, in der genauesten Erfahrung verankertem intellektuellem Anspruch, mit solcher Energie einer souveränen und weitausgreifenden Sprachgebärde. Daß später die politische Entwicklung ganz andere Wege einschlug, konnte Jochmann in seinem Jahrhundert nicht ahnen und nimmt dem Essay nichts von seiner Größe. Außer in den ›Rückschritten der Poesie‹ hat er kein zweites Mal über das vornehmste und letzte Ziel seines Denkens so deutlich und gültig gesprochen wie hier. Eben weil er aus der Finsternis einer unentwickelten, gepreßten Bürgerwelt sprach, sprach er auch noch mit der Unschuldsstimme intellektueller Redlichkeit und Sehnsucht. Noch war öffentliche Meinung nicht als ›falsches Bewußtsein‹, als Maske des nur bürgerlichen Klasseninteresses erkennbar wie eine halbe Generation später für den jungen Marx. Die Herstellung jener Öffentlichkeit, die Jochmann meint, die als letztes die Öffentlichkeit der gesellschaftlichen Gegenstände verlangt, läuft für ihn in einfacher und klarer Konsequenz auf ›ganz eigentliche Staatsveränderungen‹ hinaus; sie aber sind in Wahrheit Veränderungen des Lebens der Gesellschaft und ihrer Einrichtungen. So spricht Jochmann am Schluß rechtens von der notwendigen Umwandlung der bisherigen Staatswissenschaften in eine moderne Gesellschaftslehre, deren Ziel jener revolutionäre Fortschritt zu sein hätte, der die Gesellschaft ›zu dem wirklichen Anblick des Glückes‹ führt. Das meint die ›wahrhaft menschliche Gesellschaft‹, von der auch der Schluß der ›Rückschritte der Poesie‹ spricht und die dort ausdrücklich eine höhere ist als die bestehende bürgerliche. Denn ›anders müßten die Triumphgesänge des fortschreitenden Glückes lauten als die Seufzer der unbefriedigten Sehnsucht, anders die Jubellieder des befreiten Prometheus als die Klagen des gefesselten‹.

Wessen Denken diesem Ziel galt, ist der Zeitgenosse jeder Generation, die mit Gedanke und Tat dorthin noch immer unterwegs ist. In seinen Sätzen wird sie jene ›Blitze der Wahrheit‹ finden, von denen vor hundertvierzig Jahren schon ihr erster Herausgeber sprach.

Weimar, Dezember 1975 *Eberhard Haufe*

Zur zweiten Auflage (1980)
Außer in Einzelheiten verbessert, kann die zweite Auflage zwiefach erweitert erscheinen. Drei Lebenszeugnisse Jochmanns sollen seine Persönlichkeit, Mentalität und Weltanschauung verdeutlichen helfen. Der letzte Brief an den Rigaer Freund Sengbusch gehört zu den 71 Briefen Jochmanns an diesen, die 1863 in den Besitz der Rigaer Stadtbibliothek gelangten (heute Fundamentale Bibliothek der Akademie der Wissenschaften der Lettischen SSR). Der Vermittlung und dem großzügigen Entgegenkommen des Aufbau-Verlags Berlin und Weimar ist es zu danken, daß eine Filmkopie dieser Briefe für die Präzisierung und wesentliche Erweiterung der Lebenschronik ausgewertet und der letzte Brief unter die Lebenszeugnisse aufgenommen werden konnte. Erst diese Briefe und die Ergebnisse der Nachforschungen, die sich daraus ergaben, lassen Jochmanns bisher kaum erhelltes Leben wenigstens streckenweise in Schärfe sichtbar werden.

Zur dritten Auflage
Text und Erläuterungen konnten in Einzelheiten verbessert und ergänzt und die beiden von Jürgen Schiewe gefundenen Drucke des Essays ›Über die Öffentlichkeit‹ von 1830 verglichen werden (s. ›Zum Text‹ S. 278). Die Bibliographie wurde bis Anfang 1989 fortgeführt. Für die Jochmann-Werktexte wurde ein Namenregister hinzugefügt.

Trotz der neueren Einzelausgaben und Arbeiten über

Jochmann ist der Autor ins allgemeine literarische Bewußtsein noch kaum aufgenommen worden. So bleibt das meiste für ihn noch immer zu tun. Die dritte Auflage, für die der Herausgeber dem Verlag dankbar ist, darf als Zeichen der Hoffnung gelten, für den Autor und erst recht für das Land, in dem er abermals und mit so guten Gründen erscheint.

Weimar, Ende Oktober 1989 *E. H.*

Lebenschronik

Vorbemerkung: Die gegenüber der ersten Auflage präzisierten und vermehrten Fakten und Daten der Chronik sind vor allem aus den Briefen Jochmanns an Sengbusch der Jahre 1819–1830 und aus neuen Nachforschungen des Bearbeiters gewonnen. Sein besonderer Dank gilt der Zentralstelle für Genealogie in der DDR in Leipzig, Christian Wagenknecht in Göttingen, der falsche Archivauskünfte korrigieren und ergänzen konnte, Erik Amburger in Heuchelheim bei Gießen sowie den Archiven und Bibliotheken von Baden-Baden, Dresden, Heidelberg und Karlsruhe. Nicht wenige sonstige Nachforschungen blieben ergebnislos.

1789
Februar 10. Geburt Carl Gustav Jochmanns in der livländischen Hafen-, Handels- und Festungsstadt Pernau (heute Pärnu, 1816: 3408 Einwohner) am Rigaer Meerbusen als Sohn des Stadtsekretärs Johann Gottlob Jochmann (1750–?), der aus einer Bauernfamilie in Niederludwigsdorf bei Görlitz stammt, und seiner Ehefrau Elisabeth Magdalene geb. Schwander, vermutlich aus Mitau. Geschwister sind Johann Ludwig Jochmann (1787–1814), zuletzt Professor der Chirurgie an der Universität Dorpat, und die offenbar jüngere Schwester Wilhelmine Amalie (vgl. Jochmanns Testament), die erst nach Jochmanns Tod einen Engländer namens Charman heiratet (1854 in Montreux lebend). – Taufe in der Nikolaikirche, Pate: Gustav Reinhold Vogdt (1732–1794), Brigadier und Festungskommandant.

1795
Vermutlich von diesem Jahr an Besuch der vierklassigen Pernauer Stadtschule.

1799
Im elften Jahr (vgl. Rigasche Biographien 3, 1884, S. 31 mit Geburtsjahr 1790) kommt Jochmann nach Riga, das 1801

etwa 28 000 Einwohner (1816: 39 122) hat, in das Haus des Kreisarztes und ab 1804 Livländischen Medizinalinspektors Dr. med. David Georg Kurtzwig (1764–1834), der 1791–1798 Stadtphysikus und -chirurg von Pernau war. Nach kurzer Vorbereitungszeit beim ›alten Hoitmann‹ (an Sengbusch 17. 11. 1829), einer Privatschule oder einer der beiden mit je einem Lehrer besetzten Elementarschulen für die männliche deutsche Jugend, Eintritt in die fünfklassige Domschule, das Stadtgymnasium, an dem 1764–1769 Herder lehrte. Rektor ist der namhafte rationalistische Theologe und Philologe Dr. August Albanus (1765–1839).

1804
Abgang von der Rigaer Domschule oder dem neuen Gouvernementsgymnasium, in das mit der Schulreform vom September 1804 die oberen Klassen der Domschule überführt wurden, mit dem Zeugnis der Reife.

1805
April 29. Inskription Jochmanns aus ›Pernavia Livon.‹ in die Matrikel der Universität Leipzig (›P[olen]‹ unter ›Natio‹ meint nach damaligem Brauch nur die Himmelsrichtung der Herkunft), an der 1769 auch der Vater studiert hatte. Studium der Jurisprudenz.

1806
Mai 11. Inskription in die Matrikel der Universität Heidelberg: ›Carl Gustav Jochmann aus Liefland, studiert Jura, war 1 Jahr in Leipzig. Mein Vater Advocat in Pernau.‹ Besucht höchstwahrscheinlich die Vorlesungen von Anton Friedrich Justus Thibaut (1772–1840), dem Haupt der späteren rechtsphilosophischen Rechtsschule. Freundschaft mit Andreas Löwis of Menar (1777–1839), der 1803–1808 in Heidelberg studiert (später bedeutender livländischer Ökonom und Forstwissenschaftler).

Vermutlich im Spätherbst, nach dem Sieg Napoleons über die Preußen am 14. Oktober bei Jena und Auerstedt,

Eintritt in das französische Regiment des Fürsten von Isenburg, um an der Befreiung Polens von der russischen Herrschaft mitzuwirken.

1807
Mai 26. Einnahme Danzigs durch die französischen Truppen. In Danzig Ernennung Jochmanns zum Lieutenant. Verläßt bald darauf das napoleonische Militär. (Die ganze Episode von Jochmann später verschwiegen, überliefert nur, mit offenkundigen Irrtümern, von G. Merkel in der Dresdner ›Abend-Zeitung‹ vom 26. 8. 1841 und genauer in K. L. Blums Löwis-Biographie von 1846, S. 53–55.)

Danach vermutlich Rückkehr nach Heidelberg, vielleicht Bekanntschaft mit Ludwig Börne (1786–1837), der 1807/08 in Heidelberg studiert.

1809
März 3.–Juli 1. Entleiht aus der Universitätsbibliothek Göttingen staats- und privatrechtliche sowie rechtsgeschichtliche Werke von Machiavelli, J. G. Heineccius, A. Vinnius oder E. Verinus, J. D. Michaelis, A. D. Weber, W. A. F. Danz (unter Bürgschaft des Orientalisten und Bibelexegeten J. G. Eichhorn und des Juristen Fr. Chr. Bergmann).

März 7. Inskription in die Matrikel der Universität Göttingen unter Angabe der früher besuchten ›Academien‹ von ›Leipzig und Heidelberg‹ und des ›Jura‹-Studiums. Logis von Ostern bis Michaelis in der Gothmarstraße 525 (heute 16) beim Metzger Krische (im Logisverzeichnis vom November 1809 nicht mehr aufgeführt).

Ob Abschluß des Studiums in Göttingen oder im Wintersemester 1809/10 anderswo oder gar nicht, ist nicht feststellbar. Danach im Herbst 1809 oder Frühjahr 1810 Reise in die damalige ›Helvetische Republik‹ der Schweiz. Französische Sprachstudien in Lausanne.

1810
In diesem Jahr läßt sich Jochmann in Riga als offenbar selbständiger Rechtskonsulent (Advokat) nieder, ver-

mutlich aber, zumindest später, in Bindung an das Livländische Hofgericht (in Baden 1819 als ›Hofgerichtsadvokat‹, im Naumburger Totenbuch 1830 als ›Kaiserl. Russisch. Kammerkonsulent‹ bezeichnet). Wohnung zuerst im Kurtzwigschen, später im Dyrsenschen Haus auf dem Bischofsberg Nr. 1.

Rigaer Freunde: Kaufmann Conrad Heinrich von Sengbusch (1768–1849), Chef des Handlungshauses A. G. Sengbusch & Co., der seit 1806 Kaiserlich-russische Sekretär der livländischen Gouvernements-Regierung und (seit 1815) Ritter Adolph Christian (von) Hehn (1778–1856) (gest. als Kollegien- und Hofgerichtsrat, Onkel des Kulturhistorikers Victor Hehn), Dr. med. Kurtzwig, der Schriftsteller Garlieb Merkel (1769–1850), der 1806 aus Berlin in die livländische Heimat geflohen ist, wahrscheinlich auch der Ratsherr Johann George (Hans) Schwartz (1773–1830), außerdem der Kaufmann und Kunstfreund Friedrich Wilhelm Brederlo (1779–1862). Verkehr mit Angehörigen der ›Englischen Faktorei‹, der Kolonie der englischen Kaufleute in Riga, deren Angelegenheiten Jochmann bei Rat und Hofgericht (nach J. Eckhardt) vertritt.

Juli 4. Mehrtägige Feier der hundertjährigen russischen Friedensherrschaft über Livland in Riga.

1812

Juni 13. Das preußische Hilfskorps (20 000 Mann) des von Marschall Macdonald befehligten Nordflügels der Großen Armee Napoleons überschreitet unter General Yorck von Wartenburg die Grenzen Kurlands.

Juni 17. Erklärung des Kriegszustands für Riga.

Spätestens in diesen Tagen, vielleicht schon früher, flieht Jochmann nach England.

(*Juli 7.* Die Mitauer Vorstadt auf dem linken Dünaufer geht in Flammen auf.)

(*Juli 12.* Abbrennen der Moskau-Petersburger Vorstädte Rigas auf Anordnung des russischen Kriegsgouverneurs Essen.)

In London Studium des englischen Staats- und Gesellschaftswesens sowie der englischen Zivil- und Kriminaljustiz.

1812 oder 1813 Aufenthalt in Reading.

1813

April. Übersiedlung nach Oxford.

Anfang Mai. Übersiedlung nach Edinburgh.

1814

Winter 1813/14 und Frühjahr. Abwechselnd Aufenthalte in London und auf dem Lande im Haus eines Geistlichen. Liebe zu einer schönen Engländerin Sophie (kaum identisch mit der schönen Jenny in Reading, die ein Doppeldistichon von 1813 rühmt).

1815

Ende 1814 oder Frühjahr 1815. Rückkehr nach Riga. Wiederaufnahme der Advokatur, daneben historische und politische Studien. Verkehr im alten Freundeskreis allsonntäglich bei Sengbusch in der Jungfernstraße oder in dessen ›Höfchen‹ (Garten) in Riga-Sassendorf am Dünaufer.

In diesen Jahren angestrengte, doch ungeliebte, die Nerven aufreibende Arbeit als Advokat mit dem Ziel, ein Vermögen zu erwerben, das eine unabhängige Existenz in einer besseren Fremde und unter milderem Himmel erlaubt. Dauernde Schädigung der Gesundheit. ›Diese verwünschte Advokatur‹, ohne die er in Riga nicht leben könnte (an Sengbusch aus Paris 24.10.1819).

Anlage des ersparten Vermögens in Pfandbriefen beim ›Livländischen Creditsystem‹, dem Kreditinstitut der nach preußischem Vorbild 1802 gegründeten ›Livländischen Creditsocietät‹ der Güterbesitzer im Gouvernement Riga (Adel, Stadtmagistrate, nobilitierte Bürger).

1816

Wiederwahl Jochmanns zu einem der acht Vorsteher der Rigaer Gesellschaft der ›Ressource‹ anläßlich ihres Stiftungsfestes.

1819

April 3. In Gesellschaft des Kaufmanns Michael Gottfried v. Bulmerincq (1789–1845) Abreise von Riga (Abschiedsbillett an Garlieb Merkel vom 2. April), das Jochmann, gegen das Versprechen nur zweijähriger Abwesenheit, damit für immer verläßt. Er lebt von den jeweils im April und Oktober erfolgenden Rentenzahlungen des ›Livländischen Creditsystems‹, die Sengbusch in Form wechselnder kursgünstiger deutscher und ausländischer Wertpapiere über wechselnde Handelshäuser (vorwiegend in Geld der Hamburger Girobank) Jochmann zugehen läßt.

Mittel (?) April. Ankunft in Berlin.

Mai 1. Erster Brief an Sengbusch: ›Etwa 14 Tage bleibe ich wohl noch hier.‹ Plan umfangreicher Briefberichte an Sengbusch, Hehn und Kurtzwig. In Berlin u. a. Verbindung mit dem Bankhaus von Joseph und Abraham Mendelssohn & Co.

Mai 14. Ankunft in Dresden. Wohnung im Hotel ›Goldener Anker‹ in der Seegasse am Altmarkt. Briefadresse: Johann Carl von der Breling, Großhändler, Wechselkontorinhaber und Bankier in Dresden-Neustadt. Ärztliche Behandlung durch Hofrat Karl Christian Leberecht Weigel (1769–1845).

Mai 26. Trennung von Bulmerincq, der nach Karlsbad reist.

Juni. Den ganzen Monat über in Tharandt bei Dresden, stärkender Gebrauch der dortigen Heilquellen. Erste Beschäftigung mit der von Samuel Hahnemann (1755–1843) in Leipzig begründeten Homöopathie. Freundschaftlicher Umgang mit dem Tharandter Forstbotaniker Professor Johann Adam Reum (1780–1839). Begegnung mit David Friedländer (1750–1834), Mitstreiter Moses Mendelssohns im Kampf um die Emanzipation der deutschen Juden.

Juni 11. Großer kritischer Briefbericht an Sengbusch über die politische, wissenschaftliche und literarische Situation in Deutschland nach der Ermordung Kotzebues.

Juli. Wieder in Dresden. Erwähnt am 19. vier noch

nicht abgeschickte vertrauliche Briefberichte an Sengbusch (zwei), Hehn und Kurtzwig, davon nur der erste an Sengbusch überliefert ist.

Juli 20. Abreise von Dresden. Über Chemnitz, Hof, Bamberg und Würzburg nach Frankfurt am Main. Dortige offizielle Adresse das Bankhaus der Gebrüder Bethmann (Inh.: Simon Moritz v. Bethmann) am Großen Kornmarkt. Von allen ›Erscheinungen der Hypochondrie‹ gequält, bleibendes Hämorrhoidalleiden.

Zufälliges Zusammentreffen mit dem russischen Staatsrat und Publizisten Gotthilf Theodor v. Faber (1766–1847), Attaché der russischen Gesandtschaft am Deutschen Bundestag, der seiner Rigaer Freunde gedenkt. Ob jetzt oder später in Frankfurt Begegnung mit Ludwig Börne, bleibt ungewiß.

August 19. Besuch des öffentlichen Bethmannschen Kunstsaals in Frankfurt am Main.

Nach Mitte August. Der in Heidelberg privatisierende Arzt Dr. med. Agathus Gottlieb Schmidt (1776–1828), der aus Pernau stammt, übernimmt die Besorgung der vier großen Briefberichte an Sengbusch, Hehn und Kurtzwig, die mit dem Aufenthalt in Frankfurt schließen. Schmidts Wunsch einer auszugsweisen Veröffentlichung lehnt Jochmann ab. Weiterer Freund in Heidelberg der dort privatisierende James Mitchell (gest. vor 1859) aus Montrose in Schottland, den Jochmann offenbar aus der ›Englischen Faktorei‹ in Riga kennt.

August 29.–September 2. In diesen Tagen Reise über Mainz, Heidelberg nach Baden, Logis im ›Gasthaus zum Salmen‹ (Badwochenblatt vom 2. Sept.: ›Jochmann, Hofgerichtsadvokat aus Riga‹). Badekur, gesunde Luft und Bewegung verhelfen zu neuer Lebenskraft. Entschluß, aus Unbehagen an Deutschland und für Geschäfte Sengbuschs nach Paris zu gehen. In Baden freundschaftlicher Umgang mit den drei aus Reval gebürtigen Brüdern und Großkaufleuten Jacob, Johann und Martin Krause, die Jochmann ebenfalls aus Riga kennt. Jacob Krause (1775–1846?) ist 1817 bis 1823 Kaiserlich österreichischer Generalkonsul in St. Petersburg, Johann K. (?–1829) ›Particulier‹ (Privatmann) in Karlsruhe; Martin K. (1777–?) leitet das gemeinsame Handelshaus M. & J. Krause in Petersburg. – Ob Begegnung mit Karl August und Rahel Varnhagen von Ense (bis 18. September in Baden), ist ungewiß. – Bekanntschaft mit der Familie v. Gervais (s. u.).

Anfang Oktober. Reise über Köln, Lüttich, Brüssel nach Paris.

Oktober 8. Ankunft in Paris. Logis im Hôtel d'Italie an der Place des Italiens. Briefadresse die Bankhäuser César de Lapanouze und Behic Menar & Co. Engster Verkehr mit dem aus Schlesien stammenden Schriftsteller und preußischen Legationsrat Konrad Engelbert Oelsner (1764 bis 1828), an den Jochmann durch einen in Riga lebenden Bruder, den Kontoristen Johann Christian Oelsner oder den Großhändler Karl Heinrich Oe. empfohlen ist. Durch Oelsner rasch zahlreiche Bekanntschaften, vor allem auch mit Gustav Graf von Schlabrendorf (1750–1824). Freundschaftlicher Verkehr mit Jacob Krause, der aber Paris um den 20. Oktober verläßt, und mit dem aus Petersburg gebürtigen Wirklichen Staatsrat Heinrich v. Gervais (1773–1832), der befreundet war mit Michail Speranskij, 1813–1816 die Versorgung und Finanzierung der russischen Armee im Ausland leitete, seit 1818 krank in verschiedenen Bädern und Paris lebt und nationalökonomische Studien treibt. Wiedersehen mit dem livländischen Gutsbesitzer Karl Reinhold v. Jarmerstedt (1790–1857), Plan einer gemeinsamen Pariser Wohnung offenbar nicht ausgeführt. Anfangs Verbindung mit Jacob von Berckholtz (1783–1856) aus dem gleichnamigen Rigaer Handelshaus. Ärztliche Behandlung durch den Petersburger Arzt Joseph Rehmann (?–1831). – Studium der jüngsten Geschichte Frankreichs und der Französischen Revolution, vor allem mit Hilfe Schlabrendorfs und Oelsners und der großen Bibliothek des ersten, mit dem Ziel, die Geschichte der Revolution zu schreiben, später jedoch aufgegeben, als sich Jochmanns ›Ansicht der Dinge erweiterte‹ (vgl. ›Reliquien‹ 2, 252). Fortbestehende innere Bindung an Riga.

Hauptgeschäft für Sengbusch: Eintreiben einer großen Schuldsumme von einer Gräfin Cossé-Brissac in Craon. Detaillierte Rechenschaftslegung in Briefen an den Freund.

1820

Januar 4. Empfang der ersten Schuldsumme der Gräfin Cossé (reichlich 19 000 Francs) für Sengbusch, Einzahlung von 17 800 Fr. bei dem Bankhaus de Rothschild Frères durch Vermittlung von Gervais.

März 12./13. Erwägt mit Sengbusch ›in eine merkantilische Verbindung zu treten‹, etwa als dessen Auslandsagent.

März 14. Abreise von Paris, jedoch mit der Absicht nochmaliger Wiederkehr. Mit Jarmerstedt über Straßburg nach Karlsruhe.

Etwa 17./18. März. Laut ›Karlsruher Intelligenz- und Wochenblatt‹ vom 21. 3. Ankunft in Karlsruhe, Logis im ›Gasthaus zum Kreuz‹ (vermutlich Zähringerstraße). Verkehr mit Johann Krause und dem Rigaer Kaufmann und Karlsruher Particulier Johann August Tobias Steinwachs (1774–1848). Offizielle Adresse künftig das Karlsruher Bankhaus Meerwein & Co. Das ›dürftige, gepreßte, gespannte Wesen‹ in Deutschland sagt seiner ›krankhaften Reizbarkeit‹ nicht zu, er will im Herbst zurück nach Paris oder nach Italien gehen (an Sengbusch 9. 4. 1820).

April 9. Zur Taufe der Tochter Anna Franziska von Dr. med. A. Schmidt in Heidelberg.

Anfang Mai. Aufenthalt in Frankfurt. Briefadresse bis auf weiteres das Bankhaus Joh. N. u. Joh. P. Gogel. Auf Grund von Empfehlungen Oelsners höchstwahrscheinlich Besuche bei dem Schriftsteller und Rechtsanwalt Ludwig Daniel Jassoy (1768–1831), Verfasser der zeitkritischen Aphorismen- und Satirenbände ›Welt und Zeit‹ (Bd. 1–4 1815–1819), und bei dem Bremer Syndikus Johann Smidt (1773–1857), Vertreter von Hamburg, Lübeck und Bremen im Deutschen Bundestag. Wiedersehen mit Staatsrat v. Faber. Verkehr im Bankhaus von Jacob Friedrich Gontard & Söhne, wahrscheinlich auch bei Gebrüder Bethmann. Freundschaftliches Verhältnis zu Kaufmann Koch, Associé der Firma Gogel.

Mai 19.–Juli 6. Kur in Bad Ems. Logis im ›herrschaftlichen Badhaus‹ (heute ›Staatliches Kurhaus‹). Mit Jochmann sind die Freunde Gervais und Johann Krause in Ems. Gespräche mit dem Sprachforscher Johann Gottlieb Radlof (1775–nach 1827). Unerklärte Liebe zu einem Mädchen offenbar reicher Eltern von der Insel Trinidad (an Sengbusch 9. 8. 1820: ›Das zum ersten Male verwundete Herz Ihres Freundes‹). Je widerwärtiger vom öffentlichen Leben zurückgestoßen, desto dringenderes ›Bedürfnis einer glücklichen Häuslichkeit‹.

Bis Ende Juli. Kur in Schwalbach im Taunus, zusammen mit Gervais und dessen Freund Dr. med. Johann Stieglitz (1767–1840), Arzt in Hannover. Rückkehr nach Frankfurt, weniger gesund als vor der Kur.

August 10. Für einige Wochen nach Offenbach in die Nähe von Martin Krause und seiner Familie. Krank.

August 21. oder 22. Vor allem wegen seines beginnenden Lungenleidens Aufbruch zur Reise nach Südfrankreich, ›ohne Erwartung, ohne Verlangen und ohne Freude‹, einer ›einsamen Zukunft‹ entgegen. Ständiger Zwiespalt zwischen den Wünschen und Bedürfnissen seines moralischen Wesens, der ihn aus Riga trieb und in der Ferne nicht glücklich sein läßt (an Sengbusch 20. 8. 1820).

September 12. Mit einem Empfehlungsbrief v. Fabers auf etwa neun Tage Gast des aus Magdeburg gebürtigen wahlschweizerischen Schriftstellers Heinrich Zschokke (1771–1848) in Aarau. Freundschaft bis zum Lebensende. Jetzt oder 1821 auch Bekanntschaft mit Wolfgang Menzel (1798–1872), der als Emigrant 1820–1822 Turnlehrer in Aarau ist (vgl. Literaturblatt z. Morgenblatt f. gebildete Stände 1837, S. 417f.).

September 21. (vermutlich). Aufbruch nach Lausanne mit Empfehlungsschreiben H. Zschokkes vom 20. 9. an Ph. A. Stapfer in Paris (s. Oktober 1821). Bekanntschaft mit dem ehemals revolutionären, dann liberalen Politiker Frédéric César de La Harpe (1754–1838).

Anfang Oktober. Aufenthalt in Genf. Im Brief vom

4. Oktober an Sengbusch rühmende Charakteristik Schlabrendorfs.

Oktober, um 18. Weiterreise über Avignon, Nîmes nach Montpellier. Dortige Briefadresse das Handelshaus Lichtenstein & Viallers.

November 29. Aus Montpellier fortgesetzter Bericht über Schlabrendorf an Sengbusch.

Aus den historischen Studien und Materialsammlungen des ersten Parisaufenthalts geht 1820/21 Jochmanns großer ›Robespierre‹-Essay hervor.

1821

Januar. Aufenthalt in Marseille.

Februar–Anfang April. Aufenthalt im piemont-sardinischen Nizza auf Einladung der Freunde Martin Krause und Gervais, die mit ihren Familien dort sind. Dortige Briefadresse das Handelshaus Aviydor Nainé & Fils.

März. Carbonari-Revolution in Nizza und Ausrufung der Spanischen Verfassung. Verzicht auf die geplante Reise nach Italien, statt dessen endgültiger Plan, im Sommer in die Schweiz, im Winter nach Paris zurückzukehren.

März 17. Künftige Briefadresse das Bankhaus Meerwein & Co. in Karlsruhe.

April. Aufenthalt in Marseille. Noch keine gesundheitliche Besserung. Befürchtet einen europäischen Bürgerkrieg (an Sengbusch 22. 4. 1821).

Ende April. Reise über Lyon nach Genf und weiter in die Schweiz auf Grund einer Einladung (vermutlich Zschokkes). Plan, in Zürich die Bibliothek des Mediziners, Schriftstellers und liberalen Politikers Paul Usteri (1768–1831) mit ihrer reichen Quellensammlung zur Französischen Revolution aufzusuchen (wahrscheinlich nicht geschehen).

Zweite Maihälfte. Gast Heinrich Zschokkes in Aarau.

Mai 21./22. Auf Einladung Gast der Jahresversammlung der Helvetischen Gesellschaft in Schinznach.

Mai 23. Brief an Sengbusch voller Hoffnungslosigkeit für Gegenwart und Zukunft Europas, ›glaube nicht mehr an die Tugend der Führer und Faiseurs, welcher Partei sie auch angehören mögen‹. Klage über die ›heillosen Nerven‹.

Juni. Anfangs in Bern. Später zur Luft- und Molkenkur in Interlaken, dann in Unterseen, vermutlich direkt bei dem Begründer dieser Kurart, dem Wundarzt Christian Aebersold.

Juli 4. Im Brief von diesem Tag versichert Zschokke Jochmann auf Grund seiner Nizza-Erinnerungen, daß er zu den besten politischen und historischen Schriftstellern zähle.

Juli 10. Erneut in Bern. Gibt die weiteren Schweizer Reisepläne auf. Drittes Wiedersehen (zuvor in Paris und Genf) mit dem livländischen Gutsbesitzer, Mathematiker und ehem. Dorpater Kriegswissenschaftler Major Alexander Johann Wilhelm v. Zoeckell (1787–1874). Nennt als seine Freunde Sengbusch, Hehn, die Krauses, Gervais und Zschokke, als solche, die ihm Güte und Vertrauen schenkten, Schlabrendorf, Oelsner, La Harpe (an Sengbusch, ähnlich am 23. Mai).

Mitte Juli. Auf acht Tage nochmals bei Zschokke in Aarau.

Etwa 3./4. August. Kurzer Aufenthalt in Karlsruhe, wohin Johann Krause zurückgekehrt ist. Logiert laut Karlsruher ›Intelligenz- und Wochenblatt‹ vom 9. 8. als ›Particulier aus Riga‹ im ›Hotel zum Salmen‹ (Lange Straße 187). Jacob Krause in Baden bei Wien, Martin K. in Paris.

August. In Zschokkes Zeitschrift ›Ueberlieferungen zur Geschichte unserer Zeit‹ erscheinen anonym Jochmanns ›Blätter aus Nizza‹.

August, etwa 7. Zu erneuter Kur nach Baden (nach dem Badwochenblatt vom 17. August früheste Ankunft erst am 12. August: ›Jochmann, Particulier aus Riga‹). Logis zuerst im teuren ›Badischen Hof‹, nach etwa zehn Tagen beim Buchbinder Jakob Essenwein am Leopoldsplatz (heute Postamt).

September 18. oder 19. Auf einige Tage nach Karlsruhe (Logis im ›Darmstädter Hof‹, Kreuzstr. 2), dann Reise über Straßburg nach Paris. In Straßburg auf Empfehlung

Zschokkes vielleicht Besuch des elsässischen Dialektdichters Daniel Ehrenfried Stöber (1779–1835).

Oktober, etwa 3. Ankunft in Paris. Logis wieder im Hôtel d'Italie. Briefadresse das Bankhaus César de Lapanouze. Aufgabe des öfter erwogenen Abstechers nach England schon aus finanziellen Gründen. Erneuter Umgang mit Schlabrendorf und Oelsner, offenbar erst jetzt mit ausführlichen Gesprächen und anschließenden Niederschriften, durch Empfehlungsbriefe Zschokkes auch mit dem Historiker und Staatsmann Guillaume Guizot (1787–1874) und dem Schweizer Gelehrten und ehem. Minister der ›Helvetischen Republik‹ Philipp Albert Stapfer (1766–1840), außerdem mit dem Nationalökonomen Jean Baptiste Say (1767–1832). Höchstwahrscheinlich Begegnung mit dem deutsch-dänischen Dichter Jens Baggesen (1764–1826).

Dezember 4. Gegenüber Sengbusch wiederholtes Bekenntnis von Menschenscheu und Widerwillen gegen alles bürgerliche Leben. ›Die Reizbarkeit, die mich während achtjähriger Advokatur ruiniert hat, ist so mächtig als jemals.‹ Hinweis auf Says ›Traité d'économie politique‹.

Dezember 5. Zschokke hat das Manuskript von Jochmanns ›Robespierre‹-Essay zum zweitenmal gelesen (Brief an Jochmann).

1822

Januar. In Zschokkes Zeitschrift ›Ueberlieferungen zur Geschichte unserer Zeit‹ erscheint, mit einer Vorbemerkung Zschokkes, anonym Jochmanns ›Robespierre‹-Essay.

März 5. Hat die restliche Schuldforderung Sengbuschs an die Gräfin Cossé (etwa 26 000 Francs) eingetrieben und dafür durch Vermittlung Martin Krauses bei de Rothschild Frères Wertpapiere erworben.

März 19. Abreise von Paris nach Karlsruhe.

März zwischen 22. und 26. Ankunft in Karlsruhe, Logis im ›Darmstädter Hof‹.

April 1.–Ende September. Aufenthalt in der geliebten

Einsamkeit von Baden. Logis unbekannt, da im Badwochenblatt, das nur in den Sommermonaten erscheint, nicht verzeichnet. Wahrscheinlich kurze Zwischenaufenthalte in Karlsruhe und Heidelberg, wo Christian Friedrich Winter (1773–1858), Jochmanns Freund und späterer Verleger, 1822 seine Universitätsverlagsbuchhandlung eröffnet. Im Juni Absicht, im Herbst Zschokke erneut aufzusuchen (nicht ausgeführt).

September zwischen 3. und 6. Auf einige Tage in Karlsruhe (Logis im ›Darmstädter Hof‹), da Johann Krause zu einer Reise nach Rußland einschließlich Riga aufbricht.

Ende September/Anfang Oktober. Auf Einladung von Freunden zu längerem Aufenthalt nach Frankfurt, danach wieder in Baden.

November 12. Hofft, daß seine Gesundheit in kurzer Zeit so gebessert ist, daß er nach Riga reisen kann (›der ich in Baden ein reicher und unabhängiger Mann bin‹).

1823

Januar. Anfangs in Karlsruhe, dann nach kurzem Aufenthalt in Baden auf Einladung von James Mitchell und andern Freunden für den übrigen Winter nach Heidelberg. – In Zschokkes Zeitschrift ›Ueberlieferungen zur Geschichte unserer Zeit‹ erscheint, mit einer Vorbemerkung Zschokkes, anonym ein Auszug aus Jochmanns Schrift ›Die Hierarchie und ihre Bundesgenossen‹ unter der Überschrift ›Die Jesuiten und ihr Missionenwesen im heutigen Frankreich‹.

Januar 3. Erste Erwähnung der Verbindung mit dem 1674 gegründeten Frankfurter Bankhaus Benjamin Metzler seel. Sohn & Co. am Roßmarkt, ab 1826 in der Großen Gallengasse (vgl. Jochmanns Testament).

Januar 30. Erklärt Sengbusch seinen Austritt aus der Rigaer ›Ressource‹ (Wiedereintritt bei allenfallsiger Rückkehr nach Riga), will die Beitragssumme sparen.

Februar oder März. Bei H. R. Sauerländer in Aarau erscheint anonym Jochmanns Schrift ›Die Hierarchie und ihre Bundesgenossen in Frankreich. Beiträge zur neuern Kirchengeschichte‹.

März, etwa 20.–Ende September. Erneuter Aufenthalt in Baden mit kurzen Zwischenaufenthalten in Karlsruhe und Heidelberg. Nach dem Badwochenblatt vom 5. Juni Logis bei dem Rotgerbermeister und Wirt zum ›Goldenen Kreuz‹ Franz Xaver Mayer (heute Lichtentalerstr. 13 Neubau).

Ende August. Jochmann Pate bei Mitchells am 26. August in Heidelberg geborenem Sohn Dunkan. Eintägiger Besuch von Sengbuschs Söhnen Carl und Wilhelm bei Jochmann in Baden.

September zwischen 23. und 26. Kommt für wenige Tage nach Karlsruhe (Logis im ›Hotel zum Erbprinzen‹, Ritterstraße 16), dann ins geplante Winterquartier nach Heidelberg.

Oktober 22. Antwort Zschokkes auf das ihm zugeschickte Kapitel über die Presbyterianer aus Jochmanns späterer Schrift ›Betrachtungen über den Protestantismus‹.

Anfang Dezember oder früher. Geht nach Karlsruhe, um den aus Riga zurückgekehrten Johann Krause zu sprechen. Seinetwegen bis zum März in Karlsruhe.

1824

Januar. Arbeit am vorletzten Kapitel des Manuskripts der ›Betrachtungen über den Protestantismus‹ (vgl. Anm. S. 332 des Druckes).

März–September. Erneuter Aufenthalt in Baden mit kurzen Zwischenaufenthalten in Karlsruhe, vermutlich auch in Heidelberg. Nach dem Badwochenblatt vom 25. Juni Logis bei dem Handelsmann Franz Söhnlein (wahrscheinlich in der heutigen Stefanienstraße).

Gegen Ende April. Johann Krause geht mit seinem im Januar auf Bewerbung hin in Wien nobilitierten Bruder Jacob von Krause auf das von letzterem 1822 zur Sicherung eines dort liegenden Kapitals gekaufte Rittergut Weistropp bei Dresden (wo Jacob v. K. eine bald berühmte Gemälde- und Skulpturensammlung anlegt, bis er 1838 das Gut verkauft und nach Dresden zieht, wo ihn das Adreßbuch bis 1846 in der Packhofstraße 1–3 im

Haus des Kaufmanns Calberla nachweist). Johann K. stirbt 1829 in Weistropp.

Mai 13. Mit Brief von diesem Datum meldet Sengbusch teilweise Aufkündigungen des ›Livländischen Creditsystems‹ durch dessen Oberdirektion.

Mai 26. Liest nur einige Schriftsteller des 18. und des 17. Jahrhunderts, vorwiegend englische und französische, keine deutschen Autoren (Brief an Sengbusch).

Juni 1. Jochmann bittet Sengbusch, für ihn die Aufkündigungen der Wertpapiere an- und die Summe von 2200 Rubel Silbermünze plus Renten entgegenzunehmen, sofern nicht vor der Verfallzeit noch ein Verkauf mit Vorteil möglich ist. Nach Jochmanns Brief vom 26.10. beträgt sein Kapital beim ›Livländischen Creditsystem‹ 28200 Rubel Silbermünze.

September 17. In Heidelberg. Erwägt, auch wegen der geringeren Lebenskosten, im nächsten Frühjahr nach Dresden, in die Nähe Krauses zu ziehen.

Sommer/Herbst. Der aus Riga gebürtige Kaufmann Carl Weltzien (1769–1849) aus St. Petersburg und Freund Kurtzwigs in Riga, seit 1823 als ›Particulier‹ in Karlsruhe lebend, kauft dort das Haus Karlstraße 47. Seinetwegen erwägt Jochmann, sich ebenfalls in Karlsruhe niederzulassen, ersetzt ihm Johann Krause.

Herbst. Nach dem Tod Schlabrendorfs am 24. August in Paris redigiert Jochmann seine früheren Aufzeichnungen nach Gesprächen mit ihm; die offenbar geplante Veröffentlichung unterbleibt.

November/Dezember. Erwägt ernster als je zuvor Reise nach Riga, vielleicht mit Heirat und Niederlassung dort (an Sengbusch 20. 11., Zschokke an Jochmann 28. 12. und 31. 1. 1825). Sieht deshalb von der Veröffentlichung der ›Betrachtungen über den Protestantismus‹ ab.

November 20. Noch in Heidelberg.

Dezember zwischen 21. und 24. Jochmann trifft in Karlsruhe ein und logiert im ›Hotel zum Erbprinzen‹.

Aus Zschokkes Brief an Jochmann vom 28. Dezember geht hervor, daß er mit Jochmanns Besuchen im Heidelberger Haus des greisen Johann Heinrich Voß (1751–1826) rechnet.

1825

Februar 2. Aus Karlsruhe Nachricht an Sengbusch, er wolle im Juni nach Riga reisen, betrachte aber den geplanten Besuch als ein ›notwendiges Experiment‹, von dem er im Spätherbst ›mit einem ruhigen entsagenden Herzen in meinen Schwarzwald zurückkehren dürfte‹.

Februar 3. Zschokke erhält das Gesamtmanuskript der ›Betrachtungen über den Protestantismus‹ zur Aufbewahrung.

Februar 4. Wieder nach Baden (Logis im Badwochenblatt nicht verzeichnet).

Mai 18. Schreibt aus Baden an Sengbusch über mangelhafte Gesundheit und lästigere Hämorrhoidalbeschwerden als seit Jahren. Vorerst Aufgabe des Rigaer Reiseplans, will von jetzt an und bis auf weiteres unveränderlich in Weltziens Nähe, d. h. in Karlsruhe bleiben. Erst jetzt also Niederlassung in der Stadt, im ›Wegweiser für die Grossherzogliche Residenzstadt Karlsruhe‹ von 1826 auch erstmalig verzeichnet als ›Particulier‹ (Privatmann), wohnhaft Karlstraße 4 im Haus des Schreiners Schaaf (heute Neubau). Vermutlich jetzt erst freundschaftlicher Verkehr im Haus des russischen Staatsrats und Gesandten am badischen Hof Johann Gustav Struve (1763–1828).

Juli 15.–August 15. Aufenthalt Karl August Varnhagen von Enses mit seiner Frau Rahel in Baden. Ob Jochmann mit ihnen hier oder in Karlsruhe zusammentrifft, bleibt ungewiß.

September. Jochmann entschließt sich zum Druck der ›Betrachtungen über den Protestantismus‹, die Zschokke am 10. Oktober als ›eines der gewichtigsten Worte unserer Zeit‹ erklärt.

November 18. Bittet Sengbusch um Übersendung der 2000 Rubel in dessen Hand nach Karlsruhe (vgl. 1. 6. 1824).

Dezember 24. Bittet Sengbusch, von seinem Betrage der

Pfandbriefe der Livländischen Güterbesitzer 15880 Rubel an Kapital und laufenden Renten zu veräußern oder an sich zu nehmen und den Betrag an Jochmann zu übermachen, da er die schon lange gesuchte Gelegenheit zur Unterbringung eines kleinen Kapitals in seiner Nähe gefunden habe (wahrscheinlich bei B. Metzler seel. Sohn & Co. in Frankfurt). Im Januar 1826 läßt Sengbusch ihm Tratten (gezogene Wechsel) auf 11570 Reichstaler zugehen.

1826

März 8. Aus Karlsruhe Bericht an Sengbusch über den Fall des Karlsruher Bankhauses Meerwein & Co. mit Verlust von 1300 Gulden für Jochmann. Allgemeine Börsenkrise.

Zur Ostermesse erscheinen bei C. F. Winter in Heidelberg anonym Jochmanns ›Betrachtungen über den Protestantismus‹. Die geplante Fortsetzung (a. a. O. S. 58 Fußnote) bleibt ungeschrieben.

Mai, etwa 18.–Dezember mindestens. Wieder Aufenthalt in Baden. Nach dem Badwochenblatt vom 3. Juni Logis im ›Zähringer Hof‹. Noch am 9. Dezember Bitte an Sengbusch, künftige Briefe nach Baden zu richten. Aufenthalt verschönt durch die Familie v. Berckholtz aus Riga.

August 23.–Anfang Oktober(?). Aufenthalt Konrad Engelbert Oelsners mit Ludwig Robert, dem Bruder Rahel Varnhagens, in Baden. Über mutmaßliche Begegnungen mit Jochmann fehlen Zeugnisse.

Oktober 9. Gibt als Briefadresse in Karlsruhe Carl Weltzien an. Aufgabe des Rigaer Reiseplans, da er für die Rückreise nicht reich genug sei.

1827

März/April. Da Jochmann angesichts der Börsenkrise und bei der damit verbundenen ›Nullität alles Privatkredits in diesen Gegenden‹ (an Sengbusch 9. 12. 1826) sich mit einer 4%igen Verzinsung seines Kapitals nicht begnügen will, läßt er reichlich 7900 Gulden in Wechseln wieder an die Firma A. G. Sengbusch & Co. übermachen;

Bitte an Sengbusch, dafür Pfandbriefe der Livländischen Güterbesitzer zu kaufen (an Sengbusch 12. 3. und 4. 5. 1827).

Künftige offizielle Briefadresse in Karlsruhe: Wilhelm Christian Griesbach (1772–1838), Inhaber einer Tabakfabrik, 1809 Bürgermeister, 1812–1816 Oberbürgermeister von Karlsruhe, 1819–1825 Abgeordneter in der 2. Kammer des Badischen Landtages, liberaler Politiker. Wird Jochmanns Freund (vgl. Jochmanns Testament).

Ab Anfang Mai spätestens wieder Aufenthalt in Baden (im Badwochenblatt nicht verzeichnet). Wahrscheinlich schon im Mai Besuch des von London zurückkehrenden Jacob v. Krause, der Jochmann für späterhin auf sein Gut Weistropp bei Dresden einlädt.

Mitte August. Geschäftshalber wenige Tage in Karlsruhe, trifft dort den von Neapel nach Paris reisenden Jacob v. Berckholtz, der in Innsbruck Martin Krause mit Familie auf der Reise von Florenz nach Dresden (Weistropp) getroffen hat.

Ende November. Angesichts der Verbesserung der russischen Börsenkurse läßt Jochmann durch B. Metzler seel. Sohn & Co. in Frankfurt den Wert von 20 000 Gulden in Hamburger Wertpapieren an Sengbusch übermachen, mit der Bitte, 10 000 Rubel Silbermünze in Livländischen Pfandbriefen anzulegen, möchte ein Kapital von vollen 25 000 Rubel Silbermünze in Pfandbriefen stehen haben, gegebenenfalls unter Verwendung von Zinsen für weiteren Ankauf, als bleibende und sichere Anlage seines Kapitals. Sengbusch kauft für Jochmann Pfandbriefe im Wert von 10 520 Rubel Silbermünze.

In diesem Jahr schreibt Jochmann die erst postum veröffentlichte Abhandlung ›Zur Naturgeschichte des Adels‹.

1828

Nach dem ›Wegweiser für die Grossherzogliche Residenzstadt Karlsruhe‹ von 1828 wohnt Jochmann jetzt in der Karlstraße 9 im Haus der Witwe des Briefträgers Stempf (heute Neubau).

März 31. Bitte an Sengbusch, aus den künftigen Zinsen des ›Livländischen Creditsystems‹ noch für weitere 500 Rubel Silbermünze Pfandbriefe anzukaufen.

Zur Ostermesse erscheint bei C. F. Winter in Heidelberg anonym Jochmanns Buch ›Ueber die Sprache‹, von dem Zschokke offensichtlich nichts erfährt.

Ab Mai 1. Briefadresse bis auf weiteres B. Metzler seel. Sohn & Co. in Frankfurt am Main.

Mai/Juni. Erfolgreiche homöopathische Kur in Hanau bei dem von Ausländern zur Behandlung von Nervenkrankheiten viel aufgesuchten Professor und Geheimen Obermedizinalrat Johann Heinrich Kopp (1777–1858). Im Mai in Hanau Beginn der Niederschrift der ›Briefe eines Homöopathischgeheilten‹.

Etwa Ende Juni. Zur Vollendung der Kur von Kopp empfohlene Reise in die Schweiz, die aber durch das Wetter verunglückt.

Juli 4. Brief Jochmanns an Zschokke aus Lausanne. Dort etwa vierwöchiger Aufenthalt im Haus des Waadtländer Politikers und Naturforschers Daniel Alexandre Chavannes (1765–1846). Auf der anschließenden Reise nach Bad Pfäfers im Kanton St. Gallen letzter Besuch bei Zschokke in Aarau, ohne ihn anzutreffen.

August 26. Brief an Sengbusch aus Karlsruhe. Will den Winter wegen Kopp in Hanau wahrscheinlich in Frankfurt zubringen.

November 27. Brief an Sengbusch aus Karlsruhe, Bericht von seit zehn Jahren so nicht gekannter Gesundheit. Rühmung der Homöopathie. Infolge seiner dennoch anhaltenden ›krankhaften Reizbarkeit‹ auch jetzt für keine neue Berufstätigkeit in Riga tauglich, sondern auf ein Leben in Abgeschiedenheit und Stille und auf ›Beschäftigung mit einigen rein wissenschaftlichen Gegenständen‹ angewiesen.

1829

Nach dem Tod Oelsners am 20. Dezember 1828 in Paris redigiert Jochmann auch seine früheren Aufzeichnungen nach Gesprächen mit diesem, ohne sie zu veröffentlichen.

Februar 4. Anfrage bei Sengbusch, ob und wie sich noch jetzt ein Kapital von etwa 5000 Rubel Silbermünze bei dem ›Livländischen Creditsystem‹ auf Zinseszins anlegen lasse. Künftige Briefadresse wieder Christian Griesbach in Karlsruhe.

Mai, um 13. Auf Anordnung Kopps in Hanau unlustiger Aufbruch zum Besuch eines nordfranzösischen Seebades. Reise über Straßburg, Paris (dort Wiedersehen mit der Familie v. Bulmerincq) nach Boulogne-sur-mer. Durch die Seebäder nur Verschlechterung seines Befindens. Auf der Reise Begegnung mit dem Strom englischer Auswanderer. Rückreise über Dünkirchen, Brügge, Gent, Lüttich, Aachen.

Juli. Mehrwöchiger wohltätiger Aufenthalt in Bad Godesberg.

August 1. Ankunft in Heidelberg, Wiedersehen mit Gottfried v. Bulmerincq.

August, etwa 6. Von Heidelberg nach Bad Birkenau im Odenwald, um die Einrichtung seiner nicht näher bestimmbaren neuen Wohnung in der Karlsruher Amalienstraße abzuwarten.

Zur Herbstmesse erscheinen bei C. F. Winter in Heidelberg anonym Jochmanns ›Briefe eines Homöopathischgeheilten‹.

Winter. Aufenthalt in Karlsruhe, vor allem wegen der diätetischen Küche.

In diesem Jahr entsteht der große Essay über ›Englands Freiheit‹, der erst postum veröffentlicht wird.

1830

Januar/Februar. Vermutlich in diesen Monaten schon Niederschrift des offenbar nicht mehr abgeschlossenen Aufsatzes ›Die Bürgschaften der englischen Verfassung‹.

März. Erkrankung, rapides Fortschreiten des offenbar nicht erkannten Lungenleidens, verbunden mit zunehmender Entkräftung.

März 27.–April 6. Jochmanns Aufsatz ›Ueber die Oeffentlichkeit‹ erscheint als Vorabdruck in der Münchener Zeitung ›Das Inland‹, danach in Carl v. Rottecks Zeitschrift ›Allgemeine politische Annalen‹ (mit der Verfasserangabe ›X...‹).

Mai 17. Letzter Brief an Sengbusch, Dank für dessen letzte Geldübermittlung (2400 Reichstaler Banco). Ankündigung seiner geplanten Reise nach Köthen zu Samuel Hahnemann, von dessen unverfälschter homöopathischer Behandlung Jochmann allein noch Heilung erhofft. Nach Hinterlegung seines Testaments bei Wilhelm Christian Griesbach Aufbruch zur Reise.

Juni 3. Eintreffen in Naumburg an der Saale mit Fieber und Lungenbluten, Logis im Gasthof ›Preußischer Hof‹ (Marienstraße 35). Kann die Reise nicht fortsetzen. Betreuung durch den Naumburger praktischen Arzt Dr. med. Johann Ernst Stapf (1788–1860), einen Freund und Anhänger Hahnemanns, Mitherausgeber des ›Archivs für die homöopathische Heilkunst‹ in Leipzig. Stapf wird Jochmanns letzter Freund. Er hatte 1829 im dritten Heft des VIII. Bandes des ›Archivs‹ Jochmanns ›Briefe eines Homöopathischgeheilten‹ lobend rezensiert.

Juli 24. Sechs Uhr morgens stirbt Jochmann an Lungenschwindsucht und gänzlicher Entkräftung (Eintrag im Totenbuch der St.-Moritz-Kirchgemeinde).

Juli 28. Morgens früh nach 4 Uhr Beerdigung auf dem Moritz-Friedhof oder Vorstädtischen Gottesacker (Totenbuch von St. Moritz). Gemäß Jochmanns Letztem Willen wird das Herz des Toten in einer Porzellanvase zur Beisetzung im Garten seines Freundes Sengbusch in Riga-Sassendorf nach Riga geschickt. Zuerst in Gold, später in Porzellan gefaßt, Beisetzung in einer Metallurne mit der Aufschrift ›COR IOCHMANNII‹ (1910 aus Sicherheitsgründen Umsetzung der Grabsäule und Urne in den Rigaer Domklosterhof, wo sie noch heute steht).

1833

Mai 10. Laut Sterberegister 1826–1852 der Naumburger St.-Wenzels-Kirche nachts 11 Uhr Umbettung Jochmanns vom Vorstädtischen auf den Städtischen Gottesacker, vielleicht auf Wunsch von Stapf. Durch amerikanische Bomben am 9. April 1945 zerstört, wird der Friedhof im Mai 1946 eingeebnet. Heute Volkspark an der Poststraße.

Hinweis: Jochmanns Krankheitsgeschichte von 1828 bis 1830 hat der Hanauer Arzt Johann Heinrich Kopp überliefert (freundliche Mitteilung von Michael Becker, Frankfurt a. M.). Siehe J. H. K., Denkwürdigkeiten in der ärztlichen Praxis. Frankfurt a. M. Bd. 1. 1830. S. 168 f., Bd. 2. 1832. S. 266–276.

Zum Text

Als Heinrich Zschokke in den drei Bänden der ›Reliquien‹ 1836 bis 1838 (s. Verzeichnis der Erstdrucke) den ihm testamentarisch zugekommenen Nachlaß seines Freundes Jochmann als Ganzes herausgab – was er vom Druck noch ausschloß (vgl. Zschokke in ›Prometheus‹ I/1832, S. 147 und in der Vorrede zu den ›Reliquien‹ 1, S. IV), ist nicht erhalten –, stellte er an den Schluß des dritten Bandes unter den Titel ›Erfahrungsfrüchte‹ 216 Aphorismen, ohne jede erklärende Bemerkung, so daß offenbleibt, ob er den Titel vorfand oder selbst formulierte (der Zschokke-Nachlaß im Staatsarchiv Aarau enthält keinerlei Jochmann-Materialien noch sonstige Hinweise auf ihn). Am Schluß seiner ›Erinnerungen an Karl Gustav Jochmann‹ im ersten Teil seiner Zeitschrift ›Prometheus‹ 1832 fällt bei Charakterisierung der Handschriften Jochmanns im Gegensatz zu Überschriften anderer Nachlaßtexte die Bezeichnung ›Erfahrungsfrüchte‹ nicht; es ist nur von ›einzelnen eigenen Bemerkungen, Auszügen u. s. w., die er zur Bearbeitung gesammelt hatte‹ (a. a. O. S. 147), die Rede. So stammt der Begriff vielleicht doch von Zschokke, mag aber als Gesamtbezeichnung für die Aphorismen auch weiterhin gelten. Vermutlich war es ein lose zusammenhängendes Handschriftenkonvolut, das die Aphorismen Jochmanns in ihrer ersten, sporadischen Niederschrift enthielt. In den ›Reliquien‹ unterließ Zschokke jeden Hinweis darauf, daß es wenigstens für zwei Textgruppen auch von Jochmann überarbeitete, also spätere und teilweise verbesserte Fassungen gab. Dieses Ergebnis des Textvergleichs macht es unmöglich, einem Neudruck den ›Reliquien‹-Text der ›Erfahrungsfrüchte‹ im ganzen zugrunde zu legen.

Erfahrungsfrüchte I. Die in vorliegender Ausgabe unter dieser Überschrift abgedruckten einhundert Aphorismen hat Jochmann an den Schluß seines anonym erschienenen Buches ›Ueber die Sprache‹ (1828) gestellt und ihnen dort – vielleicht aus Bescheidenheit, vielleicht um die Zensur zu täuschen, vielleicht auch im strengsten wörtlichen Verstande – die Überschrift ›Stylübungen‹ gegeben. Diesen Druck scheint Zschokke nicht gekannt zu haben. Das Sprachbuch erwähnt er erst und allein in einer Fußnote zum Vorwort des ersten ›Reliquien‹-Bandes 1836. Die einhundert Aphorismen veröffentlichte er als ›Hundert Seifenblasen‹ unter Jochmanns Namen im ersten Teil seiner Zeitschrift ›Prometheus‹ 1832, ohne den früheren Druck zu erwähnen. Auch hier stammt die Überschrift vermutlich eher von Zschokke als von Jochmann selbst; untertreibend oder verschleiernd ist allerdings auch sie. Da zwei Aphorismen (Nr. 22 und 35) nicht mit Jochmanns Text von 1828 übereinstimmen, so hielt Zschokke offenbar nicht dessen Druckmanuskript in Händen. Der Neudruck folgt den ›Stylübungen‹ im Buch ›Ueber die Sprache‹. Als einziger der hier neu vorgelegten Texte Jochmanns, den er selbst zum Druck gab, gehört er rechtens an den Anfang unserer Sammlung (s. aber jetzt S. 278 unten).

Erfahrungsfrüchte II. Unter der Überschrift ›Noch einige Seifenblasen‹ veröffentlichte Zschokke unter Jochmanns Namen diese fünfundfünfzig Aphorismen im dritten Teil des ›Prometheus‹ 1833. Wie der Vergleich mit den ›Erfahrungsfrüchten‹ im dritten ›Reliquien‹-Band lehrt, wählte Zschokke sie nicht aus der Gesamtmasse der ersten Niederschriften im Nachlaß aus, sondern fand sie wahrscheinlich in einer gesonderten Handschrift, in einer von Jochmann redigierten Fassung vor. Gegen die Annahme, Jochmann habe sie ursprünglich im Sprachbuch von 1828 mitpublizieren wollen, spricht die inhaltliche und verbale Nähe von Nr. 40 zu Nr. 38 der ›Stylübungen‹. Die kürzere und prägnantere Formulierung des letzteren Aphorismus läßt vielmehr annehmen, daß die Texte von ›Noch einige Seifenblasen‹ eine ältere Stufe, vielleicht einen früheren, jedoch nicht realisierten Publikationsplan dokumentieren. Für eine solche chronologische Abfolge spricht auch der Umstand, daß die Aphorismen von ›Noch einige Seifenblasen‹ innerhalb der ›Erfahrungsfrüchte‹ in Zschokkes drittem ›Reliquien‹-Band, die die älteste und vollständigste Aphorismenniederschrift repräsentieren, größtenteils auf die Nrn. 91–134, die Aphorismen der ›Stylübungen‹ dagegen hauptsächlich auf die Nrn. 135–216 zurückgehen. Der Neudruck folgt dem Erstdruck ›Noch einige Seifenblasen‹ in Zschokkes ›Prometheus‹.

Erfahrungsfrüchte III. Unter dieser Überschrift werden im vorliegenden Neudruck zweiundneunzig Aphorismen der insgesamt zweihundertsechzehn ›Erfahrungsfrüchte‹ aus dem dritten ›Reliquien‹-Band von 1838 wiedergegeben. Es sind die Nrn. 1–90, 151 und 162. Die Hauptmasse besteht aus solchen Texten, für die es im Nachlaß Jochmanns vermutlich keine andere Niederschrift bzw. keine redigierte Fassung gab. Als Nr. 91 und 92 stehen die Nrn. 22 und 35 aus den ›Hundert Seifenblasen‹ (1832), die nicht mit dem Text der ›Stylübungen‹ (1828) identisch sind, aber bis ins Detail mit den Nrn. 151 und 162 der ›Erfahrungsfrüchte‹ übereinstimmen. Aus der Nummernfolge 1–90 wurden die Aphorismen nicht eliminiert, die in überarbeiteter, oft verkürzter Fassung auch in den ersten beiden Textgruppen stehen. Sie sollen dem Leser einen Textvergleich und damit einen Einblick in Jochmanns Arbeitsweise ermöglichen. Dazu dienen die entsprechenden Vergleichshinweise unter den jeweiligen Texten. Der vorliegende Neudruck folgt dem dritten Band der ›Reliquien‹.

Politische Glossen. Diese Texte wurden erstmals von Zschokke im zweiten Band der ›Reliquien‹ 1837 veröffentlicht, auch sie ohne erklärende Zusätze, so daß hier gleichfalls unsicher bleibt, ob der Titel von Zschokke oder Jochmann stammt.

Über die Öffentlichkeit. Seit Jürgen Schiewes jüngsten Forschungen wissen wir, daß der Essay bereits im März/April 1830, noch zu Lebzeiten Jochmanns, im Münchener Tageblatt ›Das Inland‹ und in Carl v. Rottecks liberalen ›Allgemeinen politischen Annalen‹ erschien (mit der Verfassersigle ›X...‹). Der Textvergleich mit dem bisher frühesten bekannten Druck in Zschokkes ›Prometheus‹ 1833 ergiebt als gravierenden Unterschied, daß die 1. und die 3.–5. Kapitelüberschrift des ›Prometheus‹-Drucks in den Drucken von 1830 fehlen, die zweite aber ›1. Von der gesellschaftlichen Bedeutung der Oeffentlichkeit überhaupt‹ lautet. Ob Zschokke die Überschriften ergänzte oder ob ihm eine andere, von Jochmann noch zuletzt überarbeitete Handschrift vorlag, läßt sich nicht mehr entscheiden. Für den Leser hat die ›Prometheus‹-Fassung auch durch die vermehrten Absätze und Worthervorhebungen entschieden gewonnen, so daß sie schon deshalb im vorliegenden Neudruck zu erhalten war. Von den sonstigen geringfügigen Varianten weichen nur zwei ab, die eindeutig den besseren Text, die vermutlich richtige Lesung darstellen und übernommen wurden (S. 217 unten ›unvordenklichen‹ statt bisher ›unordentlichen‹, S. 221 unten ›feindliche‹ statt bisher ›friedliche‹). Der Vergleich des ›Prometheus‹-Drucks mit dem Druck im zweiten Band der ›Reliquien‹ zeigt, daß der erste nicht nur im Detail oft sorgfältiger und vollständiger ist, sondern daß in dem zweiten Druck offenbar auch mit voller Absicht kürzere und längere Passagen eliminiert wurden. In einigen Fällen geschah es vielleicht, um allzu komplizierte Satzgefüge zu entlasten, in anderen Fällen aber sicher, um die kritisch-politische Aussage zu entschärfen. Was 1833 in der Schweiz innerhalb einer Zeitschrift gedruckt werden konnte, hatte 1837 in Deutschland zwischen Buchdeckeln leicht den Eingriff des Zensors zu fürchten.

Ergänzend sei hier vermerkt, daß die Dr. Ernst Stapf in Naumburg von Zschokke überlassenen Nachträge Jochmanns zu den ›Briefen eines Homöopathischgeheilten‹ (1829) sich weder als Handschrift noch im Druck nachweisen lassen (vgl. ›Prometheus‹ I/1832, S. 147 Anm.). Unbekannt ist auch der Verbleib von Jochmanns Korrespondenz und Geschäftspapieren (vgl. sein Testament § 8).

Drei Lebenszeugnisse. Jochmanns letzter Brief an Sengbusch folgt einer Mikrofilmkopie der Handschrift in der Rigaer Fundamentalen Bibliothek (deshalb in zeichengetreuer Wiedergabe). Der Text ›Die drei politischen Schulen‹ ist Nr. 18 der Aufzeichnungen ›Die französischen Staatsverwandlungen‹, die allein im 2. Band der ›Reliquien‹ überliefert sind (vgl. dort S. 281–283). Jochmanns Testament wird nach Julius Eckardts Abdruck am Schluß seines Jochmann-Aufsatzes von 1868 mitgeteilt (vgl. Bibliographie); Verbleib der Handschrift unbekannt.

Die Textwiedergabe berücksichtigt im ganzen die heutige Orthographie, bewahrt jedoch den originalen Lautstand und einige Charakteristika der originalen Schreibung (z. B. den Bindestrich in Wortzusammensetzungen). Abkürzungen werden, mit Ausnahme von Selbstverständlichkeiten, stillschweigend aufgelöst, eindeutige Druckfehler ebenso stillschweigend korrigiert. Die grundsätzlich modernisierte Interpunktion folgt dem Original jedoch so weit, daß dem Leser erfahrbar bleibt, wie sehr die Satzzeichensetzung Jochmanns noch deutlich rhetorisch-rhythmisch fungiert und darin mit der ebenso gehandhabten, sehr agilen, oft komplizierten Syntax zusammengeht. Im gleichen Dienst stehen die zahlreichen Worthervorhebungen (im Original als Sperrung, im Neudruck als Kursivsatz), von denen lediglich die auch sonst zeitüblichen Auszeichnungen bloßer Eigennamen rückgängig gemacht wurden, sofern sie nicht zugleich rhetorischen Charakter haben. – Für die Texte, die Zschokkes ›Reliquien‹ folgen, sei noch bemerkt, daß sie im Detail nicht allzu verläßlich erscheinen, ohne daß dafür Besseres zur Verfügung steht. Offensichtlich wandte Zschokke der Buchpublikation von Jochmanns Nachlaßschriften nicht dieselbe Sorgfalt zu wie den einzelnen Drucken in seiner Zeitschrift ›Prometheus‹. Eine Reihe von textkritischen Hinweisen in den ›Erläuterungen‹ nimmt darauf Bezug.

Erläuterungen

EF = die einzelnen Abteilungen der ›Erfahrungsfrüchte‹ in der vorliegenden Ausgabe.
EFZ = die ›Erfahrungsfrüchte‹ Nr. 1–216 in H. Zschokkes Ausgabe von Jochmanns ›Reliquien‹ 3 (vgl. Bibliographie).
PG = die ›Politischen Glossen‹ in der vorliegenden Ausgabe.

Erfahrungsfrüchte I

1. EFZ 135. *klagt Hamann:* Johann Georg Hamann (1730–1788), der Königsberger ›Magus in Norden‹, im Brief an J. G. Lindner vom 20. Mai 1756 (*von dem* von Jochmann hinzugefügt): Hamann's Schriften. Hrsg. von Friedrich Roth. Erster Theil. Berlin 1821. S. 285. Im Buch ›Ueber die Sprache‹ ist Hamann der meistgenannte deutsche Schriftsteller. – *die Sibylle:* die Sibylle von Cumae in Vergils ›Aeneis‹ VI 72–75. – *lauter Feigenblätter:* Vgl. Altes Testament, 1. Mose 3,7, zu dem gesamten Bild Hamanns Schrift ›Versuch einer Sibylle über die Ehe‹ (1775), die aus dem 6. Buch der ›Aeneis‹ zitiert (a. a. O. 4. Th. S. 225 und 232).
2. EFZ 136.
3. EFZ 137.
4. EFZ 2 (EF III 2). *Weiser als Salomon:* Weder im Alten Testament noch im jüdisch-apokryphen Schrifttum ist überliefert, daß Salomo den bösen Geist in Bücher bannte.
5. EFZ 138.
6. EFZ 139. *in frommer Demut:* Isaac Newton (1643 bis 1727) ergänzte seine ›Philosophiae naturalis principia mathematica‹ (1687) in der 2. Aufl. um das berühmte ›Scholium Generale‹, das mit einem physikotheologischen Credo schließt; schrieb im Alter einen Kommentar zum Propheten Daniel und zur

Offenbarung Johannis (postum 1733), worauf im Gespräch schon Schlabrendorf hingewiesen hatte (vgl. ›Reliquien‹ I, 181).

7. EFZ 140.

8. EFZ 141. *Magnetismus:* Lehre vom tierischen oder animalischen Magnetismus, von Franz Mesmer (1734–1815) seit 1775 entwickelt, zu Anfang des 19. Jh. modisch verbreitet. Vgl. die Schriften von Karl A. F. Kluge (1811, 3. Aufl. 1819), I. Stieglitz (1812), J. Ennemoser (1819) und den Artikel im Conversations-Lexikon, 4. Original-Aufl. Bd. 6. 1817. S. 39–47. – *magnetische Kette:* So hieß in magnetischen Kuranstalten die Verbindung der um eine magnetische Batterie sitzenden Patienten (vgl. Kluge a. a. O. § 326), im weiteren Sinn die Kette von Hilfspersonen, durch die einem Somnambulen ermöglicht wird, entfernte Gesichtsgegenstände oder Gehörseindrücke wahrzunehmen (vgl. ebd. § 105 und 112).

9. EFZ 32 (EF III 32). Vgl. dazu Schlabrendorfs Äußerungen über ›Mystizismus‹ (›Reliquien‹ 1, 198–200).

10. EFZ 142.

11. EFZ 83 (EF III 83).

12. EFZ 143.

13. EFZ 144. *Der heiligere Bund:* Anspielung auf die 1815 begründete ›Heilige Allianz‹ zwischen Rußland, Österreich und Preußen, der außer dem Papst und dem englischen Prinzregenten allmählich alle christlichen Monarchen Europas beitraten. Im deutlichen Gegensatz gebraucht Jochmann hier den Begriff nicht im reaktionären Sinn. – *sainte ligue:* ›Heilige Liga‹, 1511 zwischen dem Papst (deshalb ›heilig‹), den schweizerischen Eidgenossen, Venedig und Ferdinand von Aragonien zur Vertreibung der Franzosen aus Italien geschlossen.

14. EFZ 145.

15. EFZ 146. *Proselyten:* hier die katholischen Konvertiten der Restaurationszeit unter der reaktionären katholisch-feudalen Innenpolitik Metternichs.

16. EFZ 147. Vgl. zu Nr. 15.

17. PG 20. Eine nicht aphoristische Fassung am Schluß von Jochmanns ›Kleinigkeiten aus meinen Reiseblättern. 2. In Frankreich‹ (›Reliquien‹ 1, 122f.).
18. EFZ 148.
19. EFZ 149. Vgl. dazu Nr. 6 ›Der Teufel an der Wand‹ von Jochmanns Aufzeichnungen ›Die französischen Staatsverwandlungen‹ (›Reliquien‹ 2, 267f.).
20. EFZ 150. *Jubeljahr:* seit 1475 von der katholischen Kirche aller 25 Jahre gefeiertes Heiliges, Jubel- oder Ablaßjahr, von einem Heiligabend bis zum nächsten während. Hier das Jubeljahr 1824/25. Vgl. EF III 63. – *Krönung zu Reims:* Der Bourbonenkönig Karl X., der am 16. September 1824 den französischen Thron bestiegen hatte, wurde am 29. Mai 1825 als erster nachrevolutionärer Monarch wieder in der Kathedrale zu Reims gekrönt.
21. PG 68. *Janitscharenmusik:* das vollbesetzte Blasorchester mit Schlagzeug, ursprünglich die Militärmusik der Türken (vgl. zu Nr. 26), das für die Musikkapellen der Infanterie der meisten europäischen Staaten gegen Anfang des 19. Jahrhunderts verbindlich wurde. – *dem Propheten:* Dem Propheten Elia erschien Gott Zebaoth am Berg Horeb nicht im Wind, noch im Erdbeben, noch im Feuer, sondern erst in einem ›stillen, sanften Sausen‹ (1. Könige 19, 11ff.). – *des Frühlings:* Zutat Jochmanns. Vgl. inhaltlich EF I 91.
22. Keine frühere selbständige Fassung nachweisbar, doch steht derselbe Gedanke schon in Jochmanns Auszug aus einer ungedruckt gebliebenen Schrift Oelsners über ›Das Römerreich unter Konstantin‹ (›Reliquien‹ 1, 228).
23. EFZ 153.
24. EFZ 154.
25. EFZ 152. Die Überschrift ›Das unpassende Glück‹ in den ›Stylübungen‹ ist ein offenkundiger Fehler. In den beiden davon unabhängigen Drucken Zschokkes in ›Prometheus‹ I 278 und EFZ 152 heißt es ›Das unpassende Gleichniß‹.

26. EFZ 155. *Auch in der Türkei:* Im Juni 1826 liquidierte Mahumed II. (vgl. zu EF II 7) die jahrhundertelang bevorrechtete Kerntruppe des türkischen Heeres, das Janitscharenkorps; es folgte aber nur ein moderner Militärdespotismus. – *in Spanien:* Die 1812 von den Cortes, einer neuen Volksvertretung, in Cádiz entworfene liberale Verfassung war nach der Revolution von 1820 von Ferdinand VII. weithin realisiert worden. Nach einer militärischen Intervention Frankreichs im Auftrag der Heiligen Allianz wurde im Herbst 1823 die absolute Monarchie auf grausame Weise wiederhergestellt, die Cortes fanden ihr Ende; es regierte die Junta, die extrem klerikal-royalistische Partei, die sich selbst mit den reaktionären Maßnahmen des Königs nicht zufriedengab.

27. EFZ 156.

28. EFZ 71 (EF III 71).

29. EFZ 157. In der Überschrift Anspielung auf die sogenannte ›Große Armee‹ Napoleons.

30. EFZ 158.

31. EFZ 159.

32. EFZ 160.

33. EFZ 161.

34. EFZ 165. *Torfäus,* Thormodus: ein Isländer, der 1682 Hofhistoriograph Christians V. von Dänemark wurde, schrieb lateinische Werke zur skandinavischen Geschichte.

35. Keine frühere selbständige Fassung nachweisbar, doch äußerte denselben Gedanken schon Schlabrendorf im Gespräch über ›Die Deutschen‹ (›Reliquien‹ 1, 143).

36. EFZ 163. *Das philosophische Kriminalrecht:* Damit ist begrifflich das Strafrecht der Aufklärung gemeint. – *peinliches Recht:* d.h. Strafrecht, in dem speziell älteren Wortsinn ›die Folter anwendend‹. Im folgenden ist das Prügeln der Untersuchungsgefangenen zwecks Erlangung von Geständnissen gemeint, das in den politischen Prozessen nach 1819

nach damaliger Literatur offenbar sehr verbreitet war. – *A New York une moyenne ...:* ›In New York liefert ein Mittel aus einigen Jahren folgendes Ergebnis: Von hundert Gefangenen, die am Ende ihrer Haftzeit entlassen wurden, sind kaum fünf, die wegen eines neuen Verbrechens ins Gefängnis zurückgebracht wurden. Bevor man die gegenwärtige Ordnung eingeführt hatte, war das Verhältnis beinahe umgekehrt.‹

37. EFZ 164. *Kandy:* seit etwa 1500 die Hauptstadt des singhalesischen Königreichs von Südceylon. Der letzte König wurde 1815 von den Engländern gefangengenommen und verbannt.

38. EFZ 120. Eine Zwischenstufe des Textes stellt EF II 40 dar. – *Als er seine Juden zählte:* 2. Samuel 24, 1–15.

39. EFZ 166. *Daru,* Pierre Antoine Noël Bruno Comte de (1767–1829): französischer Staatsmann und Schriftsteller, veröffentlichte 1819 eine siebenbändige ›Histoire de la république de Venise‹. – *Hieron. Rubei:* Hieronymus Rubeus aus Ravenna, Arzt und Historiker, schrieb u. a. ›Historiam Ravennatum libri X‹ (1572).

40. EFZ 167. *Ugolino* von Gherardesca (gest. 1289): Tyrann von Pisa, durch seinen Überwinder, den Erzbischof Ubaldini, mit zwei Söhnen und zwei Neffen zum Hungertod im Turm der Gualandi verurteilt. Vgl. Dantes ›Göttliche Komödie‹ (Inferno, 33. Gesang) und Heinrich von Gerstenbergs Trauerspiel ›Ugolino‹ (1768).

41. EFZ 168. *der politische Prophet:* nicht ermittelt. Abschnitt 7 von Jochmanns ›Blätter aus Nizza‹ (1821) beginnt: ›Es hat jemand Italien mit einem schlummernden Löwen verglichen.‹ – *wiedereingeschlafen:* Die im Jahre 1820 ausgebrochene Revolution der Carbonari in Neapel wurde im März 1821, die in Piemont folgende im April 1821 durch österreichische Truppen niedergeschlagen, im Dezember 1821 eine revolutionäre Verschwörung in Mailand aufgedeckt

und verurteilt und so das reaktionäre Regime Italiens bis 1830 neu gefestigt. Jochmann erlebte die Revolution in Nizza (vgl. Lebenschronik 1821).

42. EFZ 169. Der Singular ›Sanscülotte‹ in den ›Stylübungen‹ ist vermutlich Druckfehler. In den beiden davon unabhängigen Drucken Zschokkes in ›Prometheus‹ I 278 und EFZ 169 (›Reliquien‹ 3, 226f.) steht der Plural. – *in Winckelmanns ›Geschichte der Kunst‹:* Das Hauptwerk Johann Joachim Winckelmanns (1717–1768), die ›Geschichte der Kunst des Alterthums‹, erschien in zwei Bänden 1764 in Dresden. Jochmanns Zitatangabe nach der postum erweiterten Fassung in der Winckelmann-Gesamtausgabe von H. Meyer/J. Schulze, Bd. 5. 1812. S. 59 oder von J. Eiselein, Bd. 4. 1825. S. 398. – *Sansculotten:* In den ersten Jahren der Französischen Revolution Name für die Demokraten, weil sie im Gegensatz zu den Aristokraten keine Culotten, d. h. Kniehosen, sondern Pantalons, d. h. lange Hosen, trugen. Jochmanns Wortgebrauch läßt, wie auch sonst in der Zeit üblich, die Pantalons außer acht.

43. EFZ 170.

44. EFZ 171. *Faktion:* svw. Partei (lat. factio, frz. faction).

45. EFZ 172. *Felsen des Sisyphus:* Nach der griechischen Sage mußte der Erzschelm Sisyphos für seine Taten in der Unterwelt büßen, indem er einen Felsblock den Berg hinaufzuwälzen hatte, der vom Gipfel immer wieder herabrollte.

46. EFZ 173.

47. EFZ 174. *Kreuzer:* kleinste Kupfermünze in Süddeutschland und Österreich bis 1871 bzw. 1892. – *Titus* (39–81): 79–81 römischer Kaiser, Erbauer des nach ihm benannten Triumphbogens in Rom, galt als gerecht und freigebig.

48. EFZ 175. Vgl. dazu Nr. 17 ›Der Geist des Kirchentums zum Staat‹ von Jochmanns Aufzeichnungen ›Die französischen Staatsverwandlungen‹ (›Reliquien‹ 2, 278–281).

49. Ausgangstext des Aphorismus ist der Schlußabsatz des zu Nr. 48 genannten Textes in ›Reliquien‹ 2, 281. – *Scheidewasser:* älterer Name für Salpetersäure, mit deren Hilfe Silber aus seiner Legierung mit Gold gelöst werden kann. *Königswasser* ist damit nicht identisch (wie Jochmann annimmt), sondern eine Verbindung der Salpeter- mit Salzsäure, die auch Gold und Platin löst.

50. EFZ 176.

51. EFZ 177. *Entdeckung Amerikas:* durch Christoph Kolumbus 1492. – *Befreiung Amerikas:* Unabhängigkeitskrieg Nordamerikas 1775–1783, der am 4. Juli 1776 zur Unabhängigkeitserklärung der dreizehn Vereinigten Staaten und 1783 zur Anerkennung durch Großbritannien im Frieden von Versailles führte.

52. EFZ 178.

53. Keine frühere Fassung nachweisbar. Vgl. jedoch EF III 85.

54. EFZ 179. *Caligulas Wunsch:* Der durch seine Grausamkeiten und Ausschweifungen berüchtigte römische Kaiser Caligula (12–41) rief im Grimm über das Publikum, das beim Wettrennen eine andere Partei als er begünstigte: ›O wenn doch das römische Volk nur e i n e n Hals hätte!‹ Vgl. Sueton, Kaiserbiographien, Caligula 30, 2.

55. EFZ 180. Eine nicht aphoristische Fassung in Nr. 7 ›Politisches Pestmittel‹ von Jochmanns Aufzeichnungen ›Die französischen Staatsverwandlungen‹ (›Reliquien‹ 2, 268). – *Diokletian* (243–316): 284–305 römischer Kaiser, erließ 303–305 vier Edikte gegen alle, die die Opfer für den römischen Staatskult verweigerten, das führte zu einer allgemeinen Christenverfolgung. – *Galerius* (um 250–311): Nachfolger Diokletians, beteiligte sich 303 an dessen Christenverfolgung. – *Constantin* (280–337): seit 312 Alleinherrscher, anerkannte durch das Mailänder Toleranzedikt von 311 das Christentum als gleichberechtigte Religion und griff in die dogmatischen

Kämpfe der Kirche ein, ließ sich kurz vorm Tod noch taufen.

56. EFZ 181. *Themistoklesse:* Der Archon und Feldherr Themistokles (um 524–459 v. u. Z.) entwickelte Athen zur Seemacht, besiegte 480 in der Schlacht von Salamis die Perser endgültig, unterlag 470 seinem innenpolitischen Gegner Kimon sowie dem Drängen Spartas, mußte, wegen Hochverrat zum Tode verurteilt, nach Argos, schließlich zu den Persern nach Susa fliehen. – *Tage von Marathon:* In der Ebene von Marathon siegten 490 v. u. Z. die Athener unter Miltiades, der ein Gegner des Themistokles war, über die Perser.

57. Keine frühere Fassung nachweisbar, doch vgl. EF III 55. *als Schau-Ende:* Diese Schreibung wurde als vermutlich von Jochmann beabsichtigt nicht in ›Schauende‹ geändert (Zschokkes Druck in ›Prometheus‹ I 285 schreibt *Schauende*). Das Bild setzt sich im *Staatskleide der Eitelkeit* fort.

58. EFZ 25 (EF III 25).

59. EFZ 18 (EF III 18), dort mit anderer Überschrift.

60. EFZ 182. *Massillon,* Jean Baptiste (1663–1742): französischer Theologe, 1704 Hofprediger Ludwigs XIV. (15 Bde. ›Sermons‹ postum 1745–1749). Zitat vielleicht nach: Zwölf Reden an und für die Großen (Übers. J. G. Pfister). Würzburg 1826 (nicht erreichbar).

61. EFZ 183. *Alarichs Grab:* Der westgotische König Alarich (um 370–410) starb in Unteritalien und wurde im Flußbett des Busento bei Consentia beigesetzt (vgl. Platens Ballade ›Das Grab im Busento‹ von 1820). – *auf dem Grabe Ludwigs XIV.* (1638–1715): in St.-Denis.

62. EFZ 79 (EF III 79). *Ludwig XIII.* (1601–1643): unter dem seit 1624 als leitender Minister der Kardinal Richelieu (1585–1642) den Absolutismus der französischen Krone schuf.

63. EFZ 184. *Atahualpa* (um 1500–1533): Herrscher des Inkareichs, regierte seit 1525 das Teilreich Quito,

stürzte 1532 seinen Stiefbruder Huasar, den legitimen Thronerben, in Cuzco, von den Spaniern gefangengenommen und hingerichtet.

64. EFZ 185.

65. EFZ 68 (EF III 68).

66. EFZ 186. *Confucius im Liki:* Daß der chinesische Weise Kungfutse bzw. Konfuzius (um 551–479 v. u. Z.) die Schriften des späteren konfuzianischen Kanons redigierte, ist unerwiesen. Liki: altchinesische Sammlung ritualistischer Schriften, wovon nur das zweite Buch zum konfuzianischen Kanon gehört.

67. EFZ 187.

68. EFZ 188. *Nero* (37–68): seit 54 römischer Kaiser. Nach dem Brande Roms i.J. 64 veranstaltete er zur Beschwichtigung des Volkes, das ihn der Brandstiftung verdächtigte, die grausamen Hinrichtungen der weithin mißliebigen römischen Christen.

69. EFZ 48 (EF III 48).

70. EFZ 36 (EF III 36). Mit dem Anfang dieses Aphorismus greift Jochmann auf einen Aphorismus von Oelsner zurück (vgl. ›Reliquien‹ 1, 250).

71. EFZ 189. Diese Anekdote von Alexander dem Großen (356–323), der das makedonische Weltreich errichtete, nach der Alexanderbiographie des Quintus Curtius Rufus (um 50 u. Z.), 10. Buch, 5. Kap. (deutsch von J. P. Ostertag, 2. verb. Aufl. 1799. Bd. 2. S. 469).

72. EFZ 190. *Chapelain,* Jean (1595–1674): französischer Schriftsteller, galt als erster Dichter Frankreichs, bis sein Epos ›La Pucelle‹ von Boileau vernichtend kritisiert wurde. – *Colbert,* Jean Baptiste (1619–1683): leitete seit 1661 die Wirtschafts- und Finanzpolitik unter Ludwig XIV., gründete 1663 die französische Akademie der Inschriften der römischen Altertümer. – *Lemontey,* Pierre Edouard (1762–1826): französischer Schriftsteller und Geschichtsschreiber. – *Galerie Française* (1821–1823): dreibändige Sammlung von Porträts berühmter Männer und Frauen des 16., 17. und 18. Jahrhunderts.

73. EFZ 191.

74. EFZ 192, vgl. auch EF III 74. Anekdote aus dem Leben des Preußenkönigs Friedrich II. (1712–1786), der sich 1745–1747 das Sommerschloß Sanssouci bei Potsdam erbauen ließ. Jochmanns Quelle war nicht zu ermitteln. – *Lichte:* seit dem 17. Jh. auftretende Pluralform in bezug auf Kerzen.

75. EFZ 193. *Die päpstlichen Bullen:* Die päpstlichen Urkunden, zumeist Erlasse, mit einem Bleisiegel versehen, waren erst seit Beginn des 17. Jh. in einer so schwer lesbaren Schrift geschrieben, daß jeder Originalbulle ein ›Transsumpte‹ (Kopie in gewöhnlicher Schrift) beigegeben wurde. Diese Bullenschrift wurde 1878 abgeschafft.

76. EFZ 194.

77. EFZ 195. *Falstaffs Rechnung:* Vgl. Shakespeares Doppeldrama ›König Heinrich IV.‹, Erster Teil, Zweiter Akt, Schluß der Vierten Szene, wo Poins von Zetteln des eingeschlafenen Falstaff dessen Ausgaben für Kapaun, Brühe, Sekt, Sardellen und Brot abliest.

78. EFZ 196. *Tacitus* (um 55–um 120): der letzte römische Geschichtsschreiber von Rang. Seine Lektüre in der Prima der Gelehrten- oder Mittelschulen und Gymnasien setzte sich seit Ende des 18. Jh. erst allmählich durch und blieb lange umstritten.

79. EFZ 197. *Ziskas Mutter:* Jan Žižka von Trocnov (1380–1424), der bedeutendste Heerführer der Hussiten, vor allem der radikalen Taboriten, besiegte 1420 und 1422 den deutschen Kaiser Sigismund, den 1436 die Hussiten jedoch als König von Böhmen anerkennen mußten. Nach der Sage wurde Žižka im Freien unter einer Eiche geboren.

80. EFZ 1 (EF III 1).

81. EFZ 198.

82. EFZ 199. Dort heißt es *die geistige Leuchte des gesunden Menschenverstandes* und *erhöhten Standpunkte.*

83. EFZ 200.

84. EFZ 201. *Obskurantismus:* das Bestreben, jede Aufklärung fern- und das Dunkel der Unwissenheit auf-

rechtzuerhalten, ein Grundzug der restaurativen Politik der Metternichzeit.

85. EFZ 202. Eine nicht aphoristische Fassung am Schluß von Nr. 4 ›Napoleon und die Revolution‹ von Jochmanns Aufzeichnungen ›Die französischen Staatsverwandlungen‹ (›Reliquien‹ 2, 266). – *Ce n'était ...:* ›Das war nur ein Dummkopf mit all seinem Geist.‹ Wen Jochmann zitiert, ließ sich nicht ermitteln. – *Vauvenargues,* Luc de Clapier, Marquis de (1715–1747): französischer Moralist, schrieb ›Reflexionen und Maximen‹ (zuerst 1746). Nr. 127 lautet: ›Les grandes pensées viennent du cœur.‹

86. EFZ 203.

87. EFZ 204.

88. EFZ 205. *St. Helena:* Nach dem Sieg der englisch-preußischen Truppen in der Schlacht von Waterloo am 18. Juni 1815 wurde Napoleon I. Bonaparte (1769–1821) von den verbündeten Mächten auf die englische Atlantikinsel Saint Helena verbannt, wo er in Langwood bis zu seinem Tod lebte und an seinen ›Mémoires‹ arbeitete.

89. EFZ 206.

90. EFZ 207.

91. EFZ 208. Vgl. inhaltlich EF I 21.

92. EFZ 209.

93. EFZ 210.

94. EFZ 211. Vgl. dazu Schlabrendorfs Äußerungen über ›Die öffentliche Vernunft‹ (›Reliquien‹ 1, 167–170) und Oelsners Äußerungen über ›Die Polizei‹ (›Reliquien‹ I, 213–216), auch EF III 74.

95. EFZ 212. *werden wir Oberbonzen recht haben:* In den ›Stylübungen‹ heißt es nur: *werden wir Oberbonzen haben,* ebenso in ›Prometheus‹ I 295. Das wird hier als Druckfehler angesehen und nach der früheren Fassung von EFZ 212 (›Reliquien‹ 3, 238) korrigiert. In EFZ 212 heißt es gegen Ende *Dummheit* statt *Torheit.* – *Ludwig dem Zwölften:* Ludwig XII. von Orléans (1462–1515), seit 1498 König von Frankreich, schloß sich mit Kaiser Maximilian I. und Ferdi-

nand V. von Spanien in der Liga von Cambrai gegen das mächtige Venedig zusammen.

96. EFZ 213. ›*Wer die Wahrheit fiedelt* ...‹: altes deutsches Sprichwort (häufiger ›geigt‹). – *in Konstantinopel:* Die berechtigte Liquidierung des Janitscharenkorps im Juni 1826 (vgl. zu Nr. 26) war in eine grausame Racheaktion gegen alle nur Verdächtigen übergegangen. Das löste im August und Oktober 1826 als Reaktion der Unzufriedenen Brandstiftungen aus, die die reichsten und vornehmsten Stadtviertel einäscherten.

97. EFZ 217.

98. EFZ 88 (EF III 88). *Erasmus* von Rotterdam (1469–1536): Der berühmte Humanist, selbst mit kirchlichen Reformplänen befaßt, stand Luther und der Reformation zunächst freundlich gegenüber, distanzierte sich aber seit Mai 1519 zunehmend, bis es 1523 zur polemischen Auseinandersetzung mit Hutten, 1524 mit Luther kam. Der lateinische Satz offenbar nach dem Erasmus-Artikel von Bayles ›Dictionnaire historique et critique‹ (zuerst 1695/97), wo er als Zitat hervorgehoben, aber wörtlich kein Zitat ist. Bayle zitiert aus Erasmus' Brief an Montjoy von 1521 nach der Londoner Ausgabe von 1642: ›Hätte Luther auch alles der Wahrheit gemäß geschrieben, so mißfiele mir doch nachdrücklich die aufrührerische Freiheit (seditiosa libertas). Lieber wollte ich mich sogar in einigen Dingen täuschen, als mich in einem so großen Aufruhr der Welt für die Wahrheit (tanto orbis tumultu pro veritate) herumschlagen.‹ Danach noch Verweis auf den Brief an Barbirius vom 13.8.1521, darin der Satz steht: ›Und mir ist die Zwietracht so völlig verhaßt, daß mir auch die aufrührerische Wahrheit (veritas seditiosa) mißfällt.‹ (in der Erasmus-Briefausgabe von Allen 1906 ff. Nr. 1219 u. 1225) Vgl. auch zu EF III 88.

99. EFZ 215. *dem Teufel sein Dintenfaß an den Kopf warf:* während der Schutzhaft 1521/22 auf der Wartburg, als Luther das Neue Testament ins Deutsche übertrug.

100. EFZ 216. Unter den nachgelassenen Arbeiten Jochmanns, die Zschokke ›ganz oder zum Teil ausgearbeitet‹ vorfand, war auch eine Abhandlung über ›Schriftsteller und Schriftstellerei‹, wie Zschokke am Schluß seiner ›Erinnerungen an Karl Gustav Jochmann, von Pernau‹ in ›Prometheus‹ I 147 mitteilt. Davon ist nichts erhalten, auch nichts Näheres bekannt.

Erfahrungsfrüchte II

1. EFZ 91. *Beurnonville,* Pierre de Riel (1752–1821): erlitt als neuernannter Chef der Moselarmee im November 1792 beim Marsch auf Trier Niederlagen, die er in seinen Berichten zu verhehlen oder zu verharmlosen suchte; behauptet in einem Gefecht mehrere tausend Preußen getötet, selbst aber nur den kleinen Finger eines Tambours verloren zu haben. – *Gaskonaden:* Aufschneidereien (die Bewohner der südfranzösischen Landschaft Gascogne galten als eitel und prahlerisch). – *Wohlfahrtsausschuß:* Der aus neun vom Konvent gewählten Mitgliedern bestehende Wohlfahrtsausschuß wurde erst im April 1793 gegründet.
2. EFZ 92. Jochmann vertritt hier ältere Sprachvorstellungen, die seit Aufdeckung des Ablauts und der konsonantischen Lautgesetze durch Jacob Grimm (Deutsche Grammatik 1822) überholt waren. Die Brüder Grimm erwähnt J. auch sonst nicht. – *Adel:* alte bairische Bezeichnung für Mistjauche, mit ›Adel‹ als edles Geschlecht nicht verwandt.
3. EFZ 93. *im Piemontesischen:* Seit 1796 war Bonaparte König von Piemont-Sardinien, 1802 kam das festländische Piemont zu Frankreich, unterstand 1804–1814 direkt Napoleon. Das danach neuerrichtete Königreich wurde im reaktionären Geist Metternichs regiert, eine liberale Revolution 1821 niedergeschlagen (vgl. zu EF I 41).
4. EFZ 94.

5. EFZ 95. *Lord Chesterfield,* Philip Dormer Stanhope, Earl of (1694–1773): Verfasser der ›Letters to his son‹ (Briefe an seinen Sohn, postum 1774), die höfische Weltklugheit lehren. In der Bedienten-Passage des 108. Briefes vom 13.2.1748 ist von dem erwähnten Gedanken nicht die Rede.
6. EFZ 96. Vgl. die politisch-metaphorische Anwendung der astronomischen Erkenntnis in Nr. 48 ›Wachsendes Licht, abnehmende Schatten‹ der Abhandlung ›Zur Naturgeschichte des Adels‹ von 1827 (›Reliquien‹ 3, 144). – *Herschels Lehre:* Der deutsch-englische Astronom William Herschel (1738–1822), Entdecker des Planeten Uranus (1781), schloß auf Grund statistischer Untersuchungen über Zahl und Helligkeit der Sterne auf den Bau des Fixsternsystems.
7. EFZ 97. *der Sultan:* Mahumed II. (1784–1839), seit 1808 Sultan des Osmanischen Reiches, begründete innerhalb des Despotismus durch Reformen die moderne Türkei, hielt als einziger nichtchristlicher Herrscher in Europa die Heilige Allianz (vgl. zu EF I 13) mit ihrem ›Bund von Thron und Altar‹ gegen sich gerichtet. Das restaurative Programm der Hl. Allianz von 1815 erklärte sich für die christliche Religion und ihre Befestigung, nicht aber ausdrücklich gegen die Gegner von Adel und Klerus; das war Interpretation der folgenden Jahre.
8. EFZ 98. *Professor L. in Braunschweig:* Der Helmstedter Theologieprofessor Anton August Heinrich Lichtenstein (gest. 1816), dessen ›Tentamen Palaeographiae Assyrio-Persicae‹ (1803) eine Keilschriftdeutung enthielt, die rasch abgelehnt wurde (vgl. Neuer Teutscher Merkur 1803/V, S. 34ff.). – Persepolis = Hauptstadt des Perserreiches, 332 v.u.Z. von Alexander d.Gr. fast völlig niedergebrannt. Aus ihr, Susa und Bisutun stammen die meisten Inschriften in persischer Keilschrift.
9. EFZ 99. Eine nicht aphoristische Fassung in Nr. 4 ›Napoleon und die Revolution‹ von Jochmanns

Aufzeichnungen ›Die französischen Staatsverwandlungen‹ (›Reliquien‹ 2, 265).

10. EFZ 100.
11. Nur im Inhaltsverzeichnis zu EFZ mit Überschrift genannt. PG 67.
12. EFZ 101. *Duo si faciunt idem etc.:* ›Wenn zwei dasselbe tun, ist es doch nicht dasselbe‹ (nach Terenz: Adelphi V3). – *Haller,* Karl Ludwig von (1768 bis 1854): Staatsrechtslehrer, gab mit seinem Hauptwerk ›Restauration der Staatswissenschaften‹ (6 Bde. 1816–1834) der Restaurationszeit ihren Namen. 1814 Mitglied des Großen Rates seiner Vaterstadt Bern, verlor sein Amt, als er 1820 zum Katholizismus übertrat. – *Miß Loveday wurde bekehrt:* In Nr. 29 ›Missionen in Paris‹ der Aufzeichnungen ›Die französischen Staatsverwandlungen‹ schreibt Jochmann: ›Welch ein fruchtloses Geräusch ward gemacht, als sich der Engländer Douglas Loveday an die Gerichte, an den König, an die Deputiertenkammer wandte, um seine junge Nichte und seine zwei jungen Töchter wieder zu erhalten, die man in der Pension, der er sie während seiner Abwesenheit anvertraute, zur Annahme des Katholizismus beredet, dann in ein Kloster verschleppt, dem unglücklichen Vater geraubt hatte!‹ (›Reliquien‹ 2, 299). Die Aufzeichnung stammt offenbar von Ende November 1821.
13. EFZ 102. PG 23.
14. Keine frühere Fassung nachweisbar.
15. Keine frühere Fassung nachweisbar, jedoch im Inhaltsverzeichnis zu EFZ mit Überschrift genannt.
16. EFZ 103. *Ecclesia non sitit sanguinem:* Mit dieser stehenden ›Begründung‹ wurde der Ketzer von der Inquisition der weltlichen Gerichtsbarkeit zur Verhängung und Vollziehung der Todesstrafe übergeben.
17. EFZ 104.
18. EFZ 27 (EF III 27). *Buchanan:* Nach der älteren Fassung ist offenbar nicht der berühmte schottische

Humanist George Buchanan (1506–1582), sondern vermutlich der namhafte englische Indienmissionar Claudius Buchanan (1766–1815) gemeint; doch gab es noch mehrere zeitgenössische Gelehrte dieses Namens.

19. EFZ 105. *Puristen:* deutsche Sprachreiniger um 1820, die jedes Fremd- und Lehnwort verwarfen (vgl. das Kapitel ›Die Sprachreiniger‹ in Jochmanns Buch ›Ueber die Sprache‹ von 1828, besonders S. 166–182). – *Äsop:* griechischer Fabeldichter aus dem 6. Jh. v. u. Z., nach der Überlieferung ein Krüppel. – *Narziß:* schöner Jüngling der griechischen Sage, der, weil er die Liebe der Nymphe Echo verschmähte, zur Strafe sich in sein eigenes Spiegelbild verlieben mußte, zuletzt in die nach ihm benannte Blume verwandelt. – *Achill:* der berühmteste griechische Held im Kampf um Troja, erlaubt dem Patroklos, als die Trojer zu siegen drohen, in seiner Rüstung zu kämpfen. Mit ihm kämpfen die von Achill ausgerüsteten thessalischen *Myrmidonen* (Homers ›Ilias‹ XVI).

20. EFZ 76 (EF III 76).

21. EFZ 78 (EF III 78). *Lemontey* (vgl. zu EF I 72) schrieb u. a. ›Raison, folie, petits cours de morale mis à la portée des vieux enfants; suivi des observateurs de la femme‹ (Klugheit, Torheit ..., 2 Bde. 1801), das Zitat aus der allegorischen Erzählung ›Quelle journée! ou les sept femmes‹ (Welch ein Tag! oder die sieben Frauen) in der 3. Ausgabe (1816), Bd. 1, S. 84 f.

22. EFZ 106. *Die alten Deutschen:* nach Tacitus' ›Germania‹ 13.

23. EFZ 80 (EF III 80). *Tuff:* Gestein, das sich aus vulkanischen Lockerprodukten erst nachträglich verfestigt hat, begleitet fast jedes Ergußgestein. – *Breislak,* Scipio (1768–1826): römischer Geologe, erklärte in seinen ›Voyages physiques et lithologiques dans la Campanie‹ (1801) die sieben Hügel Roms größtenteils als Überbleibsel eines eingestürzten Vulkans.

24. EFZ 107.
25. EFZ 108. *Bauerngold:* im Deutschen Wörterbuch der Brüder Grimm nicht verzeichnet, ebenso nicht in andern Wörterbüchern zur deutschen Sprache.
26. EFZ 109, mit der Überschrift ›Nötigere Geduld‹.
27. EFZ 110. *alten Mann:* im Bergbau Bezeichnung für das ausgehauene und wieder mit Schutt aufgefüllte Feld (Flöz).
28. EFZ 111. *Nicht eingreifen:* In der Urkunde der Heiligen Allianz (vgl. zu Nr. 7) erklärten die Monarchen lediglich, im Geist der Brüderlichkeit die Religion, den Frieden und die Gerechtigkeit beschützen (proteger) zu wollen (Art. I). Erweiternde Auslegungen folgten erst später. – *Bundeslade:* das Wanderheiligtum der israelitischen Stämme, von David nach Jerusalem, von Salomo für immer in den Tempel gebracht (vgl. 2. Chronik 35–3).
29. EFZ 112.
30. EFZ 47 (EF III 47). *Conseiller intime actuel de feu S. M. le Roi de:* ›Wirklicher Geheimer Rat Seiner seligen (verstorbenen) Majestät des Königs von‹. Der Wortwitz liegt darin, daß *actuel* auch ›gegenwärtig‹ heißt (wie ebenso ›wirklich‹ im Oberdeutschen).
31. EFZ 52 (EF III 52). Eine nicht aphoristische Fassung im Essay ›Über die Öffentlichkeit‹ (S. 197).
32. EFZ 52 (EF III 52).
33. EFZ 113. *Baco* of Verulam, Francis (1561–1626): englischer Philosoph, Jurist und Staatsmann, erhob die Naturwissenschaften zur Grundlage allen Forschens, vertrat die induktive Methode, Stammvater des englischen Materialismus. Das Zitat aus Aphorismus LXXI des ersten Aphorismenbuchs des ›Novum Organum Scientiarum‹ (1620). – *Empedokles* (um 495–435 v. u. Z.): griechischer Naturphilosoph, Begründer der Elementenlehre. – *Anaxagoras* (um 500–428 v. u. Z.): griechischer materialistischer Naturphilosoph. – *Demokrit* (460–371 v. u. Z.): griechischer materialistischer Naturphilosoph, Hauptvertreter der antiken Atomistik.

34. EFZ 114. *Vater:* der mykenische König Agamemnon, dem nach der Sage die Ausfahrt seiner Flotte aus Aulis nach Troja nur gewährt werden sollte, wenn er die von ihm beleidigte Göttin Artemis durch die Opferung seiner Tochter Iphigenie versöhnte. Anspielung auf das berühmte pompejanische Wandgemälde, auf dem Agamemnon, von Iphigenie abgewendet, sich das Haupt verhüllt.
35. EFZ 115.
36. EFZ 116.
37. EFZ 117. Eine nicht aphoristische Fassung in Nr. 11 ›Das Jahr des Heils‹ in ›Die französischen Staatsverwandlungen‹ (›Reliquien‹ 2, 229). – *Ministerien der Aufklärung:* Alexander I. von Rußland hatte 1802 ein Ministerium der Volksaufklärung errichtet.
38. EFZ 118.
39. EFZ 119.
40. EFZ 120, die Schlußpartie von König David in EF I 38. – *in welchen:* In ›Prometheus‹ III, 234 heißt es ›in welcher‹, hier korrigiert nach EFZ 120 (›Reliquien‹ 3, 212).
41. EFZ 121.
42. EFZ 122. *ein Mann:* wahrscheinlich der waadtländische Politiker La Harpe (vgl. Lebenschronik September 1820), der 1798–1800 Mitglied des Helvetischen Direktoriums war. – *Zivilisten:* englisch ›civil list‹ = die in konstitutionellen Monarchien dem Landesherrn verfassungsmäßig zukommende jährliche Geldrente. – *Helvetischen Republik:* Von 1798–1803 war die Schweiz unter französischer Einwirkung eine einheitliche Republik nach französischem Muster.
43. EFZ 123.
44. Keine frühere Fassung nachweisbar. *Heinsius*, Theodor (1770–1849): Berliner Gymnasialprofessor, Grammatiker, Lexikograph. Die zweite Auflage seiner ›Sprachlehre der Deutschen‹ erschien 1814 (1. Aufl. 1807).
45. EFZ 124. Diesen Text nahm Jochmann fast wörtlich

in das Kapitel ›Die Rückschritte der Poesie‹ des Buches ›Ueber die Sprache‹ (1828) auf (S. 259). – *Tradition:* für die katholische Kirche neben der Bibel die zweite Quelle göttlicher Offenbarung.

46. EFZ 125.
47. EFZ 126.
48. EFZ 127. *à la hausse:* beim Spiel auf das Steigen der Staatsschuldscheine setzend.
49. EFZ 128.
50. EFZ 129.
51. EFZ 130. *Barfüßer:* Völlig barfuß gingen nur ursprünglich die Franziskaner, die Kapuziner tragen Sandalen.
52. EFZ 131.
53. EFZ 132.
54. EFZ 133. *Alphons V.* von Aragonien (1416–1458): eroberte 1442 Neapel, wurde als Alphons I. König von Neapel und Sizilien, Verehrer der lateinischen Klassiker, Begründer der ersten humanistischen Akademie Italiens. – *Quintus Curtius:* Vgl. zu EF I 71.
55. EFZ 134. *Montesquieu*, Charles de Secondat, Baron de la Brède et de (1689–1755): französischer Philosoph, Staatstheoretiker und politischer Schriftsteller, Kritiker des Absolutismus. Sein Hauptwerk: ›De l'esprit des lois‹ (Vom Geist der Gesetze, 1748).

Erfahrungsfrüchte III

2. Vgl. zu EF I 4.
3. *Pas trop gouverner:* ›Nicht zuviel regieren‹. Dazu forderte Mirabeau (vgl. zu Nr. 12) 1787 Friedrich Wilhelm II. von Preußen auf (›Lettre remise à Fred. Guillaume‹, S. 15). – *Oxenstierna,* Axel Graf (1583–1654): seit 1612 schwedischer Reichskanzler, nach dem Tod Gustav Adolfs 1632 Führer der schwedischen Innen- und Außenpolitik, Reformator der schwedischen Verfassungs-, Bildungs- und Wirtschaftspolitik; der Ausspruch wohl nach Ar-

chenholtz' ›Historische Merkwürdigkeiten, die Königin Christina von Schweden betreffend‹ I/1751, S. 96.

8. *Bellarmin*, Robert (1542–1621): Jesuit, 1592 Rektor des Collegium Romanum in Rom, später Erzbischof von Capua, rang in seinem Hauptwerk ›Disputationes de controversiis christianae fidei adversus huius temporis haereticos‹ (3 Bde., 1586–1593) um eine objektive Darstellung der ketzerischen Lehren. – *die Erde bewegt sich:* Als Galileo Galilei (1564–1642) in seinem ›Dialogo‹ (1622) das Kopernikanische Weltsystem, entgegen dem Urteil des ersten Inquisitionsprozesses, mit großem Erfolg verteidigte, mußte er in einem zweiten Prozeß 1633 der Kopernikanischen Lehre öffentlich abschwören. Das geflügelte Wort ›Eppur si muove!‹ (›Und sie bewegt sich doch!‹) ist Erfindung der Nachwelt.

9. *Dichtung und Wahrheit:* Goethes Autobiographie, auf die Jochmann anspielt, erschien in drei Bänden zuerst 1811, 1812 und 1814. – *Hölty*, Ludwig Heinrich Christoph (1748–1776): Lyriker, Balladendichter, Angehöriger des Göttinger Hains. – *Salis-Seewis*, Johann Gaudenz Freiherr v. (1762–1834): Schweizer Lyriker in der Nachfolge Höltys. – *Matthisson*, Friedrich v. (1761–1831): einst vielgelesener klassizistisch-sentimentaler Lyriker. – *Voß*, Johann Heinrich (1751–1826): Lyriker, Idyllendichter und Homerübersetzer, Angehöriger des Göttinger Hains. – *Bürger*, Gottfried August (1747–1794): Lyriker, Balladendichter, dem Göttinger Hain nahestehend. – *Stolberge:* Friedrich Leopold Graf zu St. (1750–1819), Lyriker und Übersetzer; Christian Graf zu St. (1748–1821), Lyriker, beide Angehörige des Göttinger Hains. – *Schubart*, Christian Friedrich Daniel (1739–1791): württembergischer Lyriker des Sturm und Drang, revolutionärer Publizist, 1777–1787 auf dem Hohenasperg eingekerkert. – *›Auf, auf, ihr Brüder‹:* das weitverbreitete ›Kaplied‹ (1787), das den an die Holländisch-Indische Kompanie verkauften

Württembergern in den Mund gelegt ist. – *Fürstengruft:* Schubarts berühmtestes Gedicht ›Die Fürstengruft‹ (1780). – *Camarilla:* zuerst Bezeichnung für die Regierung Ferdinands VII. von Spanien (vgl. zu EF I 26), später für jede gegen das verantwortliche Ministerium agierende Hofpartei. – *Adelsketten:* Auf dem Wiener Kongreß wurde am 10. Januar 1815 der Plan zu einem allgemeinen deutschen Adelsverein entworfen, der ›Die Kette‹ heißen sollte (vgl. ›Reliquien‹ 3, 146). – *Friedrich der Große* (1712–1786), *Joseph der Zweite* (1741–1790): die Vertreter des sogenannten aufgeklärten Absolutismus in Preußen und Österreich. – *Berliner Monatsschrift:* die von Friedrich Gedike und Johann Biester hrsg. ›Berlinische Monatsschrift‹ (1783–1796), die mit verändertem Titel bis 1811 bestand, wichtigste Zeitschrift der deutschen Spätaufklärung. Jochmann zitiert (ungenau) aus der großen Ode ›Die Freiheit Amerika's‹, 2., 14., 24., 26. und 27. Strophe (a. a. O. S. 386 bis 391); sie ist mit J. F. H-l. unterzeichnet. Statt ›süße Freiheit‹ heißt es richtig ›süße Gleichheit‹, statt ›holde Sonnen‹ richtig ›holde Scenen‹.

12. Dem französischen ›Sonnenkönig‹ *Ludwig XIV.* (vgl. zu EF I 61) wird George *Washington* (1732 bis 1799), der erste Präsident der Vereinigten Staaten von Amerika, dem Begründer der römischen Kaiserherrschaft *Augustus* (63 v. u. Z.–14 u. Z.) der amerikanische Staatsmann, Naturforscher und Schriftsteller Benjamin *Franklin* (1706–1790), gegenübergestellt. – *Perikles* (um 495–429 v. u. Z.): der größte Staatsmann Athens, der eigentliche Lenker des Staats in seiner klassischen Epoche, zugleich ein großer Redner. – *Mirabeau,* Honoré Gabriel Victor Riqueti, Comte de (1749–1791): im Dezember 1790 in Paris Präsident des Jakobinerklubs, im Februar 1791 Präsident der Nationalversammlung, Verfechter einer konstitutionellen Monarchie, als Staatsmann der Französischen Revolution vor allem durch sein außergewöhnliches Rednertalent er-

folgreich. Vgl. den ›Mirabeau‹-Abschnitt in Jochmanns französischen ›Reiseblättern‹ (›Reliquien‹ 1, 97–99). – *Alcibiades* (um 450–404 v. u. Z.): Neffe und Schüler des Perikles, wirkte als Staatsmann und Feldherr abwechselnd auf der Seite Athens und Spartas, von dem persischen Satrapen in Kleinasien Pharnabaxos, zu dem er geflohen war, auf Veranlassung Spartas ermordet.

13. *Phalaris:* im 6. Jh. v. u. Z. in Akragas (Agrigent) Tyrann von sprichwörtlicher Grausamkeit. Daß er auch selbst in dem ehernen Stier, in dem er angeblich seine Gegner rösten ließ, verbrannt wurde, ist in der antiken Literatur nicht überliefert. – *Loch von Calcutta:* The Black Hole, der Festungskerker von Calcutta. Als am 20. Juni 1756 die englische Siedlung nördlich von C. vom Nawab von Bengalen erobert wurde, starb der Großteil der englischen Gefangenen in der heißen Nacht in dem Kerker. – *Mill,* James (1773–1836): englischer Philosoph und Historiker, in seiner ›History of British India‹ (3 Bde., 1817), in der er die englische Verwaltung in Indien scharf kritisierte, Bd. 2. Buch 4. Kap. 3. S. 100 f.

19. *Ferdusis Gedicht Shanameh:* Abu 'l Kasim Manßur Férdausi (939–1020/25), größter epischer Dichter der Perser, vollendete die von Dakki begonnene poetische Bearbeitung des persischen Königsbuchs, des ›Schāhnāme‹, das die Geschichte des Perserreiches von den Anfängen und Urkönigen bis zum Untergang durch die Araber 651 u. Z. behandelt. Das Zitat aus dem Anfang von Sage IV (›Dschemschid‹) nach Ludolfs Teilübersetzung in Herders ›Sämtliche Werke. Zur Philosophie und Geschichte‹, Teil 1 (1805), S. 317.

20. *Aristoteles* (384–322 v. u. Z.): der größte Philosoph der Antike, schrieb eine ›Politika‹ in sieben Büchern, die, zusammen mit den Ökonomiefragmenten, Goethes Schwager Johann Georg Schlosser (1739–1789) ins Deutsche übersetzte (3 Bde., 1797 f.); das Zitat im 2. Buch, Kap. 6, Abs. 3. – *Platos Republik:* der Dialog

›Politeia‹ des Philosophen Platon (427–347 v. u. Z.). Aristoteles bezieht sich aber auf Platons ›Nomoi‹ (Gesetze), 5. Buch, § 289.

21. *Synesius* von Kyrene (um 370–413): neuplatonischer Philosoph, Dichter und Redner, trat zum Christentum über, wurde 410 Bischof von Ptolemaïs, schrieb zehn philosophisch-religiöse ›Hymnen‹. Die zitierten Verse in Hymnus IX 40–44.

22. *Lithographie*: von Aloys Senefelder 1796–1798 in München erfunden. – *was Herder ... sagte:* Jochmann zitiert aus Herders ›Briefe zu Beförderung der Humanität‹, 8. Sammlung (1796), 95. Brief; der Ausspruch stammt aus der Bibel: Lukas 19,40.

23. *Obskuranten:* Vgl. zu EF I 84. – *In Dantes ›Hölle‹:* im sechsten Graben des achten Höllenkreises (Divina Commedia, Inferno, 23. Gesang).

24. Als Anhänger der Senatspartei hielt der römische Redner, Staatsmann und Schriftsteller *Cicero* M. Tullius (106–43 v. u. Z.) nach der Ermordung Cäsars vierzehn ›Philippische Reden‹ gegen Marcus Antonius, der ihn daraufhin nach Abschluß des 2. Triumvirats ermorden ließ. Das Zitat in der achten (nicht vierten) ›Philippica‹, cap. 4: ›Was berechtigt mehr dazu, Kriege zu führen, als die Beseitigung der Sklaverei? Wie immer in ihr die Herrschaft nicht unerträglich sei, so ist es dennoch das Kläglichste, es ertragen zu können, wenn sie sich verhüllt.‹

26. *Mitchell:* Jochmanns schottischer Freund in Heidelberg (vgl. Lebenschronik August 1819). – *Lancashire* oder Lancaster: Grafschaft im Norden Englands an der Irischen See, auf Grund der ausgedehnten Kohlenlager eines der englischen Industriezentren (Liverpool, Manchester).

27. Vgl. zu EF II 18.

28. *Karikierung des Sokrates:* in Aristophanes' Komödie ›Die Wolken‹ (423 v. u. Z.) gegen die sophistischen Erziehungsmethoden. – *Butlers Hudibras:* das komische Heldengedicht ›Hudibras‹ (1663–1678) des englischen Satirikers Samuel Butler (1612–1680), eine

Verspottung des Puritanismus, vielfach übersetzt und nachgeahmt. – *Presbyterianer:* reformierte Kirchengemeinschaft in England, Schottland und Amerika. – *Puritaner:* den Presbyterianern teilweise verbundene, jedoch weitergreifende geistige Bewegung des englischen Bürgertums. – *Cavaliers:* nach Jean Cavalier (1681–1740), Führer der aufständischen Hugenottenbauern (Camisarden) in dem blutigen Cevennenkrieg 1702–1704. – *actes des apôtres:* ›Akten der Apostel‹, eine konterrevolutionäre, ultraroyalistische Publikationsreihe, die 1789–1791 in periodischen kleinen Broschüren in Paris erschien. – *Grundsätze der Volksrechte:* die Menschen- und Bürgerrechte der Französischen Revolution, die zuerst 1789 in der ›Déclaration des droits de l'homme et du citoyen‹, endgültig 1791 in 17 Artikeln formuliert wurden. – *Shaftesbury*, Anthony Ashley Cooper, Earl of (1671–1713): schrieb den berühmten ›Letter concerning enthusiasm‹ (Brief über den Enthusiasmus, 1708). Jochmann bezieht sich auf den 2. Abschnitt.

29. *Thomas a Kempis* (1379–1471): Mystiker vom Niederrhein, Verfasser der vielgelesenen ›Libri quatuor de imitatione Christi‹ (Vier Bücher von der Nachfolge Christi). – *Quoties ...:* ›Je mehr ich unter Menschen war, desto weniger kehrte ich von da als Mensch zurück‹: Liber I, caput XX, 2. – *›Ein wahrer Mensch muß fern vom Menschen sein‹:* Der Vers stammt nicht von Lessing, sondern beschließt die 20. Strophe des Gedichts ›Sehnsucht nach Ruhe‹ von Ewald Christian von Kleist (1715–1759). Richtig *von* statt *vom*.

31. *Bode*, Johann Joachim Christoph (1730–1793): Zeitungsredakteur, Verlagsbuchhändler und Buchdrukker in Hamburg, bedeutender Übersetzer und Freimaurer, seit 1779 als Geschäftsführer der Gräfin Bernstorff in Weimar, von Wieland, Herder, Bertuch und Böttiger hochgeschätzt.

32. Vgl. zu EF I 9.

34. *General Miranda*, Francisco de (1752–1816): venezolanischer Freiheitskämpfer, befehligte in den Revolutionskriegen eine französische Division unter Dumouriez, mußte nach dessen Abfall 1793 zweimal als Inhaftierter Rechenschaft vor dem Revolutionstribunal in Paris ablegen. – *Custines Prozeß:* Adam Philippe de Custine (1740–1793), zuletzt General der Nordarmee in den Niederlanden, ehe er vom Wohlfahrtsausschuß des Verrats angeklagt und guillotiniert wurde. – *l'hotel de la Force:* sarkastische Bezeichnung für das Gefängnis ›La Force‹ (Kraft, Stärke, Macht). – *Galilei:* Vgl. zu EF III 8. – *Olavide:* Don Pablo Antonio José de Olavide y Jáuregui (1725–1802), spanischer Staatsmann, Intendant in Andalusien, 1776–1780 als Freigeist Gefangener der Inquisition in Sevilla.

35. *Kotisation:* Beitragszahlung.

37. *Calembourgs* (französisch): Wortwitze, schlechte Witze, im 19. Jh. deutsch als ›Kalauer‹ unter Anlehnung an den märkischen Ortsnamen Calau. – *›Le St. Sebastien ...‹:* ›Der heilige Sebastian (seine Strümpfe haltend) ... ist der einzige Heilige, der keine Strumpfbänder nötig hat.‹ – *Ludwig XVIII.* (1755–1824): Bruder des 1793 hingerichteten Ludwig XVI., wurde nach der Abdankung Napoleons 1814 französischer König. – *faubourg royal,* wörtlich: königliche Vorstadt. – *que le cochon ...:* ›daß das Schwein den heiligen Antonius vertrieben habe‹. – *Le Saint ...:* ›Der empfindlichste Heilige, das ist St. Cloud.‹ Gemeint ist die westlich von Paris gelegene Stadt St. Cloud, deren Name sich von dem heiligen Clodoald herleitet. Hier jagte Napoleon 1799 nach dem Staatsstreich vom 18. Brumaire den Rat der Fünfhundert auseinander, erfolgte 1804 Napoleons Kaiserproklamation, wurde 1815 die Übergabe von Paris an Blücher und Wellington unterzeichnet.

39. *Garricks ›High Life‹:* eines der zahlreichen Lustspiele des berühmten englischen Schauspielers Da-

vid Garrick (1716–1779), der 1747–1776 zugleich das Londoner Drury-Lane-Theater leitete. – *Kants alter Diener Fuchs:* Die Kantbiographien kennen nur Kants langjährigen Diener Martin Lampe und seit 1802 für die beiden letzten Lebensjahre den Diener Johann Kaufmann. Vielleicht ist ein Universitätspedell gemeint (Jochmanns Quelle war nicht zu ermitteln).

40. *d'Ivernois*, Sir Francis (1757–1842): Genfer Politiker und Schriftsteller, Vertreter der Republik Genf auf dem Wiener Kongreß. – *Gibbons Freund in Lausanne:* Der englische Historiker Edward Gibbon (1737–1794) lebte 1783–1793 in Lausanne, wo er auch sein Hauptwerk ›History of the decline and fall of the Roman empire‹ (1776–1788) abschloß. – *während des Siebenjährigen Krieges* (1756–1763) war England mit Preußen verbündet. – *Der Lärmen:* ältere übliche Form für ›Lärm‹.

41. *Katharina II.* (1729–1796): Tochter eines Fürsten von Anhalt-Zerbst, seit 1762 russische Zarin. – *Blankennagel:* Nachweisbar ist nur, daß 1793 ein Petersburger deutscher Arzt dieses Namens auf Bitten der Regierung in Chiwa dorthin geschickt wurde. Als seine Hilfe nicht mehr nötig war, versuchte man (vergeblich) ihn umzubringen (vgl. P. Lech, Khiva, 1873, S. 49f.). – *Chiwa:* alte Stadt in Usbekistan südöstlich des Aralsees, seit etwa 1500 Sitz des usbekischen Chanats, wurde erst 1873 russisch. – *Nolcken:* ehemals auf der estnischen Insel Ösel und in Kur- und Livland ansässiges deutsches Adelsgeschlecht in schwedischen und russischen Diensten; vielleicht der schwedische Kammerherr und russische Etatsrat Axel Gustav Friedrich Frh. v. Nolcken (1767–1821) auf Kawershof in Livland.

42. *Prätorianer:* die kaiserliche Leibgarde im alten Rom. – *Militäraufstand:* Der Dekabristenaufstand vom 14. Dezember 1825 in St. Petersburg anläßlich der Thronbesteigung Zar Nikolaus'I. (1796–1855) mit dem Ziel, eine Verfassung durchzusetzen, wurde

rasch und grausam niedergeschlagen. – *Ségur* d'Aguesseau, Louis Philipp Comte de (1753–1830): französischer Schriftsteller, Historiker und Diplomat, 1784–1790 Gesandter in Petersburg. – *Paul I.* (1754–1801): Sohn und ab 1796 Nachfolger Katharinas II. auf dem russischen Thron.

43. *Frau von A.:* vermutlich die zweite Frau von Karl Freiherr von Stein zum Altenstein (1770–1840), der 1817–1838 preußischer Unterrichtsminister war.

44. *verwünscht:* schwäbisch-alemannische Lautform für *verwischt.*

45. *Fichte,* Johann Gottlieb (1762–1814): Er unterschied in seiner ›Wissenschaftslehre‹ (1794 und 1796) zwischen dem absoluten, ewig tätigen Ich, dem Selbstbewußtsein als Weltprinzip, und dem Nicht-Ich, dem Nicht-Tätigen als Zusammenfassung der widerständigen Außenwelt, die vom Ich überwunden wird.

46. *vorigen Kurfürsten:* Wilhelm IX., Landgraf, 1803 als Wilhelm I. Kurfürst von Hessen-Kassel (1793–1821).

47. Vgl. zu EF II 30.

50. *Place Vendôme:* Platz im Zentrum von Paris auf der rechten Seine-Seite.

51. *Piron,* Alexis (1689–1773): französischer Lustspieldichter aus Dijon. – *Le pont ...:* ›Die Brücke ist hier gebaut.‹

52. *ägyptischer Feldzug:* der gegen England gerichtete Feldzug des Generals Bonaparte in Ägypten 1798 bis 1801, in den auf seiten Englands auch die Türkei eingriff, so daß sich der Krieg bis Syrien ausdehnte. – *Akre:* St. Jean D'Acre (Akka, Akkon) in Palästina, das 1799 von Bonaparte vergeblich belagert wurde.

53. *Nouvelles de la république des lettres:* von P. Bayle 1684–1718 monatlich in Amsterdam herausgegeben; der von Jochmann referierte Artikel a. a. O. S. 32–39: ›Réception de Messieurs Corneille et Bergeret à l'Académie Française‹, das Zitat S. 35. – *Corneille,* Pierre (1606–1684): französischer Dramatiker,

Schöpfer der heroischen, regelgetreuen Tragödie in Frankreich. – *Thomas Corneille* (1625–1709): dessen Bruder, Dramatiker, Lexikograph, wurde 1685 doch Mitglied der Académie Française. – *Racine*, Jean Baptiste (1639–1699): französischer Dramatiker, Präsident der 1635 gegründeten Académie Française. – *Herzog von Maine*, Louis Auguste de Bourbon (1670–1736): natürlicher Sohn Ludwigs XIV. und der Marquise de Montespan, 1690 Feldmarschall (1684 nicht sieben-, sondern vierzehnjährig). – *On s'imagine ...:* ›Man stelle sich mit Freuden vor ..., daß ein Aufschub von solcher Bedeutung ohne irgendwelche Mühe erlangt würde.‹ – *Angelo Paciuchelli* (gest. 1660): italienischer Dominikaner, Kanzelredner und geistlicher Schriftsteller (in EFZ steht, offenbar irrtümlich, *Pacinchelli*). Seine ›Moralischen Predigten über den Propheten Jona‹ (gehalten in Perugia 1631 und 1635) wurden postum bis in den Anfang des 18. Jh. neu gedruckt. – *Amadis v. Gallien:* Amadis von Gaula (d. i. Wales, nicht Gallien), der nach seinem Helden benannte berühmte spanische Ritterroman des 15./16. Jahrhunderts, der im Spanischen und Französischen zahlreiche Fortsetzungen fand und in die meisten europäischen Sprachen übersetzt wurde (französisch zuerst 1540, deutsch zuerst 1569). – *Theatiner:* 1524 gegründeter Orden regulierter Chorherren, folgt der Augustinerregel. Wo der französische Aufklärungsphilosoph und -dichter *Voltaire* (1694–1778) ihn erwähnt, konnte nicht ermittelt werden. – *Heliodor:* Näheres nicht zu ermitteln. Jochmann referiert sein Buch nach dem Referat in Bayles ›Nouvelles de la république des lettres‹ vom Januar 1686. Art. III. p. 58–67, das Zitat p. 66. – *De l'obligation ...:* ›Von der Verpflichtung, zur Einheit der Kirche zurückzukehren.‹ – *L'ignorance ...:* ›Die Unwissenheit kann sie infolge der Leichtigkeit der Bekehrung nicht mehr entschuldigen.‹

54. *Göttliche Traurigkeit:* Begriff des Apostels Paulus,

Neue Testament, 2. Korinther 7,9–11. – *Moses:* nach alttestamentarischer Überlieferung der Befreier der Israeliten aus der ägyptischen Sklaverei, der Begründer der Jahwereligion. – *Sokrates* (470 bis 399 v. u. Z.): sein Philosophieren zielte auf die ethische Erziehung der athenischen Bürger durch Selbsterkenntnis und Erkenntnis des Guten. – *Diogenes* von Sinope (um 412–um 323 v. u. Z.): der korinthische Philosoph in der Tonne, der äußerste Bedürfnislosigkeit lehrte. – *Tränen Christi über Jerusalem:* Siehe Neues Testament, Lukas 20,41. – *Pascal*, Blaise (1623–1662): französischer Mathematiker und Religionsphilosoph, als Jansenist Gegner der Jesuiten. – *Swift*, Jonathan (1670–1745): der größte satirische Dichter Englands. – *Rousseau*, Jean Jacques (1712–1778): lehrte in seiner kulturkritischen Philosophie die ›Rückkehr zur Natur‹, mit dem ›Contrat social‹ (1762) Wegbereiter der Revolution.

55. Vgl. dazu EF I 57. *Leibeigne in Litauen und Livland:* Die Aufhebung der bäuerlichen Leibeigenschaft erfolgte in Livland gesetzlich durch die Bauer-Verordnung von 1819, praktisch erst 1823, jedoch mit der Folge harten Frondienstes, in Litauen wie im übrigen Rußland erst 1861. – *Fénelon,* François de Salignac de la Mothe (1651–1715): zuletzt Erzbischof von Cambrai, Verfasser des anti-absolutistischen christlich-pädagogischen Prosaepos ›Les aventures de Télémaque‹ (1699) und einer Reihe geistlicher Schriften. – *›J'aime mieux ...‹:* ›Ich liebe meine Familie mehr als mich selbst; ich liebe mein Vaterland mehr als meine Familie; aber noch mehr als mein Vaterland liebe ich das Menschengeschlecht.‹ Mündliche Äußerung Fénelons nach der anonymen Schrift ›Histoire de la vie et des ouvrages de Messire François de Salignac de la Mothe-Fénelon‹ (Amsterdam 1727), S. 159. Auch PG 4 zitiert.

56. *Säkularisierung:* die Aufhebung der Bistümer als geistlicher reichsunmittelbarer Herrschaften durch

den Reichsdeputationshauptschluß 1803. – *›Meinen Jesum laß ich nicht‹:* Evangelisches Kirchenlied des Zittauer Pädagogen und Dichters Christian Keimann (1607–1662).

57. *Genlis,* Stéphanie Félicité du Crest de Saint-Aubin, Marquise de Sillery, Comtesse de (1746–1830): französische Schriftstellerin, schrieb u. a. das ›Dictionnaire critique et raisonné des étiquettes de la cour‹ (Kritisches und wohlbegründetes Wörterbuch der Umgangsformen am Hof), 2 Bde., 1818, das Zitat Bd. 1, S. 1f.

58. *meinem Freunde Zsch.:* Heinrich Zschokke, dessen Freundschaft Jochmann 1820 in Aarau gewann (vgl. Lebenschronik), 1809–1816 Hrsg. der vielgelesenen überkonfessionellen ›Stunden der Andacht zur Beförderung wahren Christenthums und häuslicher Gottesverehrung‹. – *Worte Mosis:* Siehe 1. Mose 1, 27. – *Perfektibilität:* Fähigkeit der Vervollkommnung, Zentralgedanke der Humanitätsphilosophie Herders, vorher schon der Monadenlehre von Leibniz (vgl. Jochmanns Aufzeichnung ›Die drei politischen Schulen‹ in den Lebenszeugnissen in diesem Anhang). – *Buffon,* Georges Louis Le Clerc, Comte de (1707–1788): französischer Naturforscher, gab seine vielgelesenen Werke als ›Histoire naturelle, générale et particulière‹ (40 Bde.) heraus. – *Spallanzani*, Lazzaro (1729–1799): italienischer Naturforscher, schrieb u. a. über den Mauersegler. – *Magnetismus:* Vgl. zu EF I 8.

60. *Sokrates, Fénelon:* Vgl. zu Nr. 54 und 55. – *Las Casas*, Bartolomé de (1474–1566), der berühmte Indianerapostel, der gegen die Grausamkeiten der spanischen Konquistadoren in Südamerika auftrat.

62. *burgundische Gesetze:* Leges (oder Lex) Burgundium, von dem burgundischen König Gundobad vor 501 erlassen.

63. *Villani*, Giovanni (1280–1348): Verfasser einer italienischen Chronik von Florenz, die zugleich Weltchronik ist. – *Jubiläum des Jahrs 1825:* Zum Heiligen

oder Jubeljahr 1825 vgl. zu EF I 20. – *Croupier:* Spielgehilfe, Bankhalter.

65. *Tiberius* Claudius Nero (42 v. u. Z.–37 u. Z.): als Nachfolger des Augustus seit 14 u. Z. römischer Kaiser, soll nach fragwürdiger Überlieferung, als er von der Kreuzigung Jesu und seiner Bedeutung überhaupt unterrichtet wurde, erwogen haben, ihn zu einem anzubetenden Gott zu erklären; das soll der römische Senat abgelehnt haben.

67. *Fénelon:* Vgl. zu Nr. 55. Quelle der beiden Anekdoten nicht ermittelt. – *›Monsieur le Curé ...‹:* ›Herr Pfarrer ... laßt uns nicht tanzen, aber laßt uns die andern nicht daran hindern, sich eines unschuldigen Vergnügens zu erfreuen.‹ – *Dauphin:* Titel des französischen Thronfolgers, hier vermutlich Ludwigs XIV. Sohn Ludwig (1661–1711). – *›Monseigneur ...‹:* ›Gnädiger Herr, essen Sie vom Rind und seien Sie ein Christ.‹

72. *Resident:* Gesandter. – *Ali Pascha* von Jannina (1741–1822): der Statthalter von Südalbanien. – *Préveza:* Stadt am Ionischen Meer, heute griechisch.

74. Zum Schlußsatz vgl. EF I 74.

75. *Praenomina ...:* ›Die Vornamen des angesehenen Namenverzeichnisses mögen herausgenommen werden, weil die Frage nach dem Frevel zuerst von dem ausgehen wird, der den schlechteren Namen besitzt.‹ Die Schrift ›De puerperis veterum‹ (Von den Wöchnerinnen der Alten) stammt von dem Kopenhagener Mediziner Kaspar Bartholin (1655–1738).

78. Vgl. zu EF II 21.

79. Vgl. zu EF I 62.

80. Vgl. zu EF II 23.

81. *Contumaz:* Nichterscheinen vor Gericht.

82. *Pascal:* (vgl. zu Nr. 54) schrieb für die Jansenisten in Port-Royal als Anklageschrift gegen die Jesuiten die ›Lettres écrites à un Provincial‹ (1656/57), die sog. Provinzialbriefe. – *que le corps ...:* ›daß der Leib Jesu Christi nicht aus dem Blut der Heiligen Jungfrau gebildet wurde, sondern aus einer andern aus-

drücklich dazu geschaffenen Materie.‹ – ›*Es ist unrecht* ...‹: beide Zitate aus ›Das Leben des Blaise Pascal‹ (zuerst 1663, überarbeitet 1684) von der Schwester Gilberte Pascal-Périer (Pascal-Ausgaben zuweilen beigedruckt).

83. *Magnetismus:* Vgl. zu EF I 8. – *Galvanismus:* galvanische Elektrizität, die durch chemische Wirkung zwischen Metall und einem Leiter zweiter Klasse entsteht, 1780 von dem italienischen Mediziner Luigi Galvani (1737–1798) im sog. Froschschenkelversuch entdeckt.

88. Vgl. zu EF I 93. *wiederholte zur Zeit der Reformation:* sachlich falsch, da beide Briefe des Erasmus, die Bayle anführte, von 1521 sind, aber erklärbar durch die bei Bayle fehlenden Daten und weil der zweite Brief in der Londoner Ausgabe von 1642 im ersten, der von Bayle zitierte Brief dagegen im siebzehnten Buch steht.

90. *Voltaire:* Vgl. zu Nr. 53. Der ›Essai sur les mœurs et l'esprit des nations‹ (Essay über die Sitten und den Geist der Nationen, 1756) ist Voltaires historisches Hauptwerk. Das Zitat aus dem Abschnitt über die Römer (Einleitung L); im Original *Bürgertugend* nicht vorhanden, statt *bürgerliche Tugend* nur *Tugend (vertu)*. – *Sylla:* der römische Feldherr Sulla Lucius Cornelius (138–78 v. u. Z.), der sich 82 zum Diktator ausrufen ließ.

91. *Sokrates:* Vgl. zu Nr. 54. – *Franklin:* Vgl. zu Nr. 12. – *Sheridan*, Richard Brinsley (1751–1816), schottischer Lustspieldichter, 1780 ins Parlament gewählt, unter William Pitt d. J. bedeutendster Führer und Redner der Opposition. Quelle der Anekdote nicht ermittelt. – *Bucephalus:* Lieblingsroß Alexanders des Großen.

92. *Montagu*, Lady Mary Wortley (1689–1762): englische Schriftstellerin, schrieb kulturhistorisch wichtige Briefe über die Türkei (3 Bde. ›Letters‹ 1763). – *Sevigné*, Marie de Rabutin-Chantal, Marquise de (1626–1669): schrieb an ihre Tochter in der Pro-

vence 25 Jahre lang aus Paris berühmt gewordene Briefe, die eine Chronik des höfischen Lebens darstellen (zuerst 1726). – *Babettes Briefe:* die anonym erschienenen ›Lettres de Babet avec les lettres d'une dame de qualité à son amant‹ (Amsterdam 1768) von Claude Prosper Jolyot de Crébillon (1707–1777). Da Crébillons Verfasserschaft zu Jochmanns Zeit noch unbekannt war, mußte J. die ›Lettres de Babet‹ für nichtfiktive, echte Briefe halten. – *Stael-Holstein,* Anne Louise Germaine, Baronne de (1766–1817): französische Schriftstellerin, Vorläuferin der Romantik, erregte den Unwillen Napoleons, schrieb u. a. das Buch ›De l'Allemagne‹ (1810), auch über die Französische Revolution, in ihrer Jugend ›Lettres sur les ouvrages et le caractère de J. J. Rousseau‹ (1788).

Politische Glossen

1. *›Es ist alles eitel‹:* Altes Testament, Prediger Salomo 1,2. – *Ich weiß nicht ...:* Anspielung auf den Grabspruch des Markus von Biberach (gest. 1498): ›Ich leb und weiß nit wie lang, / Ich stirb und weiß nit wann, / Ich fahr und weiß nit wahin: / Mich wundert, daß ich fröhlich bin.‹
2. *Pandorens Büchse:* Um die Menschen für den Feuerraub des Prometheus zu strafen, ließ Zeus von Hephaistos die Pandora erschaffen und schickte sie zu den Menschen. Dort öffnete sie als Frau des Epimetheus das mitgebrachte Gefäß, ließ alle darin eingeschlossenen Übel über die Menschen kommen, nur nicht die auch enthaltene Hoffnung.
3. *Richard II.* (1367–1400): seit 1389 englischer König, berüchtigt durch seine Willkür und Grausamkeit.
4. *Fénelons Wort:* Vgl. zu EF III 55.
6. *Rousseaus hypochondrischen Einfall:* Vgl. zu EF III 54. – *Dr. Percival,* Thomas (1740–1804): englischer Arzt und Schriftsteller, machte 1770 ›Proposals for establishing more accurate and comprehensive

Bills of Mortality in Manchester‹ (Vorschläge für sorgfältigere und umfassendere Sterberegister in M.). – *Lancastershire,* richtig: Lancashire oder Lancaster, vgl. zu EF III 26. – *Westmoreland:* nordwestliche dünnstbesiedelte Grafschaft Englands.

7. *docendo discimus:* ›Durch Lehren lernen wir‹ (nach Seneca: Epistolae 7).

8. *Sir William Groche:* nicht nachweisbar, vielleicht Sir William Gooch, der 1741–1749 Gouverneur von V. war. – *Virginien:* ehemals älteste englische Kolonie in Nordamerika. – *griechischen Apophthegmen:* kurze, treffende Sinnsprüche, zuerst in drei Sammlungen des Plutarch.

9. *Robert Boyle* (1627–1691): englischer Physiker und Chemiker, schrieb u. a. ›Considerations touching the usefulness of experimental natural philosophy‹ (1662). ›Der christliche Naturalist‹, den Jochmann zitiert, ist ›The christian virtuoso‹ (1690), der im Französischen ›Chrétien naturaliste‹ hieß (P.-A. Cap, Études biographiques 1857, I 17). Das wörtliche Zitat ist nach ›The Philosophical Works‹ 2, 239–263 (1725) darin nicht enthalten.

11. *Lactantius*, Lucius Caecilius Firmianus (gest. nach 317): lateinischer Kirchenschriftsteller, schrieb apologetische ›Institutiones divinae‹.

12. *Katharina II.* von Rußland (vgl. zu EF III 41) und *Joseph II.* (1741–1790), seit 1765 römisch-deutscher Kaiser, trafen zum zweitenmal auf Katharinas großer Krimreise im Mai 1787 am Dneprknie auf dem rechten Ufer bei Kaidaki zusammen, in dessen Nähe 1786 Potemkin mit der Erbauung der riesig geplanten Stadt Jekaterinoslaw (Dnepropetrowsk) begonnen hatte; die Monarchen legten den Grundstein für die Kathedrale der Stadt. Der kurz danach folgende Krieg mit der Türkei vereitelte die Ausführung der ursprünglichen Pläne (vgl. A. Brückner: Eine Stadtgründung unter Katharina II. In: ›Grenzboten‹ 1870/II, S. 139–144). Jochmanns Quelle war nicht zu ermitteln.

13. *Kanton:* heute Guangzhou, 150 km landeinwärts vom Südchinesischen Meer.

15. *Karaibe:* Angehöriger einer der drei großen indianischen Sprachfamilien Südamerikas.

16. *Kontinentalverbot:* Napoleons Kontinentalsperre zur wirtschaftlichen Abriegelung des europäischen Festlandes gegen England, beginnend mit dem Berliner Dekret vom 21. November 1806, mit der riesigen Entfaltung des Schmuggels als erster Folge.

18. *Radlof*, Johann Gottlieb (1775–nach 1827): deutscher Sprachforscher, 1818–1822 Professor in Bonn, danach amtlos in Berlin, schrieb ›Trefflichkeiten der süddeutschen Mundarten‹ (1811), ›Die Sprachen der Germanen‹ (1817), ›Ausführliche Schreibungslehre der teutschen Sprache‹ (1820) u. a. – *Noricum:* römischer Name für das Gebiet zwischen Rätien im Westen und Pannonien im Osten, ungefähr das heutige Österreich. Der griechische Kirchenlehrer *Clemens von Alexandrien* (gest. vor 215) erwähnt ›Norica‹ im 1. Buch der ›Stromateis‹. – *persepolitanische Keilschrift:* Vgl. zu EF II 8. – *Hetruisken:* Etrurier, Etrusker, vor den Römern das Herrschervolk auf der Apenninenhalbinsel. – *Keltiberer:* Volksstämme auf der iberischen Halbinsel, aus der Vermischung von Iberern und eingewanderten Kelten entstanden. – *Helvetier:* keltischer Volksstamm, der, nachdem er zwischen Genfer See und Bodensee seßhaft geworden war, 58 v. u. Z. nach Südgallien vorstieß, von Cäsar aber gezwungen wurde, in sein Land zurückzukehren. Siehe Cäsar im 1. Buch seiner Berichte ›De bello Gallico‹ (Vom Gallischen Krieg). – *indische Stamm:* svw. indogermanischer oder indoeuropäischer Stamm. – *Skythien:* antiker Name der eurasischen Steppe zwischen Donau und Jenissej. – *Commentarien:* Seine Kriegsberichte nannte Cäsar ›Commentarii‹ (de bello Gallico etc.). – *nachdem Gallien erobert war:* 58–51 v. u. Z. eroberte Cäsar als Prokonsul das gesamte Gallien und unternahm zwei Feldzüge in rechtsrheinisches germanisches Gebiet.

Nach dem Sieg über die Belgier 57 erhielt er in Rom ein fünfzehntägiges Dankfest (›De bello Gallico‹ II 35); das 59 abgeschlossene Triumvirat mit Pompejus und Crassus wurde 56 erneuert. – *Cicero:* Vgl. zu EF III 24. – *de provinciis consularibus:* ›Von den Aufgaben der Konsuln‹. – *das Wort Germanien:* Vor Cäsar kennt es schon der griechische Philosoph und Geschichtsschreiber Poseidonios (um 135–51 v. u. Z.), der um 80 v. u. Z. als erster zwischen Kelten und Germanen unterscheidet (Posidonii Rhodii Reliquiae Doctrinae. Lugd. Bat. 1810. p. 141/142). – *Plinius* d. Ä. (23–79), dessen enzyklopädische ›Naturalis historia‹ im 3.–6. Buch die Länderkunde behandelt. – *Justin:* römischer Geschichtsschreiber des 2. Jh., faßte die später verloren gegangene Weltgeschichte des Pompejus Trogus (1. Jh.) in einem Abriß zusammen. – *wie uns Sueton verraten hat:* Weder in der Cäsarbiographie der zwölf ›Kaiserbiographien‹ noch in der Schrift ›Über berühmte Männer‹ berichtet der römische Geschichtsschreiber Sueton (um 70–140) von fragwürdigen Textverbesserungen auf Cäsars Geheiß. – *›emendieren‹:* in der Textkritik Fachausdruck für Verbesserung, Berichtigung verderbter Textstellen. – *Bemerkung von Tacitus* (vgl. zu EF I 78) in der ›Germania‹, 2. Kap.: ›Dagegen sei die Bezeichnung Germanien jünger und vor nicht langer Zeit aufgekommen.‹ – *Aristoteles* (vgl. zu EF III 20) erwähnt die keltischen Gebiete ›Meteorologie‹ I 13, ›Tiergeschichte‹ VIII 28, ›Über die Zeugung der Tiere‹ 8, ›Von der Welt‹ 3, ›Wunderbare Geschichten‹ 85. – *Kongreß der Völker zu Babylon:* Babylon wurde 331 v. u. Z. von Alexander dem Großen erobert. 324 v. u. Z. versammelten sich in seinem Lager bei Babylon zahlreiche Gesandtschaften aus Griechenland, Italien und Afrika. – *Schöpflin*, Johann Daniel (1694–1771): Professor für Geschichte und Beredsamkeit in Straßburg, 1740 Hofhistoriograph Ludwigs XV. von Frankreich. Sein Hauptwerk: ›Alsatia illustrata‹ (Verherrlichtes Elsaß,

2 Bde., 1751–1761), über die Kelten in Gallien Bd. 1, S. 119; völlig überholt seine ›Vindiciae Celticae‹ (Keltische Altertümer, 1754.) – *Adelungs Geschichte:* die ›Aelteste Geschichte der Deutschen, ihrer Sprache und Litteratur, bis zur Völkerwanderung‹ (1806) des Polyhistors und Sprachforschers Johann Christoph Adelung (1732–1806) in Leipzig und Dresden. – *sie hätten keine Urbes:* ›Germania‹, 16. Kap. – *›Bürgte‹:* nicht im Deutschen Wörterbuch der Brüder Grimm verzeichnet. – *Posidonius:* Siehe oben. – *Solinus:* lateinischer Schriftsteller des 3. Jh., verfaßte ›Collectanea rerum memorabilium‹ (Sammlung wissenswerter Dinge) aus Geographie, Natur und Geschichte, die referierte Stelle a. a. O. 20, 3 (edit. Th. Mommsen 1864). – *im hercynischen Walde:* Hercynia silva = lateinischer Name für germanisches Waldgebirge vom Rhein bis zu den Karpaten, später auf Thüringer Wald und Erzgebirge beschränkt. – *die Deutschen waren Kelten,* richtig: Germanen und Kelten, beides selbständige indoeuropäische Völkergruppen, vermischten sich in Süd- und Westdeutschland; im Osten vermischten sich die Germanen mit den Slawen. – *Strabo* (um 64/65 v. u. Z.–um 20 u. Z.): griechischer Geograph und Historiker, Verfasser einer ›Geographika‹ der gesamten ihm bekannten Welt in 17 Büchern. Jochmann bezieht sich auf I 1.13, IV 1.1, VII 1.2. – *Wehrmannen:* Jochmanns Etymologie nach Radlof, ›Die Sprachen der Germanen‹, S. 4, ist falsch. Eine sichere etymologische Erklärung für ›Germanen‹ gibt es nicht, doch liegt vermutlich eine ursprünglich keltische Bezeichnung zugrunde.

19. *Ein katholischer Kanzelredner:* nicht ermittelt. – *Tasso*, Torquato (1544–1595): der italienische Dichter des Epos ›La Gerusalemme liberata‹ (Das befreite Jerusalem, 1575); die zitierten Verse aus Gesang I, Strophe 72: ›Und in des Herrschers großem Banner entfaltet sich das Triumphkreuz in den Himmel‹ (*imperiale* wörtlich *›kaiserlich‹*).

21. Die französischen Sätze: ›Ich verspreche Ihnen 100 000 Louisdors Einkommen.‹ – ›Das ist zuviel!‹ – ›Geben Sie mir nicht soviel; ich bin mit 50 000 zufrieden.‹ – ›Nein, nein, ich verspreche sie Ihnen! – ›Sie geben mir zuviel.‹ – ›Ich verspreche‹ – ›Sie geben‹.

24. *Cromwell*, Oliver (1599–1658), Feldherr und Sieger in der englischen Revolution von 1648/49 (s. u). – *Bonaparte:* Vgl. zu EF I 88. – *Direktorium:* die aus fünf Mitgliedern bestehende oberste französische Regierungsbehörde, durch die Verfassung vom 1. Vendémiaire (23. Sept. 1795) eingesetzt, von Bonaparte am 18. Brumaire (9. Nov. 1799) gestürzt und durch das Konsulat ersetzt. – *Langes Parlament:* Das von König Karl I. auf den 3. Nov. 1640 einberufene englische Parlament, das 1648/49 die puritanische Revolution durchführte, 1653 durch Cromwell gewaltsam aufgelöst wurde, rief nach zweiter Wiedereinberufung 1660 die Stuarts auf den englischen Thron zurück, löste sich danach endgültig auf. – *Whitelocke*, Bulstrode (1605–1675): englischer Jurist, seit 1640 Mitglied des Langen Parlaments, wurde 1657 Mitglied des neuen ›House of Lords‹, des *Other House* bzw. Upper or Second Chamber (Oberhaus); das 1656 von Cromwell neu einberufene Parlament hatte 1657 durch Verfassungsänderung das Zweikammersystem eingeführt. – *Fouché*, Joseph (1759 bis 1820): 1789–1793 maßgeblich an der Französischen Revolution beteiligt, unter Napoleon 1804 bis 1810 Polizeiminister, 1806 Herzog von Otranto. – *Ney*, Michel (1769–1815): in den Revolutionskriegen zum General aufgestiegen, 1804 Marschall, an den Feldzügen Napoleons führend beteiligt, 1808 Herzog, 1813 Fürst, 1815 von der Pairskammer Ludwigs XVIII., trotz Verteidigung durch Dupin (vgl. zu Nr. 44), zum Tode verurteilt und erschossen. – *Franklin:* Vgl. zu EF III 12. – *Washington:* Vgl. ebenda. – *Cincinnatusorden:* 1783 in den USA gestifteter, bald wieder aufgehobener Orden

für amerikanische Offiziere des Unabhängigkeitskrieges. – *Ici on se honore ...:* ›Hier ehrt man sich mit dem Bürgertitel und duzt sich. Schließt die Tür, bitte.‹ – *Masaniello's Aufstand:* der neapolitanische Volksaufstand von 1647 unter Führung des Fischers Masaniello (1620–1647) gegen den spanischen Vizekönig. – *Vive le roi ...:* ›Es lebe der König! Es sterbe die schlechte Regierung!‹

25. *L'état, c'est moi!:* ›Der Staat, das bin ich!‹ Nur angeblicher, aber seine Gesinnung kennzeichnender Ausspruch Ludwigs XIV. – *tièrs état:* der ›dritte Stand‹, die Vertreter des Bürgertums in den französischen Generalständen. – *Harun-al-Raschid* (765–809): seit 786 abbasidischer Kalif, damit Herr von Bagdad, dessen Gerechtigkeits- und Friedensliebe und ritterlicher Sinn in den ›Geschichten aus tausendundeiner Nacht‹ fortleben. – *Pater Joseph*, François (1577–1638): Kapuziner in Paris, der Beichtvater und Kollaborateur des Kardinals Richelieu (›graue Eminenz‹). – *Bernhard von Weimar* (1604 bis 1639): siegreicher protestantischer Feldherr des Dreißigjährigen Kriegs, mußte nach seiner einzigen Niederlage bei Nördlingen durch den Vertrag von St. Germain-en-Laye sich 1635 in französischen Dienst stellen. Das Gespräch mit Richelieu und Pater Joseph fand während Bernhards Besuch in Paris im Frühjahr 1636 statt; Joseph wollte ihn anhand der Landkarte belehren, wie er die Festungen der Kaiserlichen auf dem rechten Rheinufer zu erobern habe (B. Röse, Herzog Bernhard der Große von Sachsen-Weimar 2, 1829, S. 115).

26. *Armada Philipps II.:* die von Philipp II. von Spanien 1588 gegen England ausgesandte Flotte, die ›unüberwindliche Armada‹, die am 8. August 1588 von den Engländern besiegt wurde. – *im russischen Winter:* die Niederlage der ›Großen Armee‹ Napoleons im Spätherbst und Winter 1812 in Rußland. – *Republiken:* die nach französischem Muster und unter französischem Einfluß errichtete Batavische Republik

in den Niederlanden (1795–1806), Ligurische Republik (1796 aus der Republik Genua entstanden, 1805 Frankreich angeschlossen), Cisalpinische Republik in Oberitalien (1797 aus der erweiterten, 1796 gegründeten Cispadanischen Republik entstanden, 1802 Italienische Republik unter Präsidentschaft Napoleons), Helvetische Republik in der Schweiz (1798–1803). – *Hannibal* (247–183 v. u. Z.): Feldherr der Karthager, im 2. Punischen Krieg zunächst Sieger über die Römer, zuletzt dem Kleinkrieg des Diktators Fabius Cunctator unterlegen. – *Karl XII.* (1682–1718): König von Schweden, besiegte im Nordischen Krieg (1700–1721) Peter den Großen 1700 bei Narwa, unterlag diesem aber 1709 bei Poltawa. – *Washington:* Vgl. zu EF III 12. – *Oranier:* Wilhelm von Oranien (1650–1702), 1674 Erbstatthalter der Vereinigten Niederlande, 1689 englischer König, im Pfälzischen Erbfolgekrieg (1688–1697) Führer der europäischen Koalition gegen Ludwig XIV., doch ohne durchschlagende Erfolge.

27\. *System des absoluten Zentralisierens:* Vgl. dazu Jochmanns Aufzeichnungen ›Centralisiren und Föderalisiren‹ in ›Reliquien‹ 2, 302–321. – *Friedrich II., Joseph II.:* Vgl. zu EF III 9. – *die Bernstorffe:* Johann Hartwig Ernst Graf von Bernstorff (1712–1772), dänischer Außenminister und Direktor der Deutschen Kanzlei, verdient um die Entwicklung von Handel, Armenwesen und Gesundheitspflege in Dänemark, begann auf seinem Gut mit der Bauernbefreiung, die als sein Nachfolger sein Neffe Andreas Peter Graf v. B. (1735–1797) in ganz Dänemark durchsetzte. – *Richelieu:* Vgl. zu EF I 62. – *durstigen Begierden:* In ›Reliquien‹ 2, 85 steht *dürstigen Begierden*; die richtige Lesung kann ebenso *dürftig* heißen. – *v. Justi*, Johann Heinrich Gottlob (1705–1771): Diplomat und Nationalökonom, Vertreter des Kameralismus (deutsche Richtung des Merkantilismus), schrieb u. a. ›Staatswissenschaft‹ (1755), ›Vollständige Abhandlung von den Manufakturen und Fabriken‹

(2 Bde., 1758, 1761). – *Jakob I.* (1566–1625): schottisch-englischer König, schrieb ›Counterblast to Tobacco‹ (Wider den Tabak, zuerst 1604, lateinisch in den ›Opera‹ 1619). – *v. Lamotte,* Gustav August Heinrich (1752–1798): Kriegs- und Domänenrat in Berlin, schrieb u. a. kameralistische ›Abhandlungen‹ (1793), darunter ›Von den Kolonisten‹. – *Großen Kurfürsten:* Friedrich Wilhelm von Brandenburg (1620 bis 1688), seit 1640 Kurfürst; unter ihm entstand der einheitliche brandenburgisch-preußische Feudalstaat, unter ihm Einwanderung zahlreicher Hugenotten nach der Aufhebung des Toleranzedikts von Nantes 1685. – *Marschall von Sachsen:* Moritz Graf von Sachsen (1696–1750), natürlicher Sohn Augusts des Starken und der Gräfin Aurora von Königsmark, seit 1727 in Frankreich, 1744 französischer Marschall, schrieb ›Rêveries militaires‹ (Militärische Träumereien, 1731) und ›Lettres et mémoires‹ (Briefe und Denkwürdigkeiten, postum 1794). – *Karl Theodor von Bayern* (1733–1799): seit 1777 Kurfürst von Bayern und Kurpfalz. – *Sacrilège:* Gotteslästerung. – *Lycurgus:* sagenhafter Gesetzgeber Spartas, der zwischen 9. und 7. Jh. v. u. Z. die spartanische Verfassung geschaffen gehaben soll.

28. *wie sie Aristoteles bezeichnet:* in seiner ›Politika‹, 1. Buch, 1. Kap. (vgl. zu EF III 20). – *glebae adscriptio:* Bindung (der Hörigen) an die Scholle (Terminus des Mittelalters). – *Voltaire:* Das Folgende bezieht sich auf den Anfang des Artikels ›Luxus‹ in Voltaires ›Dictionnaire philosophique‹ (1764). – *Volsker:* Volksstamm im alten Italien, 338 v. u. Z. von den Römern endgültig unterworfen. – *Sommiten:* Samniter, Volksstamm im alten Italien, zuletzt 82 v. u. Z. von den Römern besiegt.

31. *Michaelis' Übersetzung:* die ›Deutsche Uebersetzung des Alten Testaments, mit Anmerkungen für Ungelehrte‹ (1769–1783) des Göttinger Orientalisten Johann David Michaelis (1717–1791), das Zitat im 3. Teil (1781), S. 168.

32. *Bischof Virgilius von Salzburg* (gest. 784): katholischer Heiliger, christianisierte Kärnten und Steiermark; in der Antipodenfrage von Bonifazius und Papst Zacharias kritisiert, doch kam es durch den Tod des letzteren 752 zu keiner kirchlichen Entscheidung. – *Lord Hale*, Matthew (1609–1676): englischer Rechtsgelehrter. – *Locke*, John (1632–1704): Hauptvertreter der englischen Erfahrungsphilosophie (Empirismus). Ein Hinweis auf Einrichtung von Industrieschulen ist in seinen Schriften nicht zu finden, auch nicht in ›Some thoughts concerning education‹ (1693).

33. *Canning*, George (1770–1827): englischer Staatsmann und bedeutender Parlamentsredner.

34. *Lichtenberg*, Georg Christoph (1742–1799): Physiker, Satiriker, Kunstkritiker und Aphoristiker in Göttingen. Das Zitat in den ›Vermischten Schriften‹ (9 Bde., 1800–1806) in Bd. 5 als Nr. 7 von ›Etwas Stoff zu Montags-Andachten‹ innerhalb der ›Miscellaneen‹.

35. *Mirabeau:* Vgl. zu EF III 12. Die Quelle des Zitats ließ sich nicht ermitteln. – *Gewisse Wahrheiten:* Dieser Abschnitt kehrt in ausgearbeiteter Form wieder als Einleitung des Essays ›Über die Öffentlichkeit‹. – *Sbirren:* in Italien, vor allem im Kirchenstaat, ehemals die militärisch organisierten Vollzugsbeamten der Gerichts- und Polizeibehörden.

36. *Ludwig XV.* (1710–1774): seit 1715 französischer König. – *Thunberg*, Carl Peter (1753–1822): schwedischer Naturforscher, als Mitglied einer Gesandtschaft an den Kaiser von Japan 1775–1777 in Japan. Siehe seine ›Resi uti Europa, Africa, Asia‹ (4 Bde., 1788–1793), deutsch als ›Karl Peter Thunbergs Reise durch einen Theil von Europa, Afrika und Asien, hauptsächlich in Japan‹ (1794); Jochmann referiert nach Bd. 2, 1. Teil, 5. Abteilung und 2. Teil, 1. Abteilung. – *Krusenstern*, Adam Fedorowitsch (1770–1846): unternahm im Auftrag Alexanders I. 1803–1806 die erste russische Erdumseglung, er-

forschte die Westküste von Hokkaido, der nördlichsten Insel Japans, die Ostküste von Kamtschatka und Sachalin, die Kurilen und Aleuten.

37. *Antiochus Epiphanes:* 175–164 v. u. Z. König von Syrien, hellenisierte als Verehrer des Griechentums die Juden des Landes gewaltsam, was den jüdischen Unabhängigkeitskampf unter Judas Makkabäus auslöste. – *Diocletian:* Vgl. zu EF I 55. – *Dubois,* Jean Antoine (1765–1848): als französischer katholischer Missionar 1792–1823 in Ostindien, schrieb ›Letters on the state of christianity in India‹ (1823); nur der erste Satz ist wörtliches verdeutschtes Zitat (a. a. O. S. 175), das übrige freie Zusammenfassung Jochmanns.

38. *Jury:* englische Bezeichnung für die Bank der Geschworenen. – *Justinian* (482–565): seit 527 oströmischer Kaiser, ließ das römische Recht kodifizieren (Corpus Iuris), kaiserliche Erlasse veröffentlichen und ein juristisches Lehrbuch ausarbeiten. – *Ordalien:* Gottesurteile.

39. *Birmanen:* hinterindisches Volk in Ober- und Unterbirma (Burma). – *Alompra*, Aloung P'housa (1711–1760): schuf im Krieg gegen Pegu seit 1752 allmählich das neue burmesische Reich, Begründer der letzten burmesischen Dynastie. – *Symes*, Michael (1753?–1809): seit etwa 1787 englischer Offizier in Indien, 1795 in diplomatischer Mission in Burma, schrieb darüber ›An account of an embassy to the kingdom of Ava ... 1795‹ (1800), Jochmanns Angaben in der deutschen Übersetzung von Hager (1800) auf S. 66.

40. *Teleolog:* Vertreter der Lehre von den Endzwecken (in ›Reliquien‹ 2, 109 steht als Lese- oder Druckfehler *Tolnolog*).

41. *inner:* ältere Präposition mit Dativ, heute durch *innerhalb* ersetzt. – *Botany-Bay:* Bucht an der Ostküste von Australien, südlich von Sydney, wo die englische Regierung nach dem Verlust der nordamerikanischen Kolonien 1787 ihre neue bald berüchtigte Strafgefangenenniederlassung anlegte.

42. *Badaud:* Maulaffe, Gaffer. – *Oelsner*, Konrad Engelbert (1764–1828): Diplomat und Schriftsteller, ging 1789 nach Paris, nach der Revolution Geschäftsträger der Stadt Frankfurt, 1818 preußischer Legationsrat in Paris (vgl. Lebenschronik 1819).

43. *Malthus*, Thomas Robert (1766–1834): englischer Nationalökonom, veröffentlichte 1798 den berühmt-berüchtigten pessimistischen ›Essay on the principle of population‹, von dessen erweiterter Auflage 1803 der sog. Malthusianismus ausging: Lehre von der Einschränkung der Bevölkerungsvermehrung, weil angeblich die Unterhaltsmittel für die wachsende Menschheit nicht ausreichen. – *Pachomius* der Ältere (gest. 346): gründete um 320 in Tabannese am Nil das erste Kloster (in ›Reliquien‹ 2, 112 als Lese- oder Druckfehler *Pachanius*). – *sybaritisch:* üppig und verweichlicht wie die reichen Bewohner der griechischen Ackerbaukolonie Sybaris in Unteritalien im 7. Jh. v. u. Z. – *Lancaster*, Joseph (1778–1838): englischer Pädagoge, eröffnete 1798 in einem der ärmsten Distrikte Londons eine unentgeltliche Elementarschule, der im Land Hunderte von sog. Lancasterschulen folgten. – *Goethe sagt:* das folgende Zitat nicht von Goethe, sondern aus J. G. Hamanns Frühschrift ›Beylage zu Dangueil's Anmerkungen über die Vortheile und Nachtheile von Frankreich und Großbritannien in Ansehung des Handels etc.‹ (1756), Roths Ausgabe (vgl. zu EF I 1), 1. Th., S. 7 (frdl. Auskunft von W. Feifel/Marbach a. N.).

44. *sic volo, sic jubeo:* ›So will ich, so befehle ich.‹ – *tel est notre bon plaisir:* ›So ist unser gnädiger Wille.‹ – *No vote, no tax!:* ›Kein Stimmrecht, keine Steuer!‹ – *Constantin der Große:* Vgl. zu EF I 55. – *Symmachus*, Quintus Aurelius (um 345–nach 402): römischer Redner, 384/85 Präfekt von Rom, führend im Kampf gegen das vordringende Christentum, um Wiederbelebung des alten Götterglaubens bemüht. – *Valentinian II.*, Flavius (371–392): seit 375 schon Mitkaiser seines prochristlichen Bruders Gratian, seit 383

Alleinherrscher. – *›Tendenzprozeß‹:* Prozeß von 1825 gegen die Pariser Zeitung ›Le Constitutionnel‹, die der ›Tendenzen‹ angeklagt wurde, einen Schlag gegen den schuldigen Respekt vor der Staatsreligion zu führen. – *Dupin*, André Marie Jean Jacques (1783–1865): französischer Advokat der liberalen Partei, 1821 Verteidiger von Béranger, 1825 des ›Constitutionnel‹, nach 1830 führender französischer Politiker. – *Leo XII.* (1760–1829): seit 1823 Papst.

45. *Prohibitivsystem:* Gesamtheit der Maßnahmen zur Verhinderung der Ein- oder Ausfuhr von Waren durch Verbot.

46. *Mauten:* Warenzölle.

47. *Papinian* Aemilius (um 146–212): römischer Jurist, Präfekt der Prätorianer, unter Caracalla hingerichtet. – *Caracalla* (176–217): eigentlich Marcus Aurelius Antonius, seit 211 römischer Kaiser, roh und verschwenderisch. – *Dekurionen der Munizipien:* Ratsherren der Landstädte. – *Savigny*, Friedrich Karl von (1779–1861): seit 1810 Jurist an der Universität Berlin, 1817 Mitglied des preußischen Staatsrats, Haupt der Historischen (romantischen) Rechtsschule, schrieb u. a. ›Geschichte des römischen Rechts im Mittelalter‹ (6 Bde., 1815–1831). – *das positive Gesetz:* das jeweils geltende Recht.

48. *das salische Gesetz:* Lex Salica, das Volksrecht der salischen Franken, hier die in neuzeitlichen Monarchien übliche Bezeichnung für den Ausschluß von Frauen von der Thronfolge.

49. *Einer meiner Lieblingsphilosophen:* Thomas Paine (1737–1809), englisch-amerikanischer Schriftsteller, Teilnehmer an der amerikanischen und französischen Revolution, schreibt in seinem ersten Buch ›Common sense‹ (Gesunder Menschenverstand, 1776): ›Government, even in its best state, is but a necessary evil‹ (S. 4). – *Ding an sich:* sprichwörtlich gewordener Begriff aus Kants ›Kritik der reinen Vernunft‹ (1781), vom Schluß der transzendentalen Analytik.

50. *Franklin:* Vgl. zu EF III 12. 1776–1785 war Franklin Gesandter der USA in Paris, erfand 1752 den Blitzableiter. – *Georg III.* (1738–1820): seit 1760 König von Großbritannien.

51. *Herr W**:* vielleicht Jochmanns Freund und Verleger Christian Friedrich Winter in Heidelberg (vgl. Lebenschronik April 1822).

53. *Parry*, William Edward (1790–1855): englischer Seemann und Nordpolfahrer, unternahm 1824/25 seine dritte, jedoch erfolglose Arktisexpedition, sein Reisebericht davon erschien 1826. – *Schlacht von Leipzig:* die sog. Völkerschlacht vom 16.–19. Oktober 1813 mit der gänzlichen Niederlage Napoleons.

54. *Epiphanius* (gest. 403): Metropolit auf Zypern, als Kirchenschriftsteller Verfechter der traditionellen Orthodoxie, verdammte Origenes als Urheber des Arianismus (Christus in seiner Präexistenz nicht wesenseins mit Gott), verfolgte die Origenisten, schrieb das ›Panarion haereseon‹ (Arzneikasten gegen die Ketzerei, 374–377). – *Origenes* (185–254): griechischer Kirchenschriftsteller, zuletzt in Palästina, strebte eine Synthese von Christentum und griechischer Philosophie an, in den Origenistischen Streitigkeiten 543 von der Kirche verurteilt. – *drei Söhne Noah's:* Sem, Ham und Japheth, die mit ihrem Vater Noah die Sintflut überlebten. ›Von denen ist alles Land besetzt‹ (1. Mose 9,19). – *Philastrius:* in der 2. Hälfte des 4. Jh. Bischof von Brixia (Brescia) in Oberitalien, schrieb ›Diversarum haereseon liber‹ (Buch von unterschiedlichen Ketzereien, 389/90).

57. *Marie Antoinette* (1755–1793): seit 1770 Gemahlin Ludwigs XVI. von Frankreich, 1785/86 in die sog. Halsbandaffäre, eine Skandalgeschichte des Hofes, verwickelt, 1793 guillotiniert. – *Katharina II.:* Vgl. zu EF III 41. – *›Les rois doivent ...‹:* ›Die Könige müssen ihren Weg verflogen, ohne sich durch Schreie des Volks zu beunruhigen, wie der Mond seinem Lauf folgt, ohne aufgehalten zu werden vom Gebell der Hunde.‹ Quelle nicht nachweisbar.

58. *Bonald*, Louis Gabriel Ambroise de (1754–1840): klerikaler französischer Philosoph, erklärte den Staat als Vertreter Gottes unter den Menschen. Jochmann bezieht sich offenbar auf Bonalds Artikel ›Sur la Turquie‹ im Pariser ›Journal des Débats‹ vom 19. Sept. 1821, wo es u. a. heißt: ›Mais il y a une autre légitimité, et la plus sacrée de toutes, celle de la raison et de la vérité‹ (vgl. Œuvres complètes de M. de Bonald. Publiées par M. l'abbé Migne. T. II. Paris 1859. Sp. 909 f.).

59. *Comenius* (Komenský), Johann Amos (1592–1670): 1648 Bischof der Böhmischen Brüdergemeinde in Lissa, Theologe und bedeutender Pädagoge, erstrebte eine Reform des gesamten Schulwesens, des geistigen Lebens überhaupt. Die ›Panegersia‹ (Allerweckung, 1645) sollte den Anfang des geplanten Weltreformwerks bilden. Herder rühmt ihn in den ›Briefen zu Beförderung der Humanität‹, 5. Sammlung (1795), Brief 57, wo er ausführlich die ›Panegersia‹ referiert. – *Basedow*, Johann Bernhard (1723–1790): Pädagoge der Aufklärung, Begründer des Philanthropinismus (1774 erstes Philanthropinum in Dessau). – *St. Pierre*, Charles-Irénée Castel de (1658–1743): französischer politischer Schriftsteller, entwarf ein Programm des ewigen Friedens in Europa: ›Projet de paix perpétuelle‹ (1713–1717).

60. *Geiger*, Franz (1755–1848): Professor der katholischen Dogmatik und Kirchengeschichte in Luzern, 1808 auch Chorherr am St.-Leodegar-Stift im Hof, schrieb u. a. die Broschüre ›Ueber den Ehelosen-Stand der katholischen Geistlichen‹ (1818).

64. *Brienne:* Dort besuchte der junge Bonaparte 1779 bis 1784 die Militärschule. – *erga Schedam:* wörtlich ›gegen ein Blatt Papier‹, als Redewendung nicht nachweisbar, vielleicht ehem. juristische Floskel, hier etwa in dem Sinn von ›bloß nichts Schriftliches‹.

65. *Mirabeau:* Vgl. zu EF III 12. – *Basedow:* Vgl. zu Nr. 59.

69. *Gibbon:* Vgl. zu EF III 40. Quelle nicht nachweisbar. – *Ali:* Vgl. zu EF III 72.

71. *Möser*, Justus (1720–1794): westfälischer Publizist und Geschichtsschreiber. Jochmann zitiert sein historisches Hauptwerk ›Osnabrückische Geschichte‹ (1768, umgearbeitet 1780), Erster Teil. Zweiter Abschnitt. § 4 ›Von der Haide‹, Anm. c: ›Der augenscheinliche Nutzen sträubte sich aber gegen das Gesetz. Der Bauer bezahlte die Strafe und brannte. Und die Strafe hat sich in eine jährliche Abgift unvermerkt verwandelt.‹ Jochmanns Änderungen verschärfen die Aussage stilistisch.

73. *Carbonari:* Vgl. zu EF I 41.

74. *Schlözer*, August Ludwig von (1735–1809): Professor für Philosophie, europäische Geschichte, Statistik und Politik in Göttingen, Universalhistoriker und Publizist der späten Aufklärung, gab 1782–1793 die ›Staatsanzeigen‹ (18 Bde.) heraus, die 1793 verboten wurden. – *›Ein Volk ...‹:* Das Ganze ist Fußnote Schlözers, der erste Satz als Zitat in Gänsefüßchen gestellt (a.a.O. Bd. XII. S. 368). – *›Ludwig den großen Mordbrenner ...‹:* Überschriften Schlözers: *Ludwig der Große, Mordbrenner in Speier, im J. 1689*, dasselbe *in Worms* in Bd. XIII, 51. Nr. 44 und 45 (nicht 46!). Das folgende Zitat ist Schlußanmerkung Schlözers zu Nr. 45 (a.a.O. Bd. XIII. S. 376 f.), statt *darauf* im Original *auf einem solchen Throne.* – *Si le roi ...:* ›Wäre der König Zeuge dieses Schauspiels gewesen, er hätte selbst die Flammen gelöscht‹, nach Voltaire, ›Siècle de Louis XIV.‹ (1751), Kap. XVI. – *Louvois*, François Michel (1639–1691): seit 1668 Kriegsminister unter Ludwig XIV. – *Mélac*, Ezéchiel Comte de (gest. 1709): 1689 als Feldmarschall mit der Verwüstung der Pfalz beauftragt, brannte Heidelberg, Mannheim, Speyer, Worms usw. nieder (in ›Reliquien‹ 2, 132 steht, vermutlich als Lesefehler, *Melais*, berichtigt nach Schlözer). – *Foulon*, Joseph François (1717–1789): Generalintendant der französischen Armee, später Finanzintendant, wegen seiner Habsucht verhaßt, wurde am 11. Juli 1789 Finanzminister, elf Tage danach vom Volk an

einem Laternenpfahl aufgeknüpft (in ›Reliquien‹ 2, 132 steht *Boulons*, siehe zu *Mélac*). – *Wenn Schlözer ... die französische Revolution ...*: a. a. O. Bd. XIII. S. 467. Anm. 5.

Über die Öffentlichkeit
Zum Thema der Öffentlichkeit vgl. die grundlegende Arbeit von Jürgen Habermas: Strukturwandel der Öffentlichkeit. Neuwied a. Rh./Berlin 1962 (6. Aufl. 1974). Daß selbst in einer solchen Untersuchung der Name Jochmanns fehlt, belegt das Ausmaß seiner Vergessenheit.

Ketzer in Rom (S. 193): Vgl. dazu den letzten Absatz von PG 35. – *Shirren* (S. 193): Vgl. ebenda. – *Encyclopaedia britannica* (S. 196): enzyklopädisches englisches Nachschlagewerk, zuerst 1768–1771 erschienen. – *James Mill* (S. 196): Vgl. zu EF III 13. – *Janitscharendemokratie* (S. 197): Vgl. EF I 21 und 26 und die Erläuterungen dazu. – *Ein europäisches Buch ...* (S. 199): Vgl. EF II 31 und EF III 52. – *Profession de foi du Vicaire savoyard* (S. 199): das berühmte ›Glaubensbekenntnis eines savoyischen Vikars‹ zur natürlichen Religion in Rousseaus Erziehungsroman ›Émile‹ (1762), 4. und 5. Buch (zu Rousseau vgl. zu EF III 54). – *Malebranche* (S. 199), Nicole (1638–1715): französischer Philosoph, versuchte Descartes und Augustin zu verbinden, sein Hauptwerk ›De la recherche de la vérité‹ (Von der Wahrheitssuche, 3 Bde., 1674–1678). – *Tacitus* (S. 200): Die ›Annales‹ (16 Bücher), das letzte und größte Geschichtswerk des Tacitus (vgl. zu EF I 78), behandeln die römische Geschichte vom Tod des Augustus bis zu Nero (14–68). Das Zitat: ›Da man seine Freigelassenen für Mitwissende hielt, erwiderte Pallas, zu Hause habe er sich nie anders als durch Nicken oder Winken geäußert, oder, wäre mehreres anzugeben gewesen, durch Geschriebenes, um sich durch die Stimme nicht gemein zu machen.‹ Von Jochmann als Fußnote auch gegen Ende des ›Robespierre‹-Essays (1822) angeführt. – *eines französischen Schriftstellers:* (S. 200): nicht ermittelt. – *chinesische* (S. 200): Vgl. PG 36, S. 155. – *Montesquieu*

(S. 202): ›De l'esprit des lois‹, Buch XI, Kap. 6: ›De la constitution d'Angleterre‹ (Von der Verfassung Englands). Vgl. zu EF II 55. – *Delolme* (S. 202), Jean Louis (1740–1806): Schweizer Jurist, schrieb ›Constitution de l'Angleterre‹ (1771, erweitert 1772). Vgl. den Anfang von Jochmanns Essay ›Englands Freiheit‹ (›Reliquien‹ 2, 134f.). – *Thomas Paine* (S. 202, vgl. zu PG 49): verteidigt in seinem Hauptwerk ›The rights of man‹ (Die Menschenrechte, 2 Tle., 1791/92) die Grundsätze der Französischen Revolution gegen Edmund Burke; der Begriff der ›despotic legislation‹ im 2. Teil, 4. Kap. (S. 53 der Erstausgabe). – *eine Partei großer Grundeigentümer* (S. 203): die aristokratisch-konservativen Tories, die seit 1784, nach langer Vorherrschaft der Whigs, die Regierung bestimmten und bis 1830, mit nur kurzen Unterbrechungen, die Ministerien besetzten. – *Zeitalter der Antonine* (S. 205): Antoninus Pius (86–161), seit 138 römischer Kaiser, begründete die Dynastie der Antonine (Marc Aurel, Commodus), die 192 erlosch, verzichtete auf Eroberungskriege und verbot die Christenverfolgungen. – *Tamerlane* (S. 205): Tamerlan = europäische Namensform von Timur-Leng, d.i. T. der Lahme (1336–1404), der in gewaltigen Eroberungszügen ab 1370 ein neues mongolisches Reich begründete (Mittelasien, Vorderasien, Persien, tlw. Anatolien). – *Marc Aurel* (S. 205) Antonius (121–180): seit 161 römischer Kaiser (s. o.), als Philosoph bedeutender Vertreter des eklektischen, betont praktisch-ethischen Stoizismus (›Selbstbetrachtungen‹), lehrte die selbstlose Menschenliebe. – *Brennus* (S. 206): Anführer der Gallier, besiegte 387 v. u. Z. die Römer an der Allia, brannte Rom nieder, warf nach der Legende bei den Goldtributzahlungen der Römer mit dem Ruf ›Vae victis‹ (Wehe den Besiegten) noch sein Schwert auf die Waagschale. – *Theopomp* (S. 206) (um 377–nach 320 v. u. Z.): griechischer Redner und Historiker auf Chios, von dessen ›Hellenika‹ (12 Bücher) und ›Philippika‹ (58 Bücher) nur wenig erhalten ist. – *Ephorat* (S. 207): Ephoren (grch. Aufseher) = die jährlich gewählten fünf höchsten Beamten Spartas, mit fast unbeschränktem Aufsichtsrecht, einschließlich Strafbefugnis, über die Könige, Beamten und alle Bürger. – *Zehnmänner* (S. 207): die zehn Inquisitori di Stato, der 1310 nach einer Adelsverschwörung eingesetzte, bald oligarchisch regierende Ausschuß des Großen Rates von Venedig (s. u.). – *Montesquieu* (S. 207): ›De l'esprit des lois‹, Buch XI und XII (s. o.). – *Rousseau* (S. 207): ›Du contrat social‹ (Vom Gesellschaftsvertrag, 1762), Buch IV, Kap. 7: ›De la Censure‹. – *Thomas More* (S. 207) (1478–1535): englischer Humanist, 1529–1532 Lordkanzler Heinrichs VIII., hingerichtet, weil er sich weigerte, das Supremat des Königs über die Kirche anzuerkennen, schrieb die berühmte ›Utopia‹ (1516). Dort heißt es: ›Außerhalb des Senats oder der Volksversammlungen über allgemeine Angelegenheiten zu beraten, ist bei Todesstrafe verboten‹ (2. Buch, ›Die Obrigkeiten‹). – *die beste sein werde* (S. 208): In ›Reliquien‹ 2, 18 heißt es: *die bessere sein werde.* – *zu Solons Zeiten* (S. 210): Solon (um 640 bis 560 v. u. Z.), seit 594 Archon von Athen mit unbeschränkten Vollmachten, Gesetzgeber und Reformer von Wirtschaft, Staat, Gesellschaft und Politik Athens. – *Ein stummer Gedanke ...* (S. 210): Vgl. dazu Jochmanns Buch ›Ueber die Sprache‹, besonders § 1 des Kapitels ›Die Sprachreiniger‹ (die Grundgedanken im Ansatz schon bei Schlabrendorf). – *Protagoras* (S. 213): Dialog des Philosophen Platon (vgl. zu EF III 20), der am Anfang seiner Auseinandersetzung mit dem Sophisten steht, deren erster und größter Protagoras (um 480–410 v. u. Z.) war; der Mythos vom Beginn der Menschheitsgeschichte in § 34/35 des Dialogs. – *Archimedespunkt* (S. 213): Archimedes (um 287 bis 221 v. u. Z.), der größte Mathematiker und Physiker der Antike: ›Hätten wir einen festen Punkt, um uns daraufzustellen, so könnten wir die Welt aus den Angeln heben.‹ Zitiert von Thomas Paine (vgl. zu S. 202) in ›The rights of man‹, 2. Teil, Einleitung (S. 1 der Erstausgabe). – *seit Georg III.* (S. 214): Vgl. zu PG 50. William Pitt d. J., seit 1783 Premierminister, setzte eine Reihe innerer Reformen durch, seitdem verzichtete der König auf ein persönliches Regiment. – *Mill* (S. 215): Vgl. zu S. 63. Jochmanns Referat nach ›History of British India‹, Bd. 2, Buch 4.

Kap. 1. S. 2–4. – *Bank von England* (S. 215): englische Zentralnotenbank (Bank of England), 1694 gegründet. – *wie ehemals das atheniensische* (S. 218): Innerhalb der sog. Sklavenhalterdemokratie Athens führte Perikles im 5. Jh. v. u. Z. die Besoldung der Geschworenen, Ratsmitglieder und Archonten, auch Theatergeld und Getreidespenden für die Bürger ein. – *Beurteilung der Handlungen* (S. 218): In beiden Drucken steht, zweifellos irrig, Beurteilung *und* Handlungen. – *Tudors* (S. 219): englische Dynastie, die 1485–1603 den Thron innehatte, Zeit der stärksten Entwicklung der Krongewalt in der englischen Geschichte (Heinrich VII., Heinrich VIII., Elisabeth). – *Gibbon* (S. 220): Vgl. zu EF III 40. – *Septimius Severus* (S. 220) (146–211): seit 193 erster sog. Soldatenkaiser, schränkte die Befugnisse des römischen Senats ein, förderte die Rechtspflege. – *Königsgesetz* (S. 235): von König Friedrich III. 1665 unterzeichnetes dänisches Grundgesetz, schroffste Formulierung des Absolutismus in Europa; 1660 hatten Geistlichkeit und Bürgertum dem König die volle erbliche Souveränität angetragen. – *Hume* (S. 221), David (1711–1776): englischer Philosoph und Historiker; der kleine Essay ›Of the liberty of the press‹ zuerst in den ›Essays moral and political‹ (1741). – *Augusts* (S. 222): Vgl. zu EF III 12. – *Sieg über ein demokratisches Prinzip* (S. 222): die Schließung des 1172 eingesetzten Großen Rates von Venedig 1297, seine künftige Beschränkung auf die alten Adelsfamilien. – *in Schweden* (S. 222): Der im 18. Jh. herrschende Machtkampf zwischen Königtum und Adel endete durch den Militäraufstand von 1809 mit der Absetzung des unfähigen Königs Gustav IV. Adolf und der Beseitigung der adligen Vielherrschaft unter Karl XIII. – *›Der Geist des Volkes …‹* (S. 223): Zitat aus Humes Essay ›Of the liberty of the press‹ (5. Absatz). – *Gagliani* (S. 226): Der italienische Nationalökonom Fernando Galiani (1728–1787), bekannt durch die ›Dialogues sur le commerce des blés‹ (Dialoge über den Getreidehandel, 1770), war 1760–1769 neapolitanischer Legationssekretär in Paris, verkehrte mit den Enzyklopädisten; das Folgende offenbar eine mündliche Äußerung. –

Grimm (S. 226), Friedrich Melchior Baron v. (1723–1807): 1748–1790 in Paris, mit Rousseau, Diderot u. a. befreundet, schickte seit 1753 vierzehntägig französische Briefberichte an deutsche und nordische Höfe, die ›Correspondance littéraire, philosophique et critique‹. Jochmann zitiert nach der Ausgabe ›Correspondance ... par le Baron de Grimm et par Diderot‹, T. 4 (Paris 1813): Brief vom 1. März 1765. – *homo sum* (S. 227): humani nihil a me alienum puto = ›Ich bin nur ein Mensch, nichts Menschliches ist mir fremd.‹ Aus der Komödie ›Heautontimorumenos‹ (Der Selbstquäler) des römischen Lustspieldichters Terenz (um 180–159 v. u. Z.). – *Beherrschte* (S. 229): In ›Prometheus‹ III 178 steht als offenbarer Druckfehler *Beherrscher* (korrigiert nach ›Reliquien‹ 2, 39).

Bibliographie

I *Die Erstdrucke der Schriften Jochmanns*

Von den fraglichen Beiträgen zu Zschokkes ›Ueberlieferungen‹ werden hier nur diejenigen verzeichnet, die mit Sicherheit von Jochmann stammen. Vier weitere Beiträge schreibt ihm Ch. J. Wagenknecht auf Grund nicht näher bezeichneter sachlicher und sprachlicher Indizien zu (vgl. unten die Neuausgabe ›Über die Sprache‹ S. 433).

1 *zu Lebzeiten Jochmanns*

Blätter aus Nizza. (Im Spätjahr 1820 und Frühjahr 1821.) [anonym]. – In: Ueberlieferungen zur Geschichte unserer Zeit. Gesammelt von Heinrich Zschokke. Jahrgang 1821. Aarau bei Heinrich Remigius Sauerländer. S. 329–369. – Vgl. Zschokkes Brief an Jochmann vom 4. Juli 1821 in ›Reliquien‹ (s. u.) 1, 43f.

Robespierre [anonym]. – In: Ueberlieferungen ... Jahrgang 1822. S. 22–46 (mit einer Vorbemerkung von H. Zschokke). – Von Zschokke wieder abgedruckt in ›Reliquien‹ 1, 252–295.

Die Jesuiten und ihr Missionenwesen im heutigen Frankreich [anonym]. – In: Ueberlieferungen ... Jahrgang 1823. S. 3–52 (mit einer Vorbemerkung des Herausgebers). – Vorabdruck aus der folgenden Schrift Jochmanns S. 152–252.

Die Hierarchie und ihre Bundesgenossen in Frankreich. Beiträge zur neuern Kirchengeschichte (Motto: Ausspruch Condorcets). Aarau 1823. Heinrich Remigius Sauerländer. 368 S. [anonym].

Betrachtungen über den Protestantismus (Motto: Paulus an die Galater 5,1). Heidelberg, bey Christian Friedrich Winter. 1826. 453 S. und 1 Blatt Korrigenda [anonym].

Ueber die Sprache. (Motto:) Rede, daß ich dich sehe! Heidelberg, bei C. F. Winter. 1828. 360 S. [anonym]. – Enthält: I. Ueber den Rhythmus. Bruchstück aus den Denkwürdigkeiten des Grafen S... [Schlabrendorf]. II. Die Sprachreiniger. III. Wodurch bildet sich eine Sprache? IV. Die Rückschritte der Poesie. V. Stylübungen 1–100.

Briefe eines Homöopathischgeheilten an die zünftigen Widersacher der Homöopathie (Motto: Molière-Zitat). Heidelberg, bei C. F. Winter. 1829. 152 S. [anonym].

Ueber die Oeffentlichkeit. – In: Das Inland. Ein Tagblatt ..., München. Nr. 82–84, 86, 89, 91, 94–96; 23., 25., 27., 30. März, 1., 4.–6. April; S. 325f., 329, 335f., 342–344, 353–356, 361–363, 379f., 384f. (Verfasser: X..., Vorabdruck des Folgenden).

Ueber die Oeffentlichkeit. – In: Allgemeine politische Annalen. Neueste Folge. Hrsg. von Carl v. Rotteck. Erster Band. Zweites Heft. München, Stuttgart und Tübingen, in der J. G. Cotta'schen Buchhandlung 1830, S. 105–143 (Verfasser: X...).

2 *postum*

Graf Gustav von Schlabrendorf in Paris über Ereignisse und Personen seiner Zeit. Aus K. G. Jochmanns Papieren. – In: Prometheus. Für Licht und Recht. Zeitschrift in zwanglosen Heften, herausgegeben von Heinrich Zschokke und seinen Freunden. Erster Theil. Aarau. Im Verlag von Heinrich Remigius Sauerländer. 1832. S. 148 bis 204. – Wieder abgedruckt in Reliquien 1, 124–200.

K. E. Oelsner in Paris über Personen und Ereignisse seiner Zeit. Aus K. G. Jochmanns Papieren. – In: Prometheus ... a. a. O. S. 205–244. – Wieder abgedruckt in ›Reliquien‹ 1, 201–251.

Die Glücksspiele [anonym]. – In: Prometheus ... a. a. O. S. 262–272. – Wieder abgedruckt in ›Reliquien‹ 2, 40–54.

Hundert Seifenblasen. Von K. G. Jochmann. – In: Prometheus ... a. a. O. S. 273–294. (Mit Ausnahme von Nr. 22 und 35 identisch mit Kap. V von ›Ueber die Sprache‹.) – In teilweise älterer Fassung enthalten in ›Erfahrungsfrüchte‹ in ›Reliquien‹ 3, 154ff.

Ueber die Oeffentlichkeit. Von K. G. Jochmann. – In: Prometheus ... Dritter Theil. 1833. S. 149–178. – Wieder abgedruckt in ›Reliquien‹ 2, 3–39.

Kleinigkeiten aus den Reiseblättern von K. G. Jochmann. – In: Prometheus ... a. a. O. S. 179–211. – Wieder abgedruckt als ›Kleinigkeiten aus meinen Reiseblättern. 1. In England. 2. In Frankreich‹ in ›Reliquien‹ 3, 81–123.

Noch einige [55] Seifenblasen von K. G. Jochmann. – In: Prometheus ... a. a. O. S. 226–238. – Mit Ausnahme von Nr. 11, 14, 15, 30–32, 44 in teilweise älterer Fassung enthalten in ›Erfahrungsfrüchte‹ in ›Reliquien‹ 1, 154ff.

Englands Freiheit [anonym]. – In: Prometheus ... a. a. O. S. 239–299. – Wieder abgedruckt in Reliquien‹ 2, 134 bis 209.

Carl Gustav Jochmann's, von Pernau, Reliquien. Aus seinen nachgelassenen Papieren. Gesammelt von Heinrich Zschokke. Bd. 1–3. Hechingen, Verlag der F. X. Ribler'schen Hofbuchhandlung. 1836. 1837. 1838. VI und 338, 324, 244 S. (Band 1 auch, ohne Zschokkes Vorwort und ohne Jahresangabe, mit der Verlagsangabe: Hechingen, Verlag von Georg Egersdorff.) – Darin die folgenden Erstdrucke:
Die Bürgschaften der englischen Verfassung. – In: Bd. 1. S. 296–338.
Politische Glossen. – In: Bd. 2. S. 55–133.
Religion, Dogma und Priestertum. – In: Bd. 2. S. 210–250.

Die französischen Staatsverwandlungen. – In: Bd. 2. S. 251 bis 301.
Centralisiren und Föderalisiren. – In: Bd. 2. S. 302–321.
Zur Naturgeschichte des Adels. – In: Bd. 3. S. 3–153.
Erfahrungsfrüchte 1–216. – In: Bd. 3. S. 154–239.

II *Die wichtigsten Neudrucke und Schriften über Jochmann*

Heinrich Zschokke: Erinnerungen an Karl Gustav Jochmann, von Pernau. – In: Prometheus ... Erster Theil 1832. S. 91–147. – Wieder abgedruckt mit leichten Veränderungen in ›Reliquien‹ 1, 1–80. – Darin Jochmanns großer Deutschlandbericht vom 11. Juni 1819 an Sengbusch, zwei Briefe Jochmanns an Zschokke vom 5. April 1821 und 8. Juli 1828 sowie 17 Briefe Zschokkes an Jochmann von 1821–1825.

Heinrich Döring: Jochmann. – In: Allgemeine Encyklopädie der Wissenschaften und Künste ... hrsg. von J. S. Ersch und J. G. Gruber. Zweite Section. Zwanzigster Theil. Leipzig 1842. S. 115–117. (Mit Literaturangaben und Zitaten aus den ›Reliquien‹.)

Julius Eckardt: Carl Gustav Jochmann. – In: Baltische Monatsschrift. Bd. 7. Riga 1863. S. 295–344. – Wieder abgedruckt in: Ders.: Die baltischen Provinzen Rußlands. Politische und culturgeschichtliche Aufsätze. Leipzig 1868. S. 270–315, 2. Aufl. 1869 (Nachdruck Hannover 1971). S. 313–358, außerdem in Ch. J. Wagenknechts Neuausgabe des Buchs ›Über die Sprache‹ (s. u.) S. 385–430. – Darin 14 Auszüge aus Jochmanns 71 Briefen an Sengbusch und sein Testament.

Über Gewissensfreiheit, Gewissenszwang und Staatskirchenthum (Kommentierte Auszüge aus: Betrachtungen über den Protestantismus. Mit Einleitung von W. von Bock.). – In: Livländische Beiträge. Hrsg. von W. von Bock. N. F. Bd. I. H. 1. Leipzig 1869. S. 37–73.

Richard Palleske: Ein verschollener Vorkämpfer für eine ›gemeinverständliche‹ Sprache. – In: Zeitschrift des Allgemeinen Deutschen Sprachvereins. 28. Jg. Nr. 1. Januar 1913. Sp. 1–10.

ders.: Die Bedeutung des lebendigen Gebrauchs der Sprache für ihre Ausbildung (nach Jochmann). – In: a. a. O. 28. Jg. Nr. 3. März 1913. Sp. 70–75.

Die Rückschritte der Poesie. Von Carl Gustav Jochmann. (Gekürzt. Mit Einleitung von Walter Benjamin sowie Vorwort und Auszügen aus Zschokkes biographischen Mitteilungen in ›Reliquien‹ 1.) – In: Studies in Philosophy and Social Science (formerly: Zeitschrift für Sozialforschung). Vol. VIII/1939. New York City 1939–1940. nr. 1–2. p. 92–114. – Wieder abgedruckt in: Das Argument. Berliner Hefte für Probleme der Gesellschaft. Jg. 5. H. 26 vom Juli 1963. S. 2–17. Benjamins Einleitung auch in: Walter Benjamin: Angelus Novus. Ausgew. Schriften 2. (Frankfurt am Main 1966) S. 352–366, ders.: Über Literatur (Frankfurt am Main 1969). S. 7–20, ders.: Lesezeichen. Schriften zur deutschsprachigen Literatur. Leipzig 1970. S. 62–76, ders.: Gesammelte Schriften (Frankfurt am Main). Bd. II,2 (1977), S. 572–585 (entstehungsgeschichtlicher Kommentar im Bd. II,3. S. 1392 bis 1409).

Herbert Jacob: Jochmann, Karl Gustav [Bibliographie mit Lebensskizze]. – In: Grundriß zur Geschichte der deutschen Dichtung aus den Quellen von Karl Goedeke. 2., ganz neu bearb. Aufl. Bd. 15. Berlin 1966. Nr. 62. S. 147f.

Werner Kraft: Carl Gustav Jochmann. – In: Neue Rundschau. Jg. 77. Berlin und Frankfurt am Main 1966. S. 249–267. – Verändert und gekürzt als ›Einleitung‹ zur folgenden Ausgabe.

Die Rückschritte der Poesie und andere Schriften. Hrsg. von Werner Kraft. sammlung insel 26. 207 S. (Frankfurt am Main 1967) (Mit Einleitung des Herausgebers und Bibliographie.) – Enthält: Brief an Sengbusch in Riga über Kotzebues Ermordung (11. Juni 1819), gekürzt. – Wodurch bildet sich eine Sprache (Kap. III aus: Über die Sprache, gekürzt). – Robespierre. – Die Rückschritte der Poesie. Stylübungen (Kap. IV u. V aus: Über die Sprache).

Über die Sprache. Faksimiledruck nach der Originalausgabe von 1828, mit Schlabrendorfs ›Bemerkungen über Sprache‹ und der Jochmann-Biographie von Julius Eckardt hrsg. von Christian Johannes Wagenknecht. Göttingen (1968). 445 S. (Mit Nachwort des Herausgebers und Bibliographie.)

Brief über Homöopathie (Zweiter Brief aus: Briefe eines Homöopathischgeheilten). – In: Deutsche Essays. Prosa aus zwei Jahrhunderten. Ausgew., eingel. u. erl. von Ludwig Rohner (Neuwied 1968). Bd. 1. S. 528–553. (Mit Würdigung Jochmanns S. 553–555.)

August Traat: Jochmann, Carl Gustav. – In: Eesti nõukogude entsüklopeedia [Estnische Sowjet-Enzyklopädie]. Bd. III. Tallinn 1971. S. 270.

Werner Kraft: Carl Gustav Jochmann und sein Kreis. Zur deutschen Geistesgeschichte zwischen Aufklärung und Vormärz. München (1972). 413 S. (Mit Bibliographie und Namenregister.)

Werner Kraft: Jochmann, Carl Gustav. – In: Neue Deutsche Biographie. Hrsg. von der Historischen Kommission bei der Bayerischen Akademie der Wissenschaften. Bd. X. Berlin (1974). S. 448f.

Wolfgang Heise: Zur Krise des Klassizismus in Deutschland. – In: Elisabeth Charlotte Welskopf (Hrsg.): Hellenische Polis. Krise – Wandlung – Wirkung. Bd. III. Berlin (DDR) 1974. S. 1685–1725 (zu Jochmann S. 1717–1723).

Werner B. Koch: Deutschland und ein Republikaner. Carl Gustav Jochmann: Die Rückschritte der Poesie. – In: W.B.K.: Antizipation des Fortschritts oder utopische Regression. Zur Kritik der bürgerlichen Kulturtheorie. Diss. (masch.) Frankfurt a.M. 1978. S. 34–94.

August Traat: Carl Gustav Jochmann, der erste revolutionäre Denker aus Estland. – In: Entwicklungsprobleme der sozialökonomischen Formationen im Ostseegebiet. Tartu 1978. S. 70–84.

Gerhard Wagner: Jenseits von Klassik und Romantik. Die geschichtsphilosophischen, sozialen und ästhetischen Anschauungen von Carl Gustav Jochmann und ihre Stellung in der Geschichte der progressiv-bürgerlichen deutschen Ideologie von 1789 bis 1830. Diss. (masch.) Berlin (DDR) 1978. 288 S.

Uwe Pörksen: Plädoyer für politische Kultur. Über Carl Gustav Jochmann. – In: Merkur. 35.Jg. H.2. Februar 1981. S. 198–204.

Gerhard Wagner: Prometheus aus Pernau. Geschichtstheoretische, sozialkritische und ästhetische Dimensionen im Werk Carl Gustav Jochmanns. – In: Weimarer Beiträge. XXVII.Jg. H.7. 1981. S. 53–72.

Die Rückschritte der Poesie. Mit Einleitung und ergänzenden Quellentexten von C.G.Jochmann, G.Vico und W.Jonas, Bibliographie und Register hrsg. von Ulrich Kronauer. Hamburg 1982 (Philosophische Bibliothek Band 343).

Zur Naturgeschichte des Adels. Faksimile der Erstveröffentlichung von 1838. Mit einem Nachwort hrsg. von Ulrich Kronauer. Heidelberg 1982.

Politische Sprachkritik. Aphorismen und Glossen. Hrsg. von Uwe Pörksen. Ausgew. u. kommentiert von Uwe

Pörksen und Siegfried Henrich, Hubert Klausmann, Eva Lange, Jürgen Schiewe. Stuttgart 1983.

Werner Kraft: Jochmanns ›Stylübungen‹. – In: Merkur. 37. Jg. H. 9. September 1983. S. 679–686.

Gerhard Wagner: Revolution und Literatur bei Carl Gustav Jochmann. – In: Karl-Marx-Universität Leipzig. Wiss. Ztschr. Gesellschafts- u. sprachwiss. Reihe. Jg. 32. H. 6. 1983. S. 597–607.

Paolo D'Angelo: Carl Gustav Jochmann. I regressi della poesia e la ›morte dell'arte‹. – In: Aesthetica / pe-print. H. 7. Palermo 1985. S. 3–62.

Martin Fauser: ›Rede, daß ich dich sehe.‹ Carl Gustav Jochmann und die Rhetorik im Vormärz. Hildesheim/ Zürich/New York 1986 (= Germanistische Texte und Studien Bd. 36).

Paolo D'Angelo: Carl Gustav Jochmanns ›Rückschritte der Poesie‹ und Hegels These vom Ende der Kunst. – In: Hegel-Studien … Hrsg. von Friedhelm Nicolin und Otto Pöggeler. Bd. 21. Bonn 1986. S. 167–175.

Ralph Rainer Wuthenow: Carl Gustav Jochmann (1789–1830). In: Neuere Studien zur Aphoristik und Essayistik … Hrsg. von Giulia Cantarutti und Hans Schumacher. (Berliner Beiträge zur neueren deutschen Literaturgeschichte 9.) Frankfurt a. M. – Bern – New York 1986. S. 205–222.

Jürgen Schiewe: Sprache und Öffentlichkeit. Carl Gustav Jochmann und die politische Sprachkritik der Spätaufklärung. Berlin 1989. 355 S. (= Philologische Studien und Quellen H. 118).

Namenregister

Seitenzahlen in runder Klammer bezeichnen Erwähnungen ohne Namensnennung.

Inhalt

Anhang

ISSN 0433-0153
ISBN 3-378-00398-7

Dritte, überarbeitete und um ein Register vermehrte Auflage
Lizenz Nr. 396/265/40/90 LSV 7102
Gesamtherstellung: Offizin Andersen Nexö,
Graphischer Großbetrieb, Leipzig III/18/38
Schrift: Garamond
Gestaltung: Lothar Reher/Marlies Hawemann
Printed in the German Democratic Republic
Bestell-Nr. 788 089 3
00890